Franz Furger (Hrsg.)

Akzente christlicher Sozialethik

SCHRIFTEN DES INSTITUTS
FÜR CHRISTLICHE SOZIALWISSENSCHAFTEN
der Westfälischen Wilhelms-Universität Münster

Begründet von Josef Kardinal Höffner

Herausgegeben von Franz Furger

Band 30

LIT

Franz Furger (Hrsg.)

Akzente christlicher Sozialethik

Schwerpunkte und Wandel in 100 Jahren
"Christlicher Sozialwissenschaften"
an der Universität Münster

LIT

Die Deutsche Bibliothek – CIP-Einheitsaufnahme

Akzente christlicher Sozialethik : Schwerpunkte und Wandel in 100 Jahren "Christlicher Sozialwissenschaften" an der Universität Münster / Franz Furger (Hrsg.) . – Münster : Lit, 1995
  (Schriften des Instituts für christliche Sozialwissenschaften der Westfälischen Wilhelms-Universität Münster; 30 .)
  ISBN 3-8258-2201-X

NE: GT

© L**IT** V**ERLAG**
Dieckstr. 73   48145 Münster   Tel. 0251–23 50 91   Fax 0251–23 19 72

Inhalt

Vorwort iii

I Die Geschichte des ersten Lehrstuhls zur „Soziallehre der Kirche" 1
  1. Geschichte als Auftrag – Münster begründet 1893 den ersten Sozialethik-Lehrstuhl 1
  2. Die Errichtung der ersten Professur für Christliche Gesellschaftslehre an der Universität Münster 2
  3. Franz Hitze – Arbeiteranwalt, Politiker und Wissenschaftler 4
  4. Heinrich Weber – der Nachfolger für eine bewegte Zeit 6
  5. Joseph Höffner – Konsolidator und Gründer des Instituts für Christliche Sozialwissenschaften 9
  6. Wilhelm Weber – Katholische Soziallehre in den Spannungsfeldern nach dem II. Vatikanum 12
  7. Christliche Sozialethik heute 13

II Texte zur Christlichen Sozialethik 16
  1. Franz Hitze 16
      1.1. Wesen und Bedeutung der sozialen Frage 16
      1.2. Das Recht der Arbeit 31
  2. Heinrich Weber 41
  3. Joseph Höffner 49
      3.1. Sozialethik und Wirtschaftsordnung 49
      3.2. Kolonialismus und christliche Ethik 60
  4. Wilhelm Weber 75
      4.1. Selbstverständnis der Katholischen Soziallehre 75
      4.2. Kirche und Industriegesellschaft 80
  5. Franz Furger 93
      5.1. Subsidiaritätsprinzip 93
      5.2. Konzept und Voraussetzungen Christlicher Sozialethik . . . 97
      5.3. Weltwirtschaft: Ökonomisch effizient und ethisch begründet 110

Quellenverzeichnis 127

Vorwort

Der 30. Band der vor genau 40 Jahren von Joseph Höffner begonnenen Reihe der ICS-Schriften versucht, ein nunmehr über ein gutes Jahrhundert sich erstreckendes, theologisches Bemühen um die sozialethische Klärung gesellschaftspolitischer Ordnungsprobleme in Münster zu dokumentieren. Ein knapper geschichtlicher Rückblick soll die recht wechselvolle Entwicklung von Lehrstuhl und Institut für Christliche Sozialwissenschaften an der Westfälischen Wilhelms-Universität Münster so nachzeichnen, daß die anschließend dokumentierten Texte aus der Feder der einzelnen Lehrstuhlinhaber – es sind bisher fünf – in ihrem größeren Zusammenhang verortet werden können.

Dabei war es nicht immer ganz leicht, repräsentative Texte so auszuwählen, daß sie die je eigene Art des Zugangs zu dem Problem, aber auch die durch die Zeitumstände bedingten Schwerpunkte deutlich werden lassen. So zeigte es sich, daß Franz Hitze neben seinem Einsatz als Parlamentarier und Sozialpolitiker wie als Universitätslehrer offenbar für eingehende Fachstudien und Publikationen wenig Zeit blieb. Daher stammen die ausgewählten Texte aus der Zeit vor seiner Berufung nach Münster. In ihrer engagierten Auseinandersetzung mit der „Sozialen Frage" und im damit verbundenen Einsatz für die in der damaligen Industrie beschäftigten Fabrikarbeiter spiegeln sie aber in seltener Lebendigkeit die anstehende Problematik.

Bei seinem Nachfolger Heinrich Weber erschwert die Tatsache, daß das, was an Archivbeständen Krieg und Verbannung des Professors nach Breslau überstand, später in einer Hochwasser bedingten Überschwemmung zugrunde gegangen zu sein scheint. Entsprechend dürftig ist denn auch die Dokumentation dieses selbst zur Nazizeit politisch mutigen Lehrers und Sozialpolitikers. Dennoch läßt seine Katholikentag-Rede von 1926, die hier abgedruckt wird und die im Aufruf gipfelt: „fiat justitia, triumphet caritas", die Ausrichtung dieses sozial engagierten Wirtschaftswissenschaftlers und Sozialethikers aus christlicher Überzeugung noch immer in eindrücklicher Weise deutlich werden.

Beim späteren Kardinal Joseph Höffner, der nach einer längeren Unterbrechung Webers Nachfolger wurde, sollten hier nicht die Stellungnahmen als Bischof vorgelegt werden, die freilich von seiner Universitätstätigkeit her meist deutlich geprägt waren, sondern Arbeiten aus der eigentlichen Professorenzeit dieses Hochschullehrers, der sein ganzes Lebens „seinem" Institut verbunden und bei seinen Studenten weit über ihren Studienabschluß hinaus beliebt war. Die Frage nach einer sittlich verantworteten Wirtschaftsordnung, die sich nicht auf den nationalen Bereich beschränkte, sondern über die Auseinandersetzung mit der kolonialen Vergangenheit internationale Dimensionen einzubeziehen wußte, stand – wie auch das Archiv der durchgeführten Seminare im ICS belegt – stets im Zentrum seines Bemühens. Die Auswahl der beiden hier aufgenommenen Arbeiten soll eine Sicht bezeugen, die den konkreten örtlichen Problemen verpflichtet war, aber gleichzeitig deren enge Grenzen stets auch sprengte.

Bei Wilhelm Weber, dessen Professur in die bewegten Jahre des II. Vatikanischen Konzils, aber auch der 1968er Wirren fiel, wird selbst in der theoretisch nüchternen Darstellung des „Selbstverständnisses der Katholischen Soziallehre" etwas von den damaligen Anfechtungen der etablierten Tradition dieser Lehre spürbar. Weber hat sich damit nicht leicht getan und sein früher Tod ist Zeichen dafür. Diese Spuren sollten daher nicht verwischt werden. Sie anklingen zu lassen, gehört vielmehr zur geistesgeschichtlichen Wirklichkeit des von den jeweiligen Entwicklungen notwendigerweise geprägten sozialethischen Faches.

Wie christliche Sozialethik (die unterschiedliche Bezeichnung: Soziallehre – Sozialethik ist an sich schon bezeichnend) in einer zunehmend säkular pluralistischen Gesellschaft christliche Wert- und Zielvorstellungen einzubringen versucht, wollen schließlich die letzten Beiträge des gegenwärtigen Lehrstuhlinhabers unter grundsätzlicher wie anwendungsbezogener Rücksicht aufzeigen. Es geht um den Versuch einer schöpferischen Treue zur eigenen Tradition, die diese echt nur dann zu bewahren vermag, wenn sie auf die Bedürfnisse der Zeit so achtet, daß die bleibenden christlichen Werte in oft anderer Sprache und über neue Denkfiguren verständlich gemacht werden können.

Die einzelnen Texte wurden außer ihrer orthographischen Anpassung nicht verändert; die wenigen Kürzungen sind kenntlich gemacht. Für die Betreuung der Textbearbeitung hat der Herausgeber seinem Mitarbeiter Norbert Schmeiser, für manche Anregung bei ihrer Auswahl Prof. Dr. J. Wiemeyer, Osnabrück, aber auch dem Lit-Verlag in Münster, von dem die Anregung zu diesem „Reader" ausging, herzlich zu danken.

Münster, im März 1995   Franz Furger

I

Die Geschichte des ersten Lehrstuhls zur „Soziallehre der Kirche"

Franz Furger

1. Geschichte als Auftrag – Münster begründet 1893 den ersten Sozialethik-Lehrstuhl

In Münster, der Stadt des Westfälischen Friedens wurde nach den Wirren des 30-jährigen Krieges jene europäische Politik bestimmt, die seither das Geschick dieses Kontinents grundlegend geprägt hat. Realpolitik, also Machtverteilung und Interessenabgrenzung standen 1648 zwar im Vordergrund. Aber hinter dieser Politik des Gleichgewichts der Macht zur Sicherung des nicht nur durch den konfessionellen Zwist, sondern auch durch Hegemonialgelüste über drei Jahrzehnte gestörten und so noch labilen Friedens wie auch in der Anerkennung von Freiheit und Unabhängigkeit der Schweiz und der Niederlande vom Deutschen Reich blieben sozialethische Impulse für eine menschenwürdige Gesellschaft spürbar. Nachdem der Versuch der Verwirklichung einer politischen Utopie nach dem Geist des Evangeliums mit der inneren Perversion und dem anschließenden Untergang des Münsterschen Täuferstaates 1535, also gut 100 Jahre zuvor kläglich gescheitert war, war es diesmal nun offenbar gelungen, christlich sozialethische Zielvorstellung in eine brauchbare Praxis umzusetzen.

In Münster hat also schon die Geschichte gelehrt, daß soziale Utopie ohne konkreten realistischen Praxisbezug nur allzu leicht in totalitaristische Exzesse und damit in die schiere Unmenschlichkeit führt, während umgekehrt die reine Realpolitik in das Machtkalkül eines platten Pragmatismus mündet, wo unter dem Recht des Stärkeren die Menschlichkeit nicht weniger leidet. Ob diese Lektion der Geschichte motivierend dafür war, daß schon zwei Jahre nach dem Erscheinen der ersten päpstlichen Sozialenzyklika Rerum novarum von Papst Leo XIII. im Jahre 1891 an der Universität Münster ein Lehrstuhl für das Fach „Christliche Sozialwissenschaften" (dies die damalige Bezeichnung für Sozialethik) gegründet wurde, wird sich kaum je mit Sicherheit ausmachen lassen. Tatsache ist jedoch, daß hier genau 1100 Jahre nach der Stadtgründung eine Kontaktstelle zur Vermittlung zwischen den sozialen Bedürfnissen der Zeit und der Christlichen Zielvorstellungen für die Gestaltung der gesellschaftlichen Ordnung geschaffen wurde. Wert- und Zielvorstellungen mit der sozialen Wirklichkeit zusammenzudenken, war die ausdrückliche Absicht. Der Name

„Christliche Sozialwissenschaften" war kämpferisch gegen die Vorstellungen einer wertfreien Sozial- oder Gesellschaftswissenschaft, die faktisch ihre Leitwerte (es sind zumeist dann ohnehin diejenigen der jeweils herrschenden und somit privilegierten sozialen Schichten) nur im Verborgenen wirken läßt, gerichtet. Er ist heute so nicht mehr ohne weiteres verständlich. Die Bezeichnung des Lehrstuhls aber ist geblieben: „Für Christliche Sozialwissenschaften" heißt er bis heute, wo er gleichzeitig mit der Stadt Münster sein kleineres, bloß hundertjähriges Jubiläum feiert.

Daß man in Münster freilich schon vor der Errichtung dieses Lehrstuhls an der Universität einen wachen Sinn für die soziale Frage, also für die Not der Industriearbeiter entwickelt hat, zeigt nicht nur das Leben und Wirken des aus Münster gebürtigen späteren Mainzer Bischofs Wilhelm Emmanuel von Ketteler (†1877), der schon 1848, also gleichzeitig wie Marx, sein „Kommunistisches Manifest" (und sehr zu dessen Ärger über diese geistliche Konkurrenz) seine sozialen Dompredigten veröffentlichte. Die Gründungsgeschichte des Lehrstuhls ist nicht weniger ein Beleg dafür.

2. Die Errichtung der ersten Professur für Christliche Gesellschaftslehre an der Universität Münster[1]

Die Soziale Frage des 19. Jahrhunderts stellte für die katholische Kirche eine große Herausforderung dar. Zunächst versuchte man, mit den traditionellen Mitteln der Caritas den sozialen Problemen in der Praxis Herr zu werden. Daneben wurden in der Theorie Modelle einer erneuerten Ständegesellschaft entwickelt. Nach einem langen Ringen um den richtigen Weg zur Bewältigung der Sozialen Frage stellten sich die Vertreter der neu entstandenen katholischen Sozialbewegung auf den Boden der marktwirtschaftlichen Ordnung, um diese auf dem Weg staatlicher Sozialpolitik und gewerkschaftlicher sowie genossenschaftlicher Selbsthilfe menschenwürdig zu gestalten.[2] Auf den Katholikentagen wurde der eigenständige Charakter der Sozialen Frage durch die Einrichtung eines eigenen Ausschusses 1869 hervorgehoben. Dieser trat neben den Caritas-Ausschuß[3], der diese Thematik bis dahin mitbehandelt hatte. Durch die Sozialenzyklika Leos XIII. „Rerum Novarum" von 1891 erhielt die Position einer zwei liberalismuskritischen, aber doch grundsätzlichen Bejahung der marktwirtschaftlichen Ordnung großen Auftrieb.

Die Herausforderung der Sozialen Frage wurde aber auch von der Theologie aufgegriffen, indem z. B. wissenschaftliche Wettbewerbe zu sozialethischen Themen

---

[1] Offiziell wurde der „Akademie" in Münster der Titel „Westfälische Wilhelms-*Universität*" erst 1907 verliehen. Die Zusammenstellung der historischen Daten für diese Darstellung hat Dr. J. Wiemeyer, seinerzeit Assistent am Institut für Christliche Sozialwissenschaften, heute Dozent an der Katholischen Fachhochschule Osnabrück für ein internes Papier des Instituts zusammengestellt und für diese Darstellung nochmal durchgesehen.

[2] Exemplarisch läßt sich diese Entwicklung an der Haltung Bischof Kettelers zur Sozialen Frage ablesen. Vgl. Erwin Iserloh, Die sozialen Aktivitäten der Katholiken im Übergang von caritativer Fürsorge zu Sozialreform und Sozialpolitik, dargestellt an den Schriften Wilhelm Emmanuel von Kettelers, Mainz 1975.

[3] Vgl. E. Filthaut, Deutsche Katholikentage 1848–1958 und Soziale Frage, Essen 1960, S. 57.

veranstaltet wurden.[4] Eine eigene Fachsparte vermochte sie aber noch nicht zu begründen. Fragen des gesellschaftlichen Lebens wurden vielmehr in der Theologie bis dahin vorwiegend von Moraltheologen mitbehandelt. Nachdem aber bereits sei 1885 in Münster Lehrveranstaltungen zu sozialen Fragen angeboten worden waren[5], wurde 1893 dort erstmals eine eigenständige Professur eingerichtet, die bis 1920 die einzige in Deutschland bleiben sollte. Bis zum Ende des 2. Weltkrieges entstanden nur noch in Bonn ein weiterer Lehrstuhl (Erster Lehrstuhlinhaber: der in Münster 1904 promovierte Wilhelm Schwer 1876–1949) sowie Professuren an den Ordenshochschulen der Jesuiten und der Dominikaner. Erst in den 1950er Jahren entstanden an den meisten theologischen Fakultäten entsprechende Professuren, wobei an den Fakultäten Fulda, Eichstätt und Passau bis heute entsprechende Stellen fehlen.

Äußerer Anlaß für die Errichtung des Extraordinariats für „Christliche Gesellschaftslehre unter besonderer Berücksichtigung der praktischen Seelsorge" war in Münster das Freiwerden der einzigen staatswissenschaftlichen (nationalökonomischen) Professur der philosophischen Fakultät der damaligen Akademie Münster, der damals einzigen Fakultät neben der theologischen. Deren volkswirtschaftliche Vorlesungen hatten allerdings nur einen geringen Hörerkreis gefunden. Der Dekan der damals schon größten deutschen theologischen Fakultät, der Neutestamentler Aloys Schäfer, beantragte die Besetzung der Professur mit einem Gelehrten, der den Studenten der katholischen Theologie Kenntnisse der Soziallehre vermitteln sollte. Von dem damaligen Bischof Dingelstad wurde auf Anregung Schäfers dieser Vorschlag, der ohne Abstimmung mit der philosophischen Fakultät erfolgt war, gegenüber den staatlichen Stellen unterstützt.[6] Schaefer schlug dem Minister[7] die Besetzung mit Franz Hitze, einem Freund aus der gemeinsamen Würzburger Studienzeit, vor, dem von der theologischen Fakultät am 21. April 1893 dazu der Titel eines „Dr. theol. honoris causa" (also ehrenhalber) verliehen wurde. Damit war für den nicht promovierten Hitze die formelle Voraussetzung für eine Berufung geschaffen.

Bereits am 13. Juni 1893 wurde Franz Hitze zum a. o. Professor in Münster ernannt und der theologischen Fakultät am 2. Juli zugewiesen. Die staatlichen Stellen waren an der Errichtung einer solchen Professur deshalb interessiert, weil selbst in katholischen Gegenden Einflüsse der Sozialdemokratie spürbar waren. Solchen Bestrebungen sollte Hitze entgegenwirken. Vor der Berufung erkundigte sich daher der Oberpräsident von Münster bei seinem für Mönchengladbach zuständigen Kollegen über die politische Ausrichtung Hitzes.[8] Hitze erhielt ein freigewordenes

---

[4] Vgl. etwa die gekrönte Preisschrift der Universität Würzburg von Friedrich Eberl, Die Kirche und die Assoziation der Arbeiter, Passau 1865.

[5] Vgl. Eduard Hegel, Geschichte der katholisch-theologischen Fakultät Münster 1773–1964, Erster Teil, Münster 1966, S. 365.

[6] Bischof Dingelstad schrieb, es „wäre nach unseren Zeitverhältnissen überaus wünschenswert, daß die Theologiestudierenden ein lebendiges Interesse und auch ein gewisses Verständnis für soziale und wirtschaftliche Fragen von der Hochschule mit ins Leben hineinnähmen." Schreiben Nr. 79 in Hegel, a. a. O., Zweiter Teil, Münster 1971, S. 385.

[7] Vgl. Das Schreiben Schäfers an den zuständigen Ministerialbeamten Geh. Oberregierungsrat Althoff, in: Hegel, Zweiter Teil, Briefe Nr. 80, S. 386.

[8] Vgl. Eduard Hegel, Die Berufung Franz Hitzes an die Akademie in Münster, in: Jahrbuch des Instituts für Christliche Sozialwissenschaften 7/8 (1966/67) FS zum 60. Geburtstag v. J. Höffner, S. 21–39, bes. S. 260 f.

Extraordinariat der theologischen Fakultät aus dem Bereich der biblischen Theologie und nicht das staatswissenschaftliche Extraordinariat der philosophischen Fakultät. Letzteres konnte von der philosophischen Fakultät wiederbesetzt werden.

3. Franz Hitze – Arbeiteranwalt, Politiker und Wissenschaftler

Im kirchlichen Engagement für die Soziale Frage war der 1851 bei Olpe im Sauerland geborene Franz Hitze allerdings alles andere als ein Neuling.[9] Vielmehr hatte der 1878 zum Priester geweihte nach Studien in Würzburg und Rom 1880 das Amt eines Geschäftsführers des Mönchengladbacher Verbandes „Arbeiterwohl" übernommen, in welchem sich Fabrikanten, Intellektuelle und Geistliche mit den durch die Industrialisierung entstandenen Proletarierproblemen befaßten. In dem 1890 aus Initiativen dieses Verbandes entstandenen „Mönchengladbacher Volksverein für die menschliche Emanzipation der Katholischen Arbeiterschaft" spielte Hitze als Schriftführer ebenfalls eine Schlüsselrolle. Früh schon hatte man in diesen Kreisen erkannt, daß der Notlage der Arbeiter nicht mit den klassischen Formen caritativer Hilfe begegnet werden konnte. Hier galt es ja nicht durch Schicksalsschläge entstandene Not zu lindern. Vielmehr mußte die durch ausbeuterische Wirtschaftsstrukturen, also durch von Menschen geschaffene Institutionen bewirkte Ungerechtigkeit abgebaut und verhindert werden, so allerdings, daß die Vorteile, welche die Industrialisierung gegen die bislang verbreitete Armut ebenfalls gebracht hatte, nicht preisgegeben wurden. Nicht Revolution wie es den sozialistischen Strömungen vorschwebte, sondern Evolution durch Strukturveränderung war daher die Strategie, die sich vor allem in zwei Richtungen konkretisierte: Im Einsatz für Änderungen in der gesetzlichen, also staatlich abgesicherten Wirtschaftsordnung und durch die Bildung der Arbeiterschaft, damit diese ihre Interessen selber wahrzunehmen und ihre eigenen Rechte zu vertreten lernte.

In beiden Richtungen wurde Hitze aktiv: erstens im Aufbau des Bildungswesens der Arbeiterschaft, für welchen er in der Enzyklika Rerum novarum rasch die Chance einer soliden und ausbaufähigen Grundlage erkannte und für den er bald den späteren Weimarer Arbeitsminister Heinrich Brauns († 1939) als Promotor nach Mönchengladbach gewinnen konnte sowie zweitens in seinem politischen Engagement, das ihn für das preußische Abgeordnetenhaus kandidieren ließ und dem er dann zunächst von 1882–1893 und dann erneut von 1898–1912 angehörte. 1884–1918 war er zudem Mitglied des Deutschen Reichstags und nach 1919 der in Weimar tagenden Deutschen Nationalversammlung. Damit hatte er entscheidenden Einfluß auf die in jenen Jahren entstehende deutsche Sozialgesetzgebung.

Die kurze Unterbrechung von 1893–1898 in seinem preußischen Mandant aber gab ihm die Möglichkeit auf den Ruf nach Münster einzugehen und so den zweiten Schwerpunkt des sozialen Engagements, die bildungsbezogene theoretische Auseinandersetzung zu festigen und seiner politisch kritischen Position die nötige theoretische Grundlage zu geben. Denn so sehr man von Regierungsseite die Nomination Hitzes begrüßt hatte, so sehr wußte man auch um seine Unabhängigkeit. So wurde

---

[9] Vgl. zur Biographie Hitzes: Hegel, a. a. O. Zweiter Teil, 300 f.

eine in den Berufungsverhandlungen in Aussicht gestellte Aufwertung der Professur in ein Ordinariat auch wegen des parteipolitischen Engagements Hitzes nicht realisiert, obwohl Hitzes Lehrveranstaltungen mit 30-240 Hörern (bei 350 Studenten) gut besucht waren[10], so gut, daß man, als 1902 eine Rechts- und Staatswissenschaftliche Fakultät in Münster errichtet wurde, vorübergehend erwog, Hitze auf ein nationalökonomisches Ordinariat zu versetzen. Erst 1903 wurde Hitze dann doch, freilich ohne Gehaltsaufbesserung, der Titel eines persönlichen Ordinarius zugestanden. Dennoch blieb Hitze neben seinen politischen Mandaten dem Lehrstuhl bis zu seiner Emeritierung 1920, ein Jahr vor seinem Tod, treu.

Inhaltlich bewegten sich gemäß den Vorlegungsverzeichnissen der Universität Münster die Lehrveranstaltungen Hitzes im Umfeld seiner politischen Tätigkeit. D. h. sie beschäftigten sich mit der Arbeiterfrage und der vor allem darauf bezogenen Sozialgesetzgebung: Arbeiterschutz, Versicherungswesen, die Organisation von Arbeitnehmer- und Arbeitgeber-Organisationen, aber auch die Armenpflege, d. h. die Sozialfürsorge als Aufgabe von Staat und Kirche, standen neben Grundlagenfragen im Sinn der Enzyklika Rerum novarum im Mittelpunkt. Auch die Auseinandersetzung mit dem Sozialismus wurde vor allem bis 1915 in Vorlesungen wie Seminaren nicht vernachlässigt. In den letzten fünf Jahren vor der Emeritierung reduzierte sich das Deputat Hitzes auf Spezialvorlesungen zu aktuellen Problemen im Zusammenhang mit dem Weltkrieg und den damit verbundenen sozialen Wirren.

So selbstverständlich diese auf die damaligen Zeitprobleme bezogenen Themen heute aber auch scheinen mögen, so sehr markieren sie eine Entwicklung in der Auseinandersetzung mit der Sozialen Frage im katholischen Umfeld, allgemein, aber auch in der Auffassung Hitzes selber. Denn noch in seinen Jugendschriften: „Die soziale Frage und Bestrebungen zu ihrer Lösung" (1877), „Quintessenz der sozialen Frage" (1880) und „Kapital und Arbeit und die Organisation der Gesellschaft" (ebenfalls 1880) hatte sich Hitze für eine grundlegende Sozialreform ausgesprochen. D. h. er hatte sich, wie es dem Geist der Romantik entsprach und so auch von manchen seiner ebenfalls in der sozialen Frage engagierten Zeitgenossen vertreten wurde, für die Rückkehr zu einem mittelalterlichen Modell einer in Zünften organisierten, sogenannten ständischen Gesellschaft eingesetzt. Ähnlich wie der Mainzer Reformbischof Ketteler, bei dem als Münsteraner Landadeligem der oft antiklerikale Liberalismus, der auch das Industriebürgertum prägte, ebenfalls auf Reserven stieß, mußte auch Hitze einsehen, daß aus socher Retrospektive dennoch keine zukunftsgerichtete Verbesserung der gesellschaftlichen Verhältnisse zu erreichen sein würde. Anders als etwa der Österreicher Karl Vogelsang (†1890), nach dessen Ideen man noch in den 1930er Jahren in Österreich eine ständestaatliche Reform durchzusetzen versuchte, erkannten schon damals prospektiv realistisch denkende Männer wie Ketteler und nach ihm Hitze, daß nur in der gegebenen staatlichen Struktur und über den darin möglichen Einfluß auf die Gesetzgebung soziale Reformen, die den Arbeitern wirklich und rasch eine Verbesserung ihrer Situation bringen sollten, durchzusetzen wären.

---

[10] Vgl. Hegel, a. a. O. Erster Teil, FN 23, S. 368.

Die Tätigkeit im Verband „Arbeiterwohl" und seine praktische Erfahrung aus der Arbeit im deutschen Reichstag veranlaßten Hitze, sich von der Vogelsang'schen Richtung einer grundlegenden Sozialreform abzuwenden und den Weg hin zur Sozialpolitik innerhalb der bestehenden gesellschaftspolitischen Strukturen zu beschreiten. Dabei wurde er von seinem Fraktionskollegen der Zentrumsfraktion im Deutschen Reichstag und Vorgänger Hitzes als sozialpolitischer Sprecher der Fraktion, Georg Freiherr von Hertling, beeinflußt und unterstützt. Entsprechend befassen sich die Schriften während seiner Lehrtätigkeit in Münster denn auch fast ausschließlich mit Fragen der Sozialpolitik. Themen waren sowohl die Arbeiterschutzpolitik als auch die Sozialversicherung, wie „Die Unfallversicherung" (1904;[2] 1907); „Skizze der Arbeiterfrage und der deutschen Arbeitersozialpolitik" (1901); „Geburtenrückgang und Sozialreform" (1917[2]; 1922), sowie die Probleme anderer von der Industrialisierung betroffener Bevölkerungsgruppen, vor allem der Landwirtschaft: „Abriß der Agrarfrage" (1908).

Eigene Schüler dagegen hat Hitze offensichtlich nicht zur Promotion geführt, zumindest enthält die Liste der Doktoranden der Theologischen Fakultät[11] aus seiner Professorenzeit keine Dissertationen mit spezifisch sozialethischem Bezug, was sich ungünstig auf die Bestellung eines Nachfolgers auswirken sollte. Dennoch hat Hitze in dreifacher Weise von Münster aus die Entfaltung einer gesellschaftspolitisch relevanten christlichen Soziallehre beeinflußt: Einmal indem er sie prospektiv als ordnungspolitische auf die Gesellschaftsgestaltung in den konkret gegebenen Möglichkeiten bezogene, also strukturengestaltende, Sozial-Ethik verstand und praxisbezogen vorantrieb. Zweitens indem er dies zwar praktisch im politischen Alltagsgeschäft des Parlamentariers besorgte, aber dennoch nicht in einem funktionalen Pragmatismus abglitt, sondern sich als Politiker, der zugleich Hochschullehrer war, der theoretischen Überprüfung im Licht christlich ethischer Grundsätze stellte und schließlich drittens, indem er mit der Übernahme des Lehrstuhls in Münster dafür eine stabile universitäre Institution mit akademisch anregender Ausstrahlung begründete.

4. Heinrich Weber – der Nachfolger für eine bewegte Zeit

Die Besetzung der Nachfolge von Franz Hitze gestaltete sich wie angedeutet schwierig, weil Hitze keine Schüler herangebildet hatte und es außerhalb Münsters keine weiteren Lehrstühle für Christliche Gesellschaftslehre gab.[12] Der von der Fakultät zunächst ins Auge gefaßte August Pieper (1866–1942), Leiter des Volksvereins für das katholische Deutschland in Mönchengladbach und damit eng mit Hitze verbunden, wurde vom Ministerium als zu alt angesehen. Hitze selbst hatte Heinrich Weber vorgeschlagen, der als Dozent an der Rechts- und Staatswissenschaftlichen Fakultät tätig war und sich dort im Habilitationsverfahren befand. Die am 1. Februar 1922 dem Ministerium übersandte Liste setzte Heinrich Weber an die erste Stelle, an die zweite Stelle den Freiburger Caritaswissenschaftler Franz Keller (1873–1944) und an

---

[11] Vgl. bei Hegel, a. a. O. Zweiter Teil, S. 155 ff.
[12] Vgl. zum folgenden Hegel, a. a. O. Erster Teil, S. 445 ff.

die dritte Stelle den gerade in Bonn habilitierten Moraltheologen und Sozialethiker Theodor Steinbüchel (1888–1949).

Der 1888 bei Recklinghausen geborene Weber war nach seiner Priesterweihe 1912 als Kaplan in Münster zunächst Sekretär und dann Direktor des 1916 gegründeten Diözesancaritasverbandes. Nach einem Studium der Volkswirtschaftslehre wurde er 1919 zum Dr. rer. pol. promoviert und am 13. 12. 1921 habilitiert. Den Dr. theol. erwarb er am 28. 4. 1922 in Tübingen. Die Rechts- und Staatswissenschaftliche Fakultät hatte für Weber bereits ein Ordinariat beantragt und wollte auf diesen nicht verzichten. Im August kam es aber dennoch zu einer förmlichen Vereinbarung der Rechts- und Staatswissenschaftlichen Fakultät mit der Katholisch-Theologischen Fakultät. Die Abmachung sah vor[13], daß Weber zum Ordinarius für soziales Fürsorgewesen und Gesellschaftslehre an der Rechts- und Staatswissenschaftlichen Fakultät ernannt wurde, sich aber zugleich verpflichtete, jedes Semester 3 Wochenstunden Vorlesungen und Übungen für die Theologiestudenten anzubieten. Diese Vereinbarung der Fakultäten wurde nach Zustimmung des Bischofs von Münster vom zuständigen preußischen Kultusministerium genehmigt und blieb so für elf Jahre in Kraft.

Nach der Machtergreifung der Nationalsozialisten wurde Heinrich Weber jedoch von den neuen Machthabern gedrängt, einen Antrag auf Versetzung in die Katholisch-Theologische Fakultät zu stellen, dem am 1. November 1933 stattgegeben wurde. Die Rechts- und Staatswissenschaftliche Fakultät bedauerte das erzwungene Ausscheiden ihres Mitglieds.[14] Zwei Jahre später wurde Heinrich Weber als planmäßiger außerordentlicher Professor (persönlicher Ordinarius) für Caritaswissenschaft an die theologische Fakultät Breslau zwangsversetzt. Die für das Wintersemester 1935/36 angekündigte Vorlesungen konnte er nicht mehr halten. 1937 wurde er zum päpstlichen Hausprälaten ernannt, womit kirchlicherseits seine politisch klare Haltung gegen den Nationalsozialismus bestätigt wurde.

Nach Ende des 2. Weltkrieges kehrte er an die Universität Münster zurück und wurde zunächst irrtümlich an der Katholisch-Theologischen Fakultät und kurz darauf richtig an der Rechts- und Staatswissenschaftlichen Fakultät Professor, um so seine Rechtsposition vor den Maßnahmen der Nationalsozialisten wiederherzustellen. Er vermochte auch noch die Sozialforschungsstelle an der Universität Münster mit Sitz in Dortmund zu gründen und wurde deren erster Direktor. Seine Kräfte aber waren aufgezehrt; schon am 29. August 1946 verstarb er.

Gemäß seiner Tätigkeit als Caritasdirektor in Münster ist der Schwerpunkt der wissenschaftlichen Arbeit Heinrich Webers aus wirtschaftswissenschaftlicher Sicht dem Bereich der Sozialpolitik, der Sozialfürsorge und der Betriebswirtschaftslehre caritativer Einrichtungen, aus theologischer Sicht vor allem der Caritaswissenschaft, zuzordnen: Er promovierte über „Das Lebensrecht der Wohlfahrtspflege" und habilitierte sich über „Akademiker und Wohlfahrtspflege im deutschen Volksstaat". Weitere Schriften beschäftigten sich mit dem Wesen der Caritas und der volkswirtschaftlichen Bedeutung der katholischen Ordensschwestern. Zusammen mit Peter Tischleder entstand ferner 1930 eine „Einführung in die Sozialwissenschaften" und 1931 als erster Teil des Handbuchs der Sozialethik eine über 500 Seiten umfassende

---

[13] Vgl. den Text der Vereinbarung bei Hegel, Zweiter Teil, Nr. 23, a. a. O. S. 305 f.
[14] Vgl. ebd. Nr. 96 u. 96 a, S. 409 f.

Wirtschaftsethik. Entsprechend wurden seine Lehrveranstaltungen an der theologischen Fakultät der praktischen Sektion zugeordnet. Dies war insofern verständlich als von 1923 an der Privatdozent Peter Tischleder (1891–1947) in der systematischen Sektion sozialethische Lehrveranstaltungen anbot und nach 1927 auch mit H. Weber zusammen gemeinsame Seminare anbot.

In der Folge aber führte dies dazu, daß beide Gesichtspunkte der praktischen Sektion zufielen und so die „Sozialwissenschaften" ihre genuine Verbindung zur Ethik und ihrer Methodik (bzw. zu deren kritischer Überprüfung in der Zeit nach dem II. Vatikanischen Konzil) verloren und im Horizont eines historisch-kasuistischen Vorgehens die kirchliche Soziallehre tradierten. Gleichzeitig aber unterblieb von da an in Münster auch die für die kirchliche Diakonie bedeutsame ethische Reflexion über die Caritastätigkeit im gesellschaftlichen Horizont.[15] Diese mißverständliche Klassifizierung von Moraltheologie und Sozialethik in zwei verschiedenen Sektionen wurde zwar von 1951–62, also während des Ordinariates von J. Höffner behoben, indem das Fach zusammen mit der Moraltheologie unter der systematischen Theologie geführt wurde. Anschließend tauchte sie aber wieder auf und dauerte bis 1987, als die Rückgliederung der Christlichen Sozialwissenschaften in die Sektion der Systematik erneut erfolgte und durch die Zuordnung der Katholischen Soziallehre zur Moraltheologie in der Enzyklika „Sollicitudo rei socialis" von Johannes Paul II. (1987 Nr. 41) bald danach auch ihre kirchlich ausdrückliche Bestätigung fand.

Nach der Zwangsversetzung Webers durch die Nationalsozialisten führte Tischleder, der von 1936 dazu einen Lehrauftrag erhalten hatte, die sozialethischen Vorlesungen, soweit die Kriegswirren dies zuließen, weiter, wobei staatsethische (unter dem Stichwort der sog. „Delegationstheorie" sogar auch durchaus herrschaftskritische) Themen selbst in diesen Jahren im Vordergrund standen. 1940 promovierte Tischleder L. Berg (heute Professor in Mainz) und 1942 E. Ermecke (bis 1978 Professor in Bochum) zwar im Fach Moraltheologie, aber mit sozialethischer Qualifikation und führte damit jene Promotionsform weiter, die er 1928 zusammen mit J. Mausbach schon für die Annahme der Doktorarbeit zur „Grundzüge einer Börsenmoral" von Oswald von Neil-Breuning praktiziert hatte.

So stolz aber die Universität Münster über die in ihren Reihen keinesfalls selbstverständliche klare Haltung Webers gegenüber dem Nationalsozialismus sein kann und so sehr es wichtig wäre, das Andenken daran wachzuhalten, so sehr beeinträchtigen diese Belastungen doch auch die weitere Stabilisierung des Faches, zumal der geschwächt aus Breslau zurückkehrende Weber schon 1946 starb und Tischleder, der nach 1946 nach Mainz gewechselt hatte, ihm 1947 folgte. Zudem gestaltete sich nach dem Tode Heinrich Webers die Besetzung des Lehrstuhls einmal mehr schwierig. In der Vakanz wurde lediglich vom Moraltheologen H. Doms im WS 1947/48 und SS 1948 eine Übung über die beiden bis dahin erschienenen Sozialenzykliken „Rerum Novarum" und „Quadragesimo anno" angeboten. Zudem traf die Katholisch-theologische Fakultät am 20. 1. 1947 eine neue Vereinbarung[16] mit der Rechts- und

---

[15] Die später, 1925 in Freiburg i. Br., wo der deutsche Caritasverband seinen Sitz hat, erfolgte Gründung eines speziellen Lehrstuhls für Caritaswissenschaften verweist auf diese in Münster leider nicht weitergepflegte Notwendigkeit.

[16] Vgl. den Text der Vereinbarung bei Hegel, a. a. O. Zweiter Teil, Nr. 24, S. 306 f.

Staatswissenschaftlichen Fakultät über die Wiederbesetzung des Lehrstuhls, der nun in der Theologischen Fakultät verankert sein sollte. Der Inhaber dieses Lehrstuhls sollte aufgrund seiner nationalökonomischen Vorbildung befähigt sein, die Gebiete der Sozialpolitik und Caritaswissenschaft in der Rechts- und Staatswissenschaftlichen Fakultät zu vertreten. Bei der Stellenbesetzung sollte die Rechts- und Staatswissenschaftliche Fakultät über die wirtschaftswissenschaftliche Qualifikation des Bewerbers gehört werden. Der Stelleninhaber sollte einen Lehrauftrag für Sozialpolitik erhalten, Seminarscheine vergeben, Dissertationen betreuen und an der mündlichen Doktorprüfung mitwirken dürfen. Obwohl die Besetzung des Lehrstuhls 1987 mit einem in philosophischer wie theologischer Ethik promovierten Sozialethiker dieses Abkommen formell nicht weiterzuführen erlaubte (die wirtschaftswissenschaftliche Fakultät als Nachfolgerin der inzwischen in zwei Fachbereiche aufgeteilten staatswissenschaftlichen Fakultät verzichtete damals auf ihre Mitwirkungsrechte), bleibt die enge Verbindung (gemeinsame Seminare, gegenseitige Begutachtung von Dissertationen mit einschlägiger Thematik usw.) als ein Spezifikum des Münsteraner Lehrstuhls aber weiterhin prägend.

Konkret fiel dann die Wahl der theologischen Fakultät auf den in Trier Pastoraltheologie lehrenden und bei dem renommierten Nationalökonomen Eucken promovierten Joseph Höffner.[17] Der Trierer Bischof wollte jedoch seinen Diözesanpriester Höffner zunächst nicht für Münster freigeben. Höffner erhielt im WS 1948/49 nur die Freigabe für eine Vertretung. Erst nach einer Intervention des Bischofs von Münster, Michael Keller über Papst Pius XII. wurde erreicht, daß Höffner ab WS 1949/50 wieder als Gastprofessor lesen durfte. Nachdem er diese Doppelbelastung 6 Semester lang getragen hatte, wurde Höffner nach Ende des Sommersemesters 1951 von Trier freigegeben und konnte am 1.8.1951 endlich den Lehrstuhl übernehmen.

5. Joseph Höffner – Konsolidator und Gründer des Instituts für Christliche Sozialwissenschaften

Der 1906 im Westerwald geborene Höffner studierte nach dem Abitur in Trier und in Rom an der Gregoriana Philosophie und Theologie. 1932 zum Priester geweiht, beschloß er diese Studien mit dem damals üblichen Doppeldoktorat, um nach einer kurzen Seelsorgetätigkeit in Freiburg i.Br. nicht nur den deutschen Doktor theol. (1938) zu erwerben, sondern auch in Volkswirtschaft zu promovieren. 1945 wurde er ebenfalls in Freiburg, habilitiert. Das Bestreben Münsters den so qualifizierten Lehrstuhlvertreter für den verwaisten Hitze-Lehrstuhl voll zu gewinnen, war daher naheliegend. Es gab dem Berufenen aber auch die Chance, den Lehrstuhl um ein gut ausgestattetes sozialethisches Forschungsinstitut, das „Institut für Christliche Sozialwissenschaften" (ICS) zu erweitern, durch welches der wissenschaftlichen Auseinandersetzung zugleich eine aktiv gesellschaftsgestalterische Mitwirkung nach außen bei gleichzeitigem Realitätsbezug für die Forschung nach innen möglich wurde.

Allerdings konnte Höffner, dessen prägende Rolle für Lehrstuhl und Institut bis heute spürbar ist, nur elf Jahre voll an der Universität tätig sein. 1962 wurde er

---

[17] Vgl. zur Berufung Höffners Hegel, a.a.O. Erster Teil, S. 565 ff.

Bischof von Münster. Seit seiner Ernennung zum Bischof ist Höffner Honorarprofessor an der Universität Münster gewesen. Am 14. 9. 1962 wurde er in Münster zum Bischof geweiht. Nachdem er 1968 zum Koadjutor des Erzbischofs von Köln ernannt worden war, leitete er die Erzdiözese von 1969 bis 1987. 1969 wurde er zum Kardinal ernannt und war Vorsitzender der Deutschen Bischofskonferenz von 1976-1987. Er starb am 16. 10. 1987 in Köln. Bis in die letzten Wochen seines Lebens blieb er „seinem" Institut eng verbunden und aktiv um sein Wohl besorgt.

Das theoretisch-praktische Verständnis von Christlicher Sozialwissenschaft, das dem ICS von seinem Gründer prägend mitgegeben wurde, spiegelt sich auch in dessen Forschungs- und Lehrtätigkeit, wobei natürlicherweise das theoretische Interesse in den frühen Arbeiten überwiegt. In seinen Dissertationen und in seiner Habilitationsschrift befaßte sich Höffner[18] in erster Linie mit historischen Themen, was während der Zeit des Nationalsozialismus unverdächtig war. Höffner promovierte über „Bauer und Kirche im deutschen Mittelalter" (1938 Dr. theol. in Freiburg) und „Wirtschaftsethik und Monopole im 15. und 16. Jahrhundert" (1940 Dr. rer. pol.). Seine Habilitationsschrift widmete er dem Thema „Christentum und Menschenwürde, das Anliegen der spanischen Kolonialethik im Goldenen Zeitalter" (1. Aufl. 1947). Diese Beschäftigung mit der spanischen Spätscholastik hat Höffners wissenschaftliche Konzeption maßgeblich geprägt und ihm stets erlaubt, aktuelle Fragen aus einer langen Tradition heraus prospektiv kritisch anzugehen. So war denn auch nach seiner Ernennung zum Professor für Christliche Sozialwissenschaften in Münster sein Werk deutlich durch aktuelle wirtschaftspolitische, vor allem aber auch sozialpolitische Fragestellungen geprägt. Seine Arbeit wurde stark dadurch beeinflußt, daß er als geistlicher Beirat des Bundes Katholischer Unternehmer und als wissenschaftlicher Politikberater auf dem Gebiet der Sozialpolitik in den wissenschaftlichen Beiräten bei den Bundesministerien für Familien- und Jugendfragen, für Wohnungsbau und für Arbeit und Sozialordnung tätig war. Daneben fand er aber auch immer wieder die Zeit, sich mit Grundsatzfragen des sozialen Lebens und praktischen Fragen der Seelsorge auseinanderzusetzen.

Durch die Gründung des ICS, dessen Assistentenstellen er in den Bleibeverhandlungen zur Ablehnung der Rufe nach München 1955 und 1961 von ursprünglich einer auf drei aufstocken konnte[19], ergab sich erstmals seit Bestehen des Lehrstuhls die Möglichkeit, wissenschaftlichen Nachwuchs in größerer Zahl heranzubilden. Höffner hat während seiner Zeit als Institutsdirektor 10 wirtschafts- und sozialwissenschaftliche Dissertationen und 5 theologische Dissertationen betreut.[20] Vor seiner Ernennung zum Bischof konnte er allerdings keine Habilitation zum Abschluß bringen. Von seinen Schülern sind Franz Klüber (Regensburg), Rudolf Henning (Freiburg), Wilhelm Weber (Münster) und Wilhelm Dreier (Würzburg) Hochschullehrer für Christliche

---

[18] Vgl. das Schriftenverzeichnis „Joseph Höffner" 1933–1983, hrsg. v. der Erzbischöflichen Diözesan- und Dombibliothek, Köln 1986. Zur Bibliographie Höffners bis 1962 vgl. auch Hegel, a. a. O. Zweiter Teil S. 31 ff. Zur Bibliographie bis 1979 die Festschrift zum 65. Geburtstag Franz Groner (Hrsg.) Die Kirche im Wandel der Zeit, Köln 1971, S. 15–20.

[19] Vgl. Hegel, a. a. O. Erster Teil, 574.

[20] Vgl. die Liste der Doktoranden bei Werner Kerkloh, Angela Sauerland, Franz Thalmann, Wilhelm Weber, Porträt einer Lehr- und Forschungsstätte, 25 Jahre Institut für Christliche Sozialwissenschaften der Westfälischen Wilhelms Universität Münster (1951–1976), JCSW 18 (1977) 360 f.

Sozialwissenschaften geworden. Weiterhin gehörten der Soziologie Wigand Siebel (Saarbrücken) und der Nationalökonom Bruno Molitor (Würzburg) zeitweilig zu seinen Mitarbeitern.

Die Breitenwirkung des Instituts wurde dadurch gefördert, daß Höffner seit 1955 eine eigene Schriftenreihe „Schriften des Instituts für Christliche Sozialwissenschaften" (beim Verlag Aschendorff in Münster) herausgab und 1960 das „Jahrbuch des Instituts für Christliche Sozialwissenschaften" (beim Verlag Regensberg in Münster) begründete. Die Forschungsarbeit des Instituts wurde durch den Aufbau einer umfangreichen Institutsbibliothek gefördert, die mit heute über 35.000 Bänden auf sozialwissenschaftlichem Gebiet als eine der am besten ausgestatteten der Universität Münster anzusehen ist.

Seit Höffner erscheinen die Lehrveranstaltungen der christlichen Sozialwissenschaften im Vorlesungsverzeichnis der Universität nicht nur im Programm der theologischen, sondern auch in dem der staatswissenschaftlichen bzw. wirtschaftswissenschaftlichen Fakultät, wo sie damals in einer eigenen Rubrik „Soziologie und Sozialpolitik" auftauchten. Der Kreis der Hörer von Höffners Vorlesungen und Besucher seiner Seminare ging weit über Theologie- und Volkswirtschaftsstudenten hinaus. Daneben erhielt Höffner neben der Prüfungsberechtigung in Theologie und Volkswirtschaft die Berechtigung, Lehramtstudenten im Fach „Soziologie" zu prüfen. Um seinen Hörern aus allen Fakultäten die Möglichkeit zu geben, ihre Kenntnisse auf dem Gebiet der katholischen Soziallehre nachzuweisen, wurde ein eigenes „Diplom für christliche Sozialwissenschaften" geschaffen und vom Kultusminister 1960 genehmigt.[21] Ein entsprechender Abschluß wurde seither von mehr als 100 Studenten erworben.

Die Vorlesungen Höffners behandelten einerseits die Grundlagen der Christlichen Sozialethik und deren geistesgeschichtliche Hintergründe sowie die Auseinandersetzung mit alternativen Konzeptionen vor allem mit dem Sozialismus, Liberalismus und der Sozialen Marktwirtschaft. Schließlich kamen aber auch spezielle Fragen zur aktuellen Wirtschafts- und Sozialpolitik und soziologische Themen zur Sprache, die durch Seminare, aber auch durch konkrete Kontakte zur sozialen Wirklichkeit (z. B. in Fabrikbesuchen) ergänzt wurden. Zusätzlich bereichert wurde dieses reiche Angebot in den 1960er Jahren durch den Gastprofessor Friedrich Baerwald (1900–1982), der den Katholizismus in den Vereinigten Staaten behandelte. Baerwald war 1935 in die USA emigriert, wo er vor allem auf ökonomischem Gebiet wissenschaftlich arbeitete. Er war auch in späterer Zeit (SS 1971) noch mehrfach am Institut für Christliche Sozialwissenschaften tätig und publizierte im Jahrbuch für Christliche Sozialwissenschaften. Er verbrachte seinen Lebensabend in Münster.

Die Ernennung Höffners zum Bischof setzte freilich dieser umfassenden Lehrtätigkeit ein abruptes Ende. Da zudem noch keiner seiner zahlreichen Schüler habilitiert war, gestaltete sich die Wiederbesetzung des Lehrstuhls auch diesmal nicht einfach, zumal noch wegen der Vereinbarung mit der Rechts- und Staatswissenschaftlichen Fakultät besonders auf die wirtschaftswissenschaftliche Qualifikation des Nachfolgers geachtet werden mußte. Kommissarischer Institutsdirektor wur-

---

[21] Vgl. den Text der Prüfungsordnung bei Hegel, a. a. O. Zweiter Teil, Nr. 20, S. 298 f.

de der Moraltheologe Wilhelm Heinen, der auch Promotionen auf dem Gebiet der Christlichen Sozialwissenschaften zu Ende führte. Die Lehrveranstaltungen 1962/63 übernahm der gerade in Rom emeritierte Professor Gustav Gundlach SJ (1892–1963). Nach seinem Tod war der Niederländer Josephus Johannes van der Veen (geb. 1907) im WS 1963/64 in Münster tätig. Im SS 1964 wurde der Lehrstuhl von Hermann-Josef Wallraff SJ (geb. 1913) vertreten und erst im WS 1964/65 konnte der Lehrstuhl und die Position des Institutdirektors mit Wilhelm Weber, einem Schüler von Gundlach und Höffner, der sich zwischenzeitlich in Mainz habilitiert hatte, wiederbesetzt werden.

6. Wilhelm Weber – Katholische Soziallehre in den Spannungsfeldern nach dem II. Vatikanum

Wie Höffner hatte der 1925 in Meggen (Westfalen) geborene Wilhelm Weber nach ersten Semestern in Paderborn in Rom an der Gregoriana studiert. Die Promotion in Theologie wie in Volkswirtschaft erwarb er 1957 bzw. 1961 nach einer kurzen Kaplanszeit als Assistent von Höffner in Münster, wobei die Wirtschaftslehre und -ethik der spanischen Spätscholastiker in beiden Arbeiten im Zentrum standen. 1964 in Mainz habilitiert trat er sogleich die Professur für Christliche Sozialwissenschaften wie die Leitung des ICS in Münster an. Das Engagement Höffners an der nun bald selbständigen wirtschaftswissenschaftlichen Fakultät wie als Beirat des Bundes Katholischer Unternehmer (BKU) führte er ebenfalls weiter. Als Berater des Bischofs von Essen war er während des II. Vatikanischen Konzils an der Erarbeitung der Pastoralkonstitution „Gaudium et spes" beteiligt.

In seiner übrigen wissenschaftlichen Tätigkeit galt sein besonderes Interesse den wirtschaftsethischen Fragen (hier standen vor allem die Rolle des Unternehmens in der Marktwirtschaft sowie Eigentum und Mitbestimmung im Vordergrund) sowie seit Anfang der 1970er Jahre den Auseinandersetzungen mit dem Sozialismus im Zusammenhang mit der Theologie der Befreiung. In dem postum erschienenen Werk „Wenn aber das Salz schal wird" (Würzburg 1984) setzte er sich mit dem Einfluß sozialwissenschaftlicher Theorien auf die Theologie auseinander, wobei ihm der seit dem Pontifikat Johannes XXIII. in der kirchlichen Soziallehre zunehmend wichtigere romanisch-französisch geprägte, induktive Denkstil, der dem Motto „Sehen, Urteilen, Handeln" folgen wollte, innerlich fremd blieb. Der relativ unbefangene Umgang dieser Richtung mit sozialistischem Ideengut stimmte ihn skeptisch. Die Studentenunruhen der Zeit nach 1968 wurden für Weber als akademischem Lehrer zudem zu einer an seiner Gesundheit zehrenden Belastung. Erst 58-jährig verstarb er im Oktober 1983.

Während sein Lehrangebot in den Schwerpunkten die Ansätze Höffners weiterführte, verlagerte sich der Schwerpunkt der Promotionen von der wirtschafts- und sozialwissenschaftlichen auf die theologische Ebene. Weber hat lediglich zwei wirtschaftswissenschaftliche Dissertationen betreut. Eine weitere konnte vor seinem Tod nicht mehr abgeschlossen werden. Hingegen stieg die Zahl der theologischen Dissertationen von 1965–1983 auf neun. Daneben war Weber noch als Zweitgutachter bei Dissertationen der philosophischen und wirtschaftswissenschaftlichen Fakultäten tätig. Unter seiner Leitung habilitierten sich Anton Rauscher SJ (jetzt Professor in Augsburg), sowie Theodor Herr (jetzt Professor in Paderborn) für Christliche Sozialwissenschaften.

Trotzdem ergab sich nach dem frühen Tod von Wilhelm Weber wiederum eine längere Lehrstuhlvakanz, weil eine ausreichende Zahl jüngerer habilitierter Nachwuchskräfte auf dem Gebiet der Christlichen Sozialwissenschaften fehlte und die Mehrzahl der Lehrstuhlinhaber schon aus Altersgründen nicht mehr nach Münster berufen werden konnte. Die Vorlesungen übernahm zunächst der gerade in Bonn habilitierte Privatdozent Lothar Schneider (geb. 1938). Nach dessen Berufung an die Universität Regensburg war aber eine Doppelbelastung nicht langfristig durchzuhalten, so daß die Fakultät auf den an der Hochschule der Franziskaner in Münster lehrenden Prof. Ildefons Vanderheyden zurückgriff. Erst im Sommersemester 1987 konnte der Lehrstuhl nach 3 1/2jähriger Vakanz wieder besetzt werden.

7. Christliche Sozialethik heute

Die lange Vakanz, welche für das ICS die schon unter Wilhelm Weber begonnene Schmälerung der personellen und finanziellen Mittel sowie der Autonomie auch innerhalb des Fachbereichs noch akzentuierte, aber auch die veränderte gesellschaftliche und geistesgeschichtliche Lage bedingten mit der Neubesetzung auch eine Neubesinnung auf Aufgabe und Möglichkeiten für das Fach innerhalb von Fachbereich auf Universität wie für das ICS als Ort sozialethischer Forschung und Entwicklung. Aber auch die Tatsache, daß die Fakultät in einem gewissen Bruch zur bisherigen Tradition einen in philosophischer und theologischer Ethik promovierten, also fachlich eher auf die ethischen Grundlagenfragen als auf deren soziale Konkretionen spezialisierten Fachmann berufen wollte, setzte da und dort eigene Akzente, zumal dessen konkreter sozialethischer Erfahrungshorizont sich auf die trotz der sprachlichen Nähe in manchen, zu den deutschen doch recht unterschiedlichen schweizerischen gesellschaftlichen Verhältnisse bezog.[22]

---

[22] Zur Information zur Person des Berufenen, der zugleich der Verfasser dieser Darstellung ist, seien folgende Daten beigefügt: Franz Furger, 1935 in Bern geboren, studierte Philosophie und Theologie zunächst in Löwen/Belgien und anschließend wie seine beiden Vorgänger an der Gregoriana in Rom. Dort promovierte er 1958 zum Dr.phil. und 1964 zum Dr.theol. 1961 wurde er zum Priester geweiht. Von 1967 bis 1987 war Furger Professor für Philosophische Ethik und Moraltheologie an der Theologischen Fakultät in Luzern, wo er das dortige sozialethische Institut gründete. Er hat sich als nebenamtlicher Militärgeistlicher vor allem mit ethischen Fragen der Friedenssicherung und in interdisziplinären Arbeitsgruppen der Schweizerischen Akademie der Medizinischen Wissenschaften mit ethischen Problemen der Naturwissenschaften (Tierversuche, Gentechnologie) beschäftigt. Er war geistlicher Beirat der Schweizer Vereinigung christlicher Unternehmer (VCU) und als Präsident der Theologischen Kommission des „Fastenopfers der Schweizer-Katholiken" mit der Dritt-Welt-Problematik befaßt. – Eine Sammlung verstreuter Artikel zu verschiedenen sozialethischen Problemen erschien unter dem Titel „Weltgestaltung aus Glauben" (Münster 1989, ICS-Schriften 20), während die Bücher „Christliche Sozialethik – Grundlagen und Zielsetzungen (Stuttgart 1991) und „Moral oder Kapital? – Grundlagen der Wirtschaftsethik (Braunschweig/Zürich 1992) den Stand der sozialethischen Debatte erschließen wollen. Furger ist zudem Berater der Glaubenskongregation sowie der Kommission für die gesellschaftlichen und sozialen Fragen der Deutschen Bischofskonferenz und Leiter der Sachverständigengruppe Weltwirtschaft in deren Kommission Weltkirche. Als Mitglied des ZdK gehört er zu dessen Kommission „Politik, Verfassung, Recht". Zudem ist er Delegierter der

An der Schwelle ins zweite Jahrhundert des Münsteraner sozialethischen Lehrstuhls und gut 40 Jahre nach der Gründung des ICS mag dieser Rückblick daher mit einer Prospektive aus dem heutigen Stand der Projekte und Arbeiten abgeschlossen werden: die Lehrveranstaltungen, die der allgemeinen gesellschaftlichen Entwicklung entsprechend neben den wirtschaftsethischen Problemen vermehrt auch andere sozialethische Fragen einzubeziehen haben (vor allem aus der Bio- und Ökoproblematik, der Forschung und ihrer Grenzen sowie aus dem internationalen und interkulturellen Bezugsfeld) sind wieder als ethische der „Systematischen Sektion" zugeordnet. Das Angebot umfaßt neben einer Vorlesung, die abwechselnd „Grundfragen der Christlichen Soziallehre" sowie spezielle Einzelfragen aufgreift je ein Proseminar und ein Hauptseminar sowie ein Oberseminar für Doktoranden und Habilitanden, wobei der in den letzten Jahrzehnten stark entwickelten ethischen Methodologie, deren exakte Begründungslogik für eine glaubwürdige Argumentation gerade in der christlichen Ethik von ausschlaggebender Bedeutung ist, besondere Aufmerksamkeit gewidmet wird.

Daneben werden die traditionellen Beziehungen zur Wirtschaftswissenschaftlichen Fakultät weiter gepflegt; eine den neuen Gegebenheiten entsprechende Insitutionalisierung ist vereinbart worden. Die Außenbeziehungen z. B. zur internationalen Unternehmervereinigung UNIA-PAC und zu den einschlägigen Kommissionen (Glaube und Sozialethik) der deutschen Bischofskonferenz sowie zu verschiedenen Einrichtungen der Erwachsenenbildung werden weiter gepflegt. Die nach dem Tod von H. Weber nicht mehr sehr lebendige Beziehung zum Caritasverband Münster wurden vor allem anläßlich des 75jährigen Jubiläums wieder aktiviert in einem Seminar und in einer entsprechenden Veröffentlichung.

Dem Studium weltwirtschaftlichen Ethik-Probleme, z. T. gefördert durch die Deutsche Bischofskonferenz, Untersuchung standesethischer Richtlinien sowie zu ökologischen Entsorgungsproblemen, aber auch der Verbindung von Mystik und Politik gelten daneben Spezialstudien, die z. T. dank der Unterstützung durch den schon seitens Prof. Höffner initiierten und nun wieder reaktivierten „Verein der Freunde des ICS" Förderung erfahren. Enge Zusammenarbeit besteht zudem mit dem interdisziplinären Zentrum für Umweltforschung (Zufo) der Universität. Die größere Öffentlichkeit wird angesprochen durch zahlreiche Vorträge, für die sich alle Mitarbeiter des ICS in Anbetracht der Anfragedichte zur Verfügung stellen müssen. Daß dabei das F. Hitze-Haus in Münster dem ICS besonders nahe steht, versteht sich von selbst. Nach wie vor wird das „Jahrbuch für Christliche Sozialwissenschaften" am ICS redigiert und herausgegeben; ebenso wird nach längerer Unterbrechung aber auch die ebenfalls von J. Höffner gegründete Reihe „Schriften des ICS" seit 1989 wieder weitergeführt. Artikel in Fachzeitschriften, wie in der Tagespresse durch die Feder der ICS-Mitarbeiter ergänzen diese Initiativen zur weiteren Verbreitung von sozialethischem Gedankengut. Ein jährlich erscheinender ICS-Tätigkeitsbereich orientiert periodisch direkt Interessierte wie Pressestellen über die Schwerpunkte der Forschungsarbeit des ICS. Mit der Begleitung von Gründung und Aufbau der 1991 gegründeten Zentralafrikanischen Katholischen Universität, „Institut catholique de

---

Schweiz in der bioethischen Kommission (CAHST) beim Europa-Rat in Straßburg.

Yaoundé" (der ICS-Direktor ist Mitglied dessen Conseil d'administration) wird zudem ein Beitrag zur Wahrnehmung von Dritt-Welt-Verantwortung zu leisten versucht, der selber auf die Problemoffenheit im ICS zurückwirken soll.

Das zunehmende Interesse einer pluralistischen Gesellschaft an der ethischen Beurteilung anstehender gesellschaftlicher Probleme bei gleichzeitig tendenziell abnehmenden öffentlichen Mitteln für universitäre Forschungsprojekte zwingen mehr denn je zur Suche nach Drittmitteln, bei denen allerdings gerade im exponierten Feld der Sozialethik, wo stets gesellschaftliche und wirtschaftliche Interessen mit im Spiel sind, strikte wissenschaftliche Neutralität unerläßlich bleibt. Da beim ICS solche Mittel stets über den „Verein der Freunde des ICS" laufen, ihre Spender also dem ICS nicht bekannt sind, ist für diese Neutralität, die kurzfristig auch gewisse Einschränkungen mit sich bringen kann, Gewähr geboten. Vor allem aber ist eine systematische Konzentration der Kräfte unerläßlich, die von jedem Mitglied des Instituts, von der studentischen Hilfskraft bis zum Direktor eigenverantwortlichen Einsatz nicht nur bei der internen Arbeit, sondern auch nach außen, d. h. für Vorträge, Diskussionsrunden usw. verlangt. Weniger wohl als früher wird so der Name des jeweiligen Professors als Institutsdirektor als vielmehr das Team des ICS dieses zu einem sozialethischen Kristallisationspunkt in Münster und – wie zu J. Höffners Zeiten – hoffentlich auch für eine weitere Öffentlichkeit in Deutschland machen. Die 100jährige Tradition des Münsteraner Lehrstuhls erscheint dem derzeitigen Team jedenfalls diesbezüglich als Verpflichtung.

II

Texte zur Christlichen Sozialethik

1. Franz Hitze

1.1. Wesen und Bedeutung der sozialen Frage

Unsere Zeit ist eine Übergangszeit, eine Zeit der Krisis. Gebrochen wird mit der Vergangenheit, eine neue Zukunft inauguriert. Das Alte wird niedergerissen, Neues soll aufgebaut werden. Nichts ist so heilig, daß es nicht angezweifelt, nichts so absurd, daß es nicht behauptet würde. Die extremsten Ideen liegen im Kampfe, und jede wird verfochten als die allein wahre, als die allein die Menschheit beglückende. Heute wird verneint, was gestern behauptet, morgen zerstört, was heute grundgelegt ist. Täglich tauchen neue Ideen auf, und Tausende sind bereit, sie zu predigen, zu verteidigen. Alle Ruhe, alle Stetigkeit ist verlorengegangen; der Geist der Revolution, der sich in der Reformation entfesselt hat, fährt hin durch die Welt und reißt alles mit sich fort. Schwindel ergreift den Menschen, er weiß nicht, wie er hält, was wahr, was falsch ist, zu welcher Seite er sich schlagen, was er als gut verteidigen, was als Irrtum bekämpfen soll. Da rast auf religiösem Gebiete der Kulturkampf, der Kampf zwischen Materialismus und Christentum, auf politischem Gebiete der Kampf zwischen Staatsomnipotenz und Freiheit, auf sozialem Gebiete der Kampf des dritten und vierten Standes, der Kampf für die wirtschaftliche Freiheit, gegen Despotismus und Anarchie.

Betrachten wir diesen Kampf näher, so finden wir, daß es immer derselbe Kampf ist, nur auf verschiedenem Gebiete, daß es immer dasselbe Prinzip ist, um das es sich handelt. Immer ist es der Kampf zwischen Christentum und Antichristentum, zwischen christlicher und heidnischer Kultur. Daher die Erbitterung auf allen Seiten: es handelt sich um die höchsten Güter der Menschheit, um den Ausgang eines vieltausendjährigen Prinzipienkampfes, der in seiner letzten Entscheidung steht und für jede Partei vielleicht endgültig Sieg oder Niederlage bedeutet.

Auch wir müssen in diesem Entscheidungskampfe Stellung nehmen, und wir haben es getan. Für uns ist es leicht; während tausende auf den furchtbar schwankenden Bogen der Zeit nicht wissen, wohin sie sich wenden, so sie festen Fuß fassen sollen, flüchten wir uns auf das Schifflein Petri; wir wissen, hier sind wir geborgen. Von hier aus können wir mit Ruhe hinausschauen in die wogende See, mit sicherem Auge die Lage überblicken. Da ist ein Ringen und Kämpfen um uns und Tausende verschlingt der Abgrund. So viele strecken die Hände aus nach Hilfe, ahnen vielleicht, daß bei uns Rettung zu finden sei. Allein vermögen sie nicht die Hindernisse zu überwinden: die Wellen reißen sie fort, die falschen Strömungen sind zu stark. Sollen wir sie zu Grunde gehen lassen, zufrieden, daß wir geborgen sind? Nie und nimmer! Laut wollen wir unsere Stimme erheben, trotz der tobenden Wogen hinausrufen: Hierher, hierher, hier ist Heil, hier Rettung! Daß ist ja unsere Lebensaufgabe, Menschen zu retten in's Schifflein Petri, sie herauszureißen aus den falschen Strömungen, die Richtung der Menschheit zu zeigen, die sie einzuschlagen, damit sie ankomme an ihrem Ziele.

Dreifach ist das Gebiet, auf dem der Kampf sich bewegt, dreifach das Gebiet, auf dem wir tätig sein sollen, der religiösen, dem politischen, dem sozialen. Wer auf dem einen wirkt, wirkt gleichzeitig auf den andern. Keines dürfen wir aber aus dem Auge verlieren; auf jedem müssen wir bekannt sein, tätig eingreifen, uns und andern Klarheit geben, wo das Recht und wie es zu verfechten ist.

Das religiöse, das politische Leben findet jetzt mehr wie je im katholischen Deutschland Pflege und Aufschwung; das ist ein Keimen, Wachsen und Blühen, daß es eine Freude ist, es anzusehen. Besonders war es der politische Kulturkampf, der die Geister aufweckte, der das katholische Bewußtsein mächtig zum Durchbruche brachte. Und gewiß, das war gut. Auch wir, meine Freunde, haben uns gewiß gehoben gefühlt vom Strome der Begeisterung, der das katholische Volk ergriff.

Allein eine Gefahr lag nahe, und sie ist nicht ganz vermieden worden. Die Plötzlichkeit des Angriffes, der Drang des Kampfes, der alle Waffen in Bewegung setzte, hatte eine solche Aufregung zu Folge, daß man vielfach vor lauter Politik viele andere Lebensfragen vergaß, und zur Abwendung von politischen Gefahren so sehr alle Kräfte einsetzte, daß man andere, weniger für den Augenblick drängende, unbeachtet ließ.[1] Besonders war es die soziale Frage, die doch gerade auf katholischer Seite zuerst [durch v. Ketteler's „Arbeiterfrage und Christentum" (1863) und Jörg's „Geschichte der sozialpolitischen Parteien in Deutschland (1867)] ernste Beachtung und Würdigung gefunden hatte, die nun gegenüber den Tagesfragen fast ganz in den Hintergrund trat.

Und doch ist die soziale Frage eine Lebensfrage im eminentesten Sinne des Wortes für die ganze Menschheit. Ihre Lösung ist die großartige, die bedeutungsvollste, aber auch die schwerste Aufgabe unserer Zeit, eine Aufgabe, der – müssen wir hinzusetzen – nur die katholische Kirche gewachsen ist. und wie das soziale Elend nur in dieser, im Christentum Heilung finden wird, so feiert aber auch die Kirche in dieser Heilung ihren großartigen Triumph; und es bildet vielleicht gerade das soziale Problem die Inauguartion jener neuen Zukunft, wo die um Wahrheit und Frieden betrogene Menschheit zurückeilt in den Schoß der katholischen Kirche, zu dem Lebensquell, der ihr allein sprudelt unter dem Felsen Petri.

---

[1] Während die politische Tagespresse einen nie gesehenen Aufschwung nahm, gingen z. B. das katholische „Wiener Literaturblatt" und das Kölner „Organ für christliche Zunft", beide die einzigen ihrer Art, gänzlich ein, und das einzige größere soziale Organ, die „Christlich-sozialen Blätter", sank so an Abonnentenzahl (bis auf 800), daß ebenfalls seine Existenz in Frage gestellt ist.

Da ist es wohl gerechtfertigt, wenn ich neben den spezifisch wissenschaftlichen Thematas, die hier schon zum Vortrage gekommen sind, auch mal diesen eminent praktischen, unmittelbar in's Leben – unser eignes nicht ausgeschlossen – eingreifenden Gegenstand zur Behandlung gewählt habe, der dazu, wie ich hoffe, auch des wissenschaftlichen Interesse nicht entbehren wird. Mit Liebe und Hingebung habe ich schon seit Jahren die Entwicklung der sozialen Frage und die Bestrebungen ihrer Lösung studiert, und ich muß gestehen, die so verwandten Stunden waren schöne Stunden. Meine Überzeugung ist: die soziale Frage ist viel zu wenig gekannt, deshalb auch so oft verbannt. Dürfte ich hoffen, auch nur bei einem von Ihnen Interesse für dieselbe geweckt zu haben, fühlte ich mich mehr wie belohnt . . .

Zuerst muß das Wesen und die Bedeutung der sozialen Frage selbst dargelegt werden, dann wird es leicht sein, die „liberalen" und „sozialistischen" Lösungsversuche zu würdigen resp. als fruchtlose zu erweisen, um dann im dritten Vortrage den christlichen Sozialismus, die positivie Lösung, wie sie die christlich-soziale Partei anstreben muß, zur Darstellung zu bringen.

Betrachten wir also heute die soziale Frage selbst, und zwar in ihrer geschichtlichen Bedeutung und Entwicklung, dann, wie sie sich jetzt objektiv gestaltet, in Theorie und Praxis.

Die soziale Frage ist so alt, wie die menschliche Gesellschaft selbst: immer hat es unterdrückte Menschenklassen gegeben, ausgeschlossen von dem Wohlstande und der Kultur ihrer Zeit, immer haben sich Bestrebungen geltend gemacht, diese sozialen Mißstände zu heben. Die größten Männer der Geschichte haben sich für diese Idee begeistert, sind vielleicht als Opfer derselben gefallen.

Zwei Momente sind es aber, die die soziale Frage der Gegenwart als eine von den früheren verschiedene erscheinen lassen. Einmal, extensiv, ist es charakterisch für unsere soziale Frage, daß sie alle Gesellschaftsglieder umfaßt. „Alles, was Menschenantlitz trägt", soll zur Kultur und Bildung herangezogen werden, in jedem die Idee der Humanität zur vollen Geltung kommen. Und das ist das Erhebende der sozialen Frage, und wenn wir die Idee der Humanität eine spezifisch christliche nennen können – und wir können und müssen es – dann dürfen wir auch die soziale Frage, d. h. die Tatsache, daß sie gefühlt, gestellt wird, eine christliche nennen. Das Altertum kannte sie in dieser Bedeutung nicht. Die vielgepriesene klassische Kultur ruhte auf der breiten Basis der Sklaverei und selbst ein Platon und Aristoteles stellten diese als die notwendige Vorbedingung jener hin. Auch nicht ein Sozialist des Altertums hat jene Institution angezweifelt, ihre Aufhebung in sein Programm aufgenommen. Und wir begreifen das, wenn wir bedenken, das selbst einem Aristoteles der Sklave nur als ein beseeltes Werkzeug (– mancipium nennt ihn der Römer –) erscheint, der seinen andern Willen habe, als den seines Herrn, und dessen einzige Tugend die Brauchbarkeit für seinen Dienst sei. Wie die Götter über die Menschen, meint dieser Philosoph, und diese über die Tiere, so seien von Natur aus die einen, der geistigen Tätigkeit fähigen Menschen von den andern, nur zur körperlichen Geschickten verschieden, und so wenig eine Liebe der Götter zu den Menschen, so wenig sei eine Liebe des Herrn zu seinem Sklaven möglich. Das war die Anschauung des Altertums. Und wenn wir uns erinnern, daß in Attila auf 20.000 Vollbürger und 10.000 Schutzbürger (nach Demetrius Phalereus) 400.00 Sklaven kamen, daß Korinth auf 8 Quadratmeilen 460.000, Aegina auf kaum einer Quadratmeile 470.000 Sklaven zählte, daß Rom beim Übergange seiner republikanischen Verfassung in die monarchische außer 50.000 Peregrinen beinahe eine Million (40 Prozent) Sklaven hatte[2] (F. Schäffle, Kapitalismus und Sozialismus, S. 426), dann erscheint uns auf diesem dunkeln Hintergrunde die „klassische Kultur" etwas anders, als sie uns die Verherrlicher der „Götter Griechenlands" darstellen möchten.[3]

Dank der christlichen Zivilisation schließt unsere heutige soziale Frage alle Menschen ein, und die Idee der Humanität ist eine so durchschlagende, daß sie selbst die nationalen Schranken hebt, die soziale Frage zu einer internationalen macht. Sie kennt nicht „Barbaren", wie der Grieche und Römer jeden einer fremden Nation Angehörigen verächtlich nannte, nein, alle sind berufen, als Brüder an dem Wohle und der Erhebung der Menschen zu arbeiten resp. teilzunehmen.[4]

Aber auch intensiv charakterisiert sich unsere soziale Frage als eine besondere, indem sie mehr wie je eine „brennende" genannt werden muß. Die erhöhte allge-

---

[2] Von Gibbon wird die Zahl der Sklaven auf die Hälfte der Bevölkerung geschätzt. Schon unter Augustus besaßen einige Römer 4000 Sklaven. Der Vorschlag, den Sklaven eigene Kleider zu geben, wurde zurückgewiesen wegen der Gefahr eines Aufstandes, wenn dieselben ihrer Zahl und Überlegenheit sich bewußt würden. – Die Behandlung der Sklaven war eine grausame; sie waren schutz- und rechtlos („mancipium"), und wenn selbst Gesetze zu ihren Gunsten gegeben wurden, so geschah es nur im Staatsinteresse. Fiel ein Herr durch Sklavenhand, so mußten sämtliche Hausklaven sterben. Selbst ein Cato konnte die Aufforderung geben: Seid kluge Hauswirte und verkaufet eure Sklaven und eure Pferde, wenn sie alt geworden. Medius Pollio ließ seine Sklaven für das Zerbrechen eines Gefäßes den Fischen zum Fraße vorwerfen. Überhaupt, für den geringsten Fehler, für ein unzeitiges Wort verfiel er den grausamsten Strafen: Der Fesselung, dem Kerker, dem Halsblock, der Peitsche, der Rute, der Brandmarkung, der Folter, vielleicht sogar der Kreuzigung. Dem Tiere gleichgesetzt, mußte er vielleicht vor der Pforte eines Reichen, wie ein Hund an die Kette gelegt, sein Leben als Türhüter hinbringen. Cf. Berin, Der Reichtum in der christlichen Gesellschaft. Bd. I. Kap. 10. – Sinnlichkeit und Stolz war der Grund der Sklaverei; Epikuräer wie Stoiker erkannten dies deshalb auch an. Obwohl letztere humaneren Ansichten huldigten, als ihre Zeitgenossen, so waren sie doch darüber nicht einig, ob man bei einem Schiffbruche z. B. ein teures Pferd durch Opferung eines billigen Sklaven retten dürfe oder nicht (Cicer. de offic. III. 23.). – Auch bei den Germanen waren die Sklaven nicht besser gestellt, wenn freilich bei der rohen Armut dieses Naturvolkes der Gegensatz auch nicht so tief gefühlt wurde. Auch hier galt der Sklave als Sache, dessen Tötung nicht als Mord. Was ihre Zahl anbelangt, so wird dieselbe während des 8. bis 10. Jahrhunderts mindestens ebenso hoch geschätzt, als die der Freien. S. Grimm, Deutsche Rechtsaltertümer S. 331 (Roscher).

[3] Selbst Schücking tadelt an einem neuen Lobredner des „schönen Hellenentums" (R. Hammerling in seiner „Aspasia") diese Voreingenommenheit: „Er würde sonst die Sklaverei gefunden haben, und statt den Vers des Bindar nachzusprechen: „Eins ist von Anbeginn der Götter und der Sterblichen Geschlecht", sich zu jenem Spruche des Orphiker's bekehrt haben, der lautet: „Aus deinem Lächeln, o Zeus, hast du die Götter gemacht, und aus den Tränen die Menschen" (Augsb. Allg. z. Nr. 69. Beil. v. Jahre 1876)."

[4] Der christliche Gedanke der internationalen Verbrüderung der Menschen traf erst die Sklaverei in ihrem letzten Prinzip; denn sie war hervorgegangen aus der Kriegsgefangenschaft. Der gefangene Feind wurde eben entweder getötet oder zum Sklaven gemacht (wie wenn z. B. noch bei der Eroberung von Melos die Männer getötet, Weib und Kind verkauft wurden, und ein Alexander d. Gr. in Theben nicht weniger als 30.000 Männer zu Sklaven machte). Von diesem Standpunkt aus war die Sklaverei sogar ein Fortschritt gegen früher, und jedenfalls auch ein notwendiges Glied in der Entwicklung der Menschheit. Das Unsittliche war, daß sie, statt zur Erziehung, zur Ausbeutung benutzt wurde.

meine Bildung, der steigende Verkehr, der damit erleichterte Austausch der Ideen, noch gefördert durch Presse und Vereinsleben, der erweiterte Einblick in die sozialen Verhältnisse und die Gesetze der volkswirtschaftlichen Entwicklung, alles das muß es dem vierten Stande immer mehr zum Bewußtsein bringen, wie sehr die Wirklichkeit mit seinen höheren Ansprüchen, mit dem Gesellschaftsideal, das er sich mit der Zeit gebildet und das im politischen Leben auch schon allgemeine Anerkennung und (der Idee nach) volle Geltung gefunden hat, in Widerspruch steht, und dieser Widerspruch ihm immer unerträglicher wird.[5] Dieses sein Gesellschaftsideal ist kein anderes, als was ausgesprochen liegt in den Worten: Freiheit, Gleichheit, Brüderlichkeit – dieselbe Parole, unter der auch der dritte Stand seine Stellung einst eroberte ...

In Tat und Wahrheit aber teilt sich unsere Gesellschaft immer mehr in zwei einander feindlich gegenüberstehende Klassen, in die der Lohnarbeiter und die einiger weniger Kapitalisten. Betrachten wir nun ihr wirtschaftliches Verhältnis.

Da der Arbeiter, ohne äußeres Produktivkapital, nicht selbst produzieren kann, andererseits aber produzieren muß, um überhaupt leben zu können, so muß er eben das Einzige, was er besitzt, seine Arbeitskraft nämlich, an den Kapitalisten verkaufen, und zwar für den Betrag, den man „Lohn" nennt. So bekommt die Arbeitskraft, die freilich mit dem Menschen zusammenfällt, den Charakter einer Waare – es mag uns das unmenschlich erscheinen, uns unwillkürlich an den Sklavenmarkt erinnern, in der Tat ist es so.

Wir begreifen schon, wie sehr der Arbeiter, der sich ja im Notstande befindet, und seine Waare (sich selbst!) losschlagen muß, gegenüber dem „Produzenten", (d. h. der als solcher gewöhnlich angesehen wird, und sich im Besitze der Arbeitsmittel und des Arbeitsprodukts befindet), der diesen Notstand kennt, ihm auch an Klugheit und Berechnung unendlich überragt, sich im Nachteile befindet, und es ist eigentlich

---

[5] Dieses Moment, daß der vierte Stand frei und bewußt sich jetzt – mit Recht – ein höheres Ziel gesetzt hat, als jemals – früher waren seine Bestrebungen und Forderungen immer nur die Reaktion gegen zeitlich und örtlich beschränkte, gerade sich besonders geltend machende Bedrückungen – daß auch Befriedigung von Ansprüchen, über die man früher nie hinausgegangen ist, jetzt nicht mehr genügt, dürfen wir nicht vergessen. – Vergl. das gediegene Werk: v. Scheel, Theorie der sozialen Frage, Jena (Mauke) 1871.
Wir erlauben uns hier gleich die Bemerkung: Bei Zitierung von Werken ist oft nicht so sehr Quellenangabe der Zweck – der betreffende Gedanke war oft ganz anderswo, vielleicht auch durch eigenes Nachdenken, geschöpft, nur fanden wir ihn, manchmal, nachdem er schon fertig niedergeschrieben war, an der betreffenden Stelle besonders schön ausgeführt – als Einführung in die (bessere) soziale Literatur überhaupt.

ein Hohn, wenn man von einem „freien Arbeitsvertrag" – beide als Stand betrachtet[6] – spricht.

Lasalle hat das Verhältnis zwischen Arbeitgeber und Arbeiter scharf präzisiert in seinem „ehernen Lohngesetz" (zuerst von Ricardo aufgestellt). Dieses formuliert er dahin, daß „der durchschnittliche Arbeitslohn immer auf den notwendigen Lebensunterhalt reduziert bleibt, der in einem Volke gewohnheitsmäßig zur Fristung der Existenz und zur Fortpflanzung erforderlich ist.[7] Wie ein Verkäufer, der aus Not eben verkaufen muß, seine Waare schon losschlägt, wenn er nur die Produktionskosten wieder ersetzt sieht, ebenso der Arbeiter, bei dem der Lebensunterhalt die Produktionskosten ausmacht. Ist aber einmal die Nachfrage nach Arbeitskräften im Steigen, überschrietet also der Arbeitslohn den notwendigen Lebensunterhalt, so tritt eine Vermehrung der Arbeiterehen und der Arbeiterfortpflanzung, eine Vermehrung der Arbeiter-Bevölkerung und somit des Angebotes von „Händen" ein, welche den Arbeitslohn wieder auf oder unter seinen früheren Stand herabdrückt. Umgekehrt kann jedoch auch der Arbeitslohn nicht dauernd tief unter diesen notwendigen Lebensunterhalt fallen; denn dann entstehen Auswanderungen, Ehelosigkeit, Enthaltung von Kindererzeugung und eine durch Elend erzeugte Verminderung der Arbeiterzahl, welche das Angebot von Arbeiterhänden verringert und den Lohn wieder auf den

---

[6] Freilich, im einzelnen Falle mag die „Unfreiwilligkeit" oft auf Seiten des Arbeitgebers liegen, dieser der „Gefoppte" sein; allein das berührt unsere allgemeinen, theoretischen Erörterungen durchaus nicht. Wenn man überhaupt die soziale Frage wissenschaftlich behandeln resp. erfassen will, dann muß man eben von den konkreten Fällen des Lebens, wie sie gerade zufällig augenblicklich hier und da uns entgegen treten, und durch die verschiedenartigsten, oft durchaus unberechenbaren, komplizierten Verhältnisse bestimmt sind, abstrahieren, seine persönlichen Eindrücke und Interessen zurücktreten lassen. Das ist namentlich bei unserer Frage, die so unmittelbar unser ganzes Leben, uns in unserem tiefsten Sein und Tun trifft, durchaus nicht leicht; immer wieder wird der Kapitalist die Sache mit anderen Augen ansehen, als der Arbeiter, der Bauer mit anderen, als der Industrielle, der Sozialist mit anderen, als der Liberale. Nur dessen Lebensgrundsatz ist: Die Wahrheit über alles, und der für diesen Grundsatz auch Opfer zu bringen gelernt hat, kann in der sozialen Frage mitsprechen. Eine Tendenzwissenschaft muß hier vor allem verderblich wirken: und leider sehen wir sie gerade in üppigster Blüte stehen. Also: Selbstlosigkeit, Wahrheitsliebe, Objektivität und klaren, weiten Blick müssen wir verlangen, eine bloße Kirchturmsweisheit genügt nicht. Wenn also Gevatter Schneider das „eherne Lohngesetz" z. B. angreifen will, weil seine Gesellen mehr verdienen, als er, oder ein ehrlicher Bauersmann darauf hinweist, daß der erste beste Fabrikarbeiter einen Überzieher trägt, er es aber über einen Kittel hinaus noch nicht gebracht hat, oder daß sein Knecht ein Sofa besitzt, er selbst sich aber mit seinen alten Stühlen begnügen muß, oder ein Fabrikbesitzer bitter bemerkt, daß sein Geschäftsführer besser situiert ist, als er, und nun damit die ganze „soziale Frage" aus den Angeln gehoben sein soll, so beweist das, daß da die soziale Frage noch nicht geahnt, viel weniger gekannt wird, und gewöhnlich bleiben auch alle dahingehenden Bemühungen resultatlos. Freilich, eine Belehrung über die speziellen eigenen Interessen ist leichter möglich, wird schnell verstanden und begriffen. Mehr wird man selten erreichen, und kann man auch nicht vom gewöhnlichen Mann verlangen.

[7] Zu beachten ist das „gewohnheitsmäßig". Der Begriff des „notwendigen Lebensunterhaltes" ist eben ein relativer. Wir haben z. B. mehr Bedürfnisse, als unsere Väter, der Stadtarbeiter mehr, als der Landarbeiter. Dieselben sind durch Lebensgewohnheit ihre Befriedigung zur „Lebensnotdurft" geworden. Daher denn auch ganz verschiedene Löhne in verschiedenen Zeiten und Gegenden das „eherne Lohngesetz" nicht aufheben. – Es ist von unseren Sozialisten durchaus konsequent gedacht (von ihrem materialistischen Standpunkte aus), wenn sie den Arbeiter zum Luxus, zur Angewöhnung recht vieler Bedürfnisse anhalten, da mit diesen auch der Lohn steigt. Lasalle ärgerte sich immer über die „verfl...." Anspruchslosigkeit und Bescheidenheit des deutschen Arbeiters.

naturnotwendigen Stand zurückbringt. Die Lebensnotwendigkeit, das ist der Punkt, um welchen der wirkliche Lohn in Pendelschwingungen jederzeit herum gravitiert, bald etwas sich über denselben erhebend, bald etwas unter denselben fallend.[8]

Sie sehen, ein Hauptfaktor bei Bestimmung der Lohnhöhe liegt in der Bevölkerungszunahme. Lasalle fußt hier auf Malthus, der (1798) das Gesetz aufgestellt hat, daß, während die Produktion der Lebensmittel eines Landes unter den günstigsten Umständen nur in arithmetischer Progression (1 : 3 : 5 : 7) steigen könne, die Volksvermehrung die Tendenz habe, in geometrischer Progression (2 : 4 : 8 : 16) zu machen. Nehmen wir die Gesamtmasse der Unterhaltsmittel eines Landes als Dividend, die Einwohnerzahl als Dividor, und den einem jeden zufallenden Teil als Quotient, so ist klar, daß, wenn der Dividor (durch proletarische Volksvermehrung) verhältnismäßig mehr steigt, als der Dividend steigen kann, der Quotient kleiner werden muß. Der Dividend kann durch gesteigerte Arbeit (sei es intensiv: größere Einzelleistung, sei es exstensiv: vermehrte Arbeiterzahl), erhöhte Produktivität der Arbeit (bessere Technik, Erfindungen, wissenschaftliche Fortschritte etc.), durch Einfuhr aus anderen Ländern (gegen Export von Industriegütern) in nicht zu berechnendem Maße sich vergrößern, der Dividor kann sich verkleinern durch Auswanderung, durch Kriege, Seuchen, Krankheiten, Elend etc., und so müssen wir sagen, daß das Malthus'sche Gesetz in seiner Form nicht haltbar ist, da ja alle diese bestimmenden Momente – wer will z. B. den Erfindungen des Genie's und ihren Folgen Grenzen setzen – sich aller Berechnung durchaus entziehen. Aber dabei bleibt doch die Tatsache bestehen, daß bei steigender Arbeit das Produkt, der Ertrag der Arbeit (Lebensmittel) von einem gewissen Punkte an nicht mehr im Verhältnis mitsteigt[9], andererseits

---

[8] Dieses „eherne Lohngesetz" – das die soziale Frage wahrlich grell genug beleuchtet – wurde von den Gegnern Lasalle's mit ungeheurer Erbitterung bekämpft, und gewiß mit allem Grunde. „Daß ich Ihnen, m. E., das ökonomische Gesetz verraten habe, welches den Arbeitslohn der arbeitenden Masse regelt, an welches ihre Existenz wie mit eisernen Klammern geschmiedet ist, das hat man mir nicht verziehen; es haben sich Stimmen des Unwillens erhoben, wie im Altertum etwa gegen einen Priester, der die Geheimnisse der Ceres verraten." („Zur Arbeiterfrage"). Mit Erfolg widerlegt ist jedoch das „Gesetz" bis heute noch nicht. – Dr. Schönberg (Professor in Tübingen), der es sonst mit der sozialen Frage Ernst meint, ereifert sich neuestens auch noch (in einer Broschüre: Die sittlich-religiöse Bedeutung der sozialen Frage, Stuttgart 1876) über die „falsche" Behauptung der Sozialisten, daß der Lohn immer nur hinreiche, die absolut notwendigen Lebensbedürfnisse notdürftig zu befriedigen, und weist darauf hin, daß viele Arbeiter mehr Lohn erhalten. Allerdings, sagt er weiter, gäbe es Arbeiterklassen, wo der Lohn kaum, und bei zahlreicher Familie oft gar nicht zur Befriedigung der absolut notwendigen Bedürfnisse genüge; und dieses seien besonders von Arbeitern, deren Arbeit bloß Muskelkraft, nicht Vorbildung und Intelligenz erfordern. Als wenn nicht diese Arbeiten gerade das Gros der Lohnarbeiter in Anspruch nähmen! Maschine und Arbeitsteilung hat ja eben Intelligenz und Vorbildung fast ganz (einige wenige Werkführer, Inspektoren etc. ausgenommen) überflüssig gemacht. Herr Schönberg vergißt, daß die Sozialisten vom „durchschschnittlichen Arbeitslohn" sprechen; das hat Lasalle auch gewußt, daß einige Arbeiter mehr, wie andere, verdienen, daß namentlich der Unverheiratete und der mit weniger Kindern Gesegnete sich besser steht, als der Verheiratete und der Vater vieler Kinder. Und wenn Herr Schönberg behauptet, diese ungünstigen Lohnverhältnisse hätten darin ihren Grund, daß das Arbeitsangebot die Nachfrage fast immer übersteige (wegen proletarischer Volksvermehrung), so stimmt das ja mit der Aufstellung Lasales überein; wenn er aber weiter meint, der „freie Arbeitsvertrag" sei an denselben schuldlos, eine Ausbeutung der Arbeiter finde nicht statt, so ist das eine totale Verkennung der wirklichen Verhältnisse. Wird wohl eine Waare bei übermäßigem Angebot und bei Notverkauf nach ihrem Werte bezahlt?

[9] Für Preußen weißt Rodbertus („zur Beleuchtung der sozialen Frage") mit durchschlagendem Erfolge

aber ist der Geschlechtstrieb und die Kinderliebe so groß, daß nur Motive, wie sie das Christentum gibt, oder aber Lasterhaftigkeit, oder endlich Not und Elend eine unverhältnismäßige, ungefundene Bevölkerungszunahme hemmt.[10]

Malthus hat zuerst die Bevölkerungsfrage präzis und ohne jede Bemäntelung hingestellt, und das ist sein Verdienst. Ihre Lösung hat er nicht gegeben; er meinte, jeder, der bereits (bei seiner Geburt) den Tisch der Natur besetzt finde, müsse eben wieder abtreten – ein Ausweg, vor dem ja auch ein Plato nicht zurückschreckte, und der ja bei allen heidnischen Völkern, Römern wie Griechen und heute noch in China – dem klassischen Lande der Kinderaussetzung – gekannt wurde. Die meisten Nationalökonomen[11] verlangen strenge staatliche Verbote, Kinder zu erzeugen, selbst in der schon bestehenden Ehe, falls nicht vorher die volle Sicherung des Unterhalts und der Erziehung derselben gegeben ist; aber die Mittel gegen die ungeheuren sittlichen Gefahren, die damit verknüpft, geben sie nicht. Und so sehen wir uns einerseits vor einem sittlichen Abgrunde, der die alten Kulturvölker verschlungen, der uns auch für unsere Zukunft zittern machen muß; andererseits gewinnen wir den Einblick in das grausame Walten eines Naturgesetzes, das „den Kampf um's Dasein" im vollsten Sinne des Wortes auch auf die Menschheit ausdehnt und dessen Herrschaft nur gebrochen werden kann durch die vereinigte Macht des Christentums und der Wissenschaft.

Die Bevölkerungsfrage, das Kreuz aller Nationalökonomen, die die christli-

---

nach, daß dieser Sättigungspunkt noch lange nicht erreicht ist. Das Wachsen seiner Bevölkerung dürfen wir deshalb wohl als ein normales bezeichnen (die Volkszunahme nach dem Ergebnis der Zählungen vom 1. Dezember 1871 und 1. Dezember 1875 betrug 1.060.843).

Von Interesse ist wohl folgende Zusammenstellung: Geburten kommen auf je 10.000 Menschen: im deutschen Reiche 406, in Österreich-Ungarn 402, Großbritannien und Irland 346, Frankreich (bloß) 269, Italien 309, Spanien 367, Rußland (europäisches) 300, den Niederlanden 374, Belgien 300; Sterbefälle in den respektiven Staaten: 292, 352, 210, 238, 240, 342, 241, 314, 222; Trauungen: 90, 88, 84, 81, 78, 80, 68, 80, 73 (nach Hübner's [neuester] statist. Tabelle).

[10] Wie schnell sich die Bevölkerung eines Landes vermehren kann, dafür folgende Beispiele: Der natürliche Zuwachs der weißen Bevölkerung in den Vereinigten Staaten Nordamerika's hatte von 1790-1840 das Verhältnis von 100:404 (Roscher). Die Einwohnerzahl Irlands betrug 1695 nur: 1.034.000, 1754, wo der Kartoffelbau allgemeiner wurde: 2.372.000, 1805: 5.395.000, 1823: 6.801.827, 1841: 8.175.000; 1851 dagegen, nach der furchtbaren Verbreitung der Kartoffelseuche – von 1845-47 mußten an nicht weniger als 3 Mill. Menschen Lebensmittel verteilt werden – nur mehr: 6.515.300, 1874: 5 1/2 Mill. (s. Roscher und „Volksstaat" Nr. 127 des Jahres 1875). Von 1806-64 stellte Irland nicht weniger als 8 1/2 Millionen Auswanderer („Katholik" Jahrgang 1868). – Umgekehrt haben in Deutschland die Konskriptionsjahre, welche der Teuerung von 1816-17 entsprechen, vieler Orten ein Minus von 25 % unter dem Durchschnitt ergeben (Roscher). Überhaupt: Die Statistik weißt nach, daß die Zahl der Heiraten und vielfach auch der Geburten (denn, daß die Fruchtbarkeit auch von der Nahrung abhängt, läßt sich wohl nicht leugnen) zu dem Wohlstande der Zeit, speziell – den Kornpreisen im Verhältnis steht. So können momentan günstige Verhältnisse – wie wir sie z. B. in Deutschland nach dem Kriege von 1870 bis 1871 hatten – eine Vermehrung der Ehen und für gar bald Überbevölkerung, Not und Elend herbeiführen.

[11] So z. B. Stuart Mill, Marlo, Schäffle, v. Kirchmann etc.; letzterer gab sogar (1865) in einer öffentlichen Berliner Arbeiterversammlung den Arbeitern den Rat: Sie sollten dafür sorgen, daß keine Überbevölkerung stattfinde, dadurch würde sowohl das Kapital, als die Nachfrage nach Arbeitern vermehrt. Der Arbeiter habe an zwei Kindern hinlänglich genug, und um mehr Kinder zu vermeiden, müsse er sich beherrschen, ohne den Trieb der Natur ganz zu unterdrücken (s. von Ketteler, Deutschland nach dem Kriege von 1866).

che Idee der Jungfräulichkeit nicht anerkennen wollen, ist auch die beste Widerlegung unserer unchristlichen „Sozialisten", die ja in ihrer Gesellschaftsordnung der Menschheit ein Zeitalter des Friedens, des Glückes, nie gekannter Humanität heraufbeschwören wollen; denn auf die Frage: „Wie wollt Ihr der Überbevölkerung steuern", weiß auch der humane Sozialist keine andere Antwort, als Malthus; auch seine Mittel sind: Gewalt und Prostitution.[12]

An der Bevölkerungsfrage (im besprochenen Sinne) pflegen sich deshalb auch unsere „Sozialisten" geflissentlich vorbeizudrücken; um so mehr sprechen sie aber von einer „relativen Überbevölkerung", „surplus-Bevölkerung", wie Marx sie nennt, und diese verdient noch unsere besondere Aufmerksamkeit. Dieselbe entsteht dadurch, daß jede Erfindung, jede Maschine, jeder technische und wissenschaftliche Fortschritt, praktisch verwendet, sofort eine Anzahl Menschen „freisetzt", arbeitslos macht, die nun gleichsam als neues Kontingent" — und zwar als „ungelernte" Arbeiter – das Arbeitsangebot in den übrigen – und gerade den niedrigsten – Branchen vermehren, also den Arbeitslohn herabdrücken. Die Erfindung der Lokomotive, der Bau einer Eisenbahn z. B. erhöht zwar ganz vorübergehend die Arbeitsnachfrage und damit den Lohn bedeutend, allein sobald dieselbe fertig ist, besorgen einige wenige Beamten und Lohnarbeiter, denselben Verkehr, der früher Hunderte und Tausende von Fuhrleuten etc. beschäftigte; so bringt jede Eisenbahn Tausende um ihr Brot. Freilich, sie gründet auch manche Existenz; aber ob die Zahl der gebrochenen nicht noch größer ist? Sie baut auf, aber die Ruinen, und wenn wir nicht für die Zukunft bauten, für die Gegenwart sind vielleicht die Opfer größer als der Gewinn. Die Bitterkeit der Verarmung wird mehr empfunden, als das Wohlbehagen der Bereicherung. Die Spinn- und Webemaschine, wieviele hat sie nicht aus ihrer Arbeit herausgeworfen? Und gerade den Teil der Bevölkerung hat sie getroffen, dem es an angemessener Arbeit fehlt, den weiblichen und hier wieder besonders die Landarbeiterinnen, die während des Winters im Spinnen und Weben Beschäftigung fanden. Die „Spinnstube" gehört bereits der Kulturgeschichte der Vergangenheit und den „Romanen" an. Die Dresch- (im Winter) und Mäh-Maschine (im Sommer), wieviel Arbeitskräfte erspart sie nicht dem Gutsbesitzer:[13] gerade die kräftigen Landarbeiter

---

[12] Sparta mit seiner halben Gütergemeinschaft veranstaltete die Kinderaussetzung von Staats wegen, Polykandrie war durch die Sitte legalisiert; die kretische Gütergemeinschaft stützte sich auf die obrigseitlich befohlene Päderastie. Plato in seinem Idelstaate erlaubt resp. fordert ebenfalls Kinderaussetzung und Prostitution: mehr als 5040 Familien will er in demselben nicht dulden; und Aristoteles, der sonst seinen Lehrer wohl zu korrigieren pflegt, teilt die Ansicht desselben. Es soll, sagt er, ein Gesetz über das Los der neugeborenen Kinder geben, welches jene genau bezeichnet, die man aussetzen oder erziehen soll; von denen, welche krüppelhaft oder schwach geboren werden, soll man keines leben lassen dürfen. Und in den Ländern, wo die Aussetzung nicht gestattet ist, vermeide man eine zu große Überladung von Kindern und bestimme die Zahl, welche man gesetzlich nicht überschreiten darf, und lasse dann die Mütter abortieren, ehe der Embryo noch die Empfindung des Lebens erhalten hat. (De republ. lib. VII). Auch selbst Sokrates zählt als eine Tätigkeit der Hebammen auch die auf: Kinder auszusetzen.

[13] Als ein Beispiel, wie die Maschine wirklich Landarbeiter überflüssig macht und sie den Städten zuführt, gibt Marr folgendes an: 781 Städte sind im Zensus von 1861 für England und Wales aufgezählt mit 10.960.998 Einwohnern, während die Dörfer und Landkirchspiele nur 9.105.226 zählten. Im Jahre 1851 figurierten 580 Städte im Zensus, deren Bevölkerung ungefähr gleich der Bevölkerung der sie umgebenden Landdistrikte war. In ersteren war der Bevölkerungszuwachs 17,3 %, in

sind durch sie überflüssig geworden, und mancher Familienvater hat einen großen Ausfall in seinem Jahreseinkommen zu erleiden.

Der Lohn der überflüssig gewordenen Arbeiter fällt selbstverständlich (wenigstens anfangs) größtenteils dem Inhaber der Maschine etc. und, weil andererseits das Arbeitsangebot sich steigert, dem Kapital (in genere) zu. Und so müssen wir sagen: Alle Erfindungen, alle Fortschritte der Technik und der Wissenschaft, die die Produktivität der Arbeit – Verhältnis zwischen Arbeitsleistung (Mühe) und Arbeitsprodukt (Erfolg)[14] – erhöhen, kommen nicht dem Arbeiter zu Gute, sondern allein dem Kapitalisten; der Arbeitslohn aber bleibt nicht nur auf die Lebensnotdurft beschränkt, sondern sinkt für einen Teil der Arbeiter meistens unter denselben. Nehmen wir ein Beispiel: Nach Erfindung der Nähmaschine arbeitet ein Schneider vermittelst einer solchen allein etwa soviel, wie fünf Schneider ohne dieselbe. Nun hat der Schneider vielleicht kein Kapital genug, sich eine Maschine zu kaufen, aber auch keine Kunden genug, um immer beschäftigt zu sein – was auf dem Lande gewiß leicht der Fall sein kann –; da wird ein Kaufmann, der Besitzer eines Manufakturwarenlagers, sich gleich beeilen, eine Nähmaschine anzuschaffen und insofern Schneider als Lohnarbeiter dazu zu engagieren. Er gibt ihm nun aber nicht – die Kosten für die Maschine abgerechnet – das Fünffache seines früheren Verdienstes, da derselbe wirklich das Fünffache produziert, sondern nicht einmal seinen früheren Verdienst, da die großenteils „freigesetzten" Berufsgenossen durch ihre Konkurrenz den Lohn außerordentlich[15] herabdrücken. Und so lange wird es „Freigesetzte" geben, als der Bedarf, die Nachfrage nach Mähprodukten nicht um das Fünffache gestiegen ist. Das ist eben das Ungerechte der heutigen Gesellschaftsform, daß der Fortschritt der Kultur und der Wissenschaft, daß die steigende Produktivität der Arbeit zunächst nicht dem Arbeiter, sondern nur dem Kapitalisten zu Gute kommt, dem Arbeiter hingegen

---

letzteren nur 6,5 %, trotzdem das Areal des bebauten Landes sich erweitert hatte und bekanntlich die Landbevölkerung auch überall einen höheren Prozentsatz Geburten aufweist, als die Stadt; nur die Wanderung vom Lande in die Stadt kann der Grund sein. (In England ist bekanntlich der Großgrundbesitz durchaus vorherrschend, und deshalb rationelle Landwirtschaft und Maschinenbetrieb am meisten durchgebildet.) – Auch in Frankreich verringerte sich 1851-56 die ackerbautreibende Bevölkerung von 57 auf 52 %, dagegen steigerte sich die industrielle von 27 auf 33 % (Reischl). – Noch auffallendere Daten werden wir später für Preußen beibringen; nur konkurieren hier andere Gründe derart, daß hier sogar mehr Arbeiter, als „frei" werden, der Stadt resp. der Industrie zuströmten.

[14] Wenn ein Feld einmal in 8 Tagen umgegraben, ein anderes Mal dasselbe ceteris paribus in 1 Tage umgepflügt wird, so ist „die Produktivität der Arbeit" – abgesehen von den Unkosten für Pferd und Pflug – um's Achtfache gestiegen.

[15] Jeder weiß, daß bei reichlicher Ernte die Preise weit unter das Normalmaß sinken; ebenso hier. – Selbst Treischle spricht von entsetzlichem Elende, mit dem die Völker den Übergang zu neuen Wirtschaftsformen erkaufen müssen.

nur schadet.[16] Und doch, daß Genie und seine Erfindung gehört der Menschheit, und nicht bloß dem Kapitalisten.

Diese einseitige Ausbeutung der Wissenschaft und Technik durch die Kapitalisten zum Nachteile der Arbeiter ist nicht bloß eine Ungerechtigkeit gegen diese, sondern sie tut ihnen selbst nicht einmal gut.[17] Da nämlich der Arbeitslohn nach dem ehernen Lohngesetz nicht steigt, bis erhöhte Produktivität aber die Gesamtproduktion (in der betreffenden Branche) außerordentlich steigert, so muß notwendig Überproduktion eintreten, indem die Kaufkraft der Konsumenten[18], die ja meistens Arbeiter sind,

---

[16] Freilich, mit der Zeit zwingen Krisen und Konkurrenz den Produzenten, seine Waren billiger abzulassen, so daß der Arbeiter nun mehr für sein früheres Geld bekommt; aber warum muß denn die Wohltat der Erfindung – wenn und soweit von einer „Wohltat" die Rede sein kann, da ja mit den billigeren Lebensmitteln auch der Lohn fällt – erst dem Arbeiter, dann dem Produzenten zum Unglück werden, ehe sich beide derselben freuen dürfen? Und wenn wir bedenken, daß fast täglich in irgend einer Branche eine neue Erfindung aufkommt, und immer wieder mit Tausenden von Menschen ihr Spiel treibt, dann erscheint es gewiß als eine der ersten und ernstesten Aufgaben für den Menschenfreund, zu sinnen, wie diese wirtschaftlichen Revolutionen zu mäßigen, zu brechen sind. Den durch „Freisetzung" bedrohten Arbeitern muß einerseits die Anschaffung der Maschine etc. (als Genossenschaft) ermöglicht, andererseits die Überführung in andere Arbeitsbranchen erleichtert werden.

Die Maschine als solche kann natürlich nur als Wohltat für die Menschheit betrachtet werden: Sie befreit den Menschen von der schweren Arbeit, gibt ihm Mittel und Muße einer größeren geistigen Bildung. Was für das Altertum die Sklaven, daß können und sollen für uns die Maschinen sein. Nur ihre jetzige einseitige Benutzung macht sie für das sittliche und materielle Gedeihen der Völker schädlich. „Die von der kapitalistischen Anwendung der Maschinen untrennbaren Widersprüche und Antagonismen existieren nicht, weil sie nicht aus der Maschinerie selbst erwachen, sondern aus ihrer kapitalistischen Anwendung! Da also die Maschinerie an sich betrachtet die Arbeitszeit verkürzt, während sie kapitalistisch angewandt den Arbeitstag verlängert, an sich die Arbeit erleichtert, kapitalistisch angewandt ihre Intensivität steigert, an sich ein Sieg des Menschen über die Naturkraft ist, kapitalistisch angewandt den Menschen durch die Naturkraft unterjocht, an sich den Reichtum des Produzenten (Arbeiters) vermehrt, kapitalistisch angewandt ihn verpaupert u.f.m., erklärt der bürgerliche Oekonom einfach, daß Ansichtbetrachten der Maschine beweise haarschaf, daß alle jene handgreiflichen Widersprüche bloßer Schein der gemeinen Wirklichkeit, an sich, also auch in der Theorie, gar nicht vorhanden sind. Er spart sich ja alles weitere Kopfbrechen und bürdet seinem Gegner obendrein die Dummheit auf, nicht die kapitalistische Anwendung der Maschinerie zu bekämpfen, sondern die Maschinerie selbst." (Marx.)

[17] Vergl. das klassische Werk von Dr. Rodbertus-Jagetzow: Zur Beleuchtung der sozialen Frage. I. Unveränderter Abbruch meines zweiten und dritten sozialen Briefes an v. Kirchmann, enthaltend einen compendiösen Abriß meines staatswirtschaftlichen System's, nebst einer Widerlegung der Ricardo'schen und Ausführung einer neuen Grundrententheorie. Berlin 1875 (Aug. Schindler). Der Verfasser lebte seit 1848 bis zu seinem Tode (†1876) auf seinem Gute Jagetzow, und stand nur mit einigen wenigen hervorragenden Männern in brieflichem Verkehre. Agitatorisch ist er nie tätig gewesen, durch sein theoretisches System aber ist er der Vater des modernen „Sozialismus" geworden. Marx wie Lasalle fußen in ihrer Kritik ganz auf demselben. (R. Meyer behauptet dieses, und in der Tat hat er seine kritisch-sozialistischen Theorien früher ausgesprochen als Marx und Lasalle: obige soziale Briefe an v. Kirchmann, in denen schon Grund- und Kapitalbesitz als der „rapax an der Arbeit", als Mittel der bevorzugten Vorwegnahme alles den notwendigen Unterhalt der Arbeiter übersteigenden Ertrages der Produktion hingestellt wird, erschienen bereits 1851.)

[18] Prof. G. Hirth stellt in einem Vortrage: Das souveräne Gesetz der Preisbildung (f. dessen „Freisinnige Ansichten" aber auch „Annalen" Jahrg. 1875) die Kaufkraft der Konsumenten resp. die verschiedene Einkommensverteilung als einen entscheidenden Faktor bei der Preisbildung der Arbeit und der Lebensmittel vor allem) hin. Er kommt zu dem Resultat: Bei unbeschränkter Verkehrsfreiheit wird jedem Arbeitenden die Lebenshaltung um so schwieriger, je ungleichmäßiger, und desto leichter, je gleichmäßiger die Verteilung des Gesamteinkommens (eines Volkes) vor sich geht, weil eben mit dem steigenden Vermögen Einzelner deren Kaufkraft unverhältnismäßig gegenüber den Anderen steigt, die

nicht im Verhältnis zu der gestiegenen Produktion mitgestiegen ist.[19] Die im Inlande nicht absetzbaren Produkte können zwar zum Teil im Auslande einen Abfluß finden, aber nur unvollständig und nicht immer, abgesehen davon, daß es wenig christlich und patriotisch ist, wenn die Kapitalisten, um einen Privatvorteil zu erhaschen, ihre Produkte lieber mit Schaden an den Ausländer verschachern, als an bedürftige, aber nicht kauffähige Inländer.

Außer dieser speziellen Überproduktion, in Folge erhöhter Produktivität der Arbeit und deren Ausnutzung durch das Kapital, kann auch aus Nichtkenntnis des Bedarfs der Konjunkturen Überproduktion stattfinden. Ist nämlich ein Produktionszweig einträglich, übersteigt der Preis die Produktionskosten bedeutend, so werfen sich eine Masse Geschäfte auf diesem Geschäftskreis, und produzieren nun um die Wette darauf los, arbeiten selbst auf Lager[20], bis mehr oder weniger plötzlich das allseitige Angebot in keinem Verhältnis mehr zur Nachfrage steht und so den Preis furchtbar herabdrückt, weit unter die Produktionskosten. Die Folge ist: Der Stillstand, Bankrott vieler Geschäfte, massenhafte Arbeiterentlassungen, Kapital- und Kreditmangel, allgemeines Mißtrauen, Beschränkung in der Konsumtion (z. B. der Bedingung der Produktion für die übrigen Geschäftspreise) etc. Die Krisis in einem Geschäftszweige wirkt so auch auf die anderen ein, und zieht diese vielleicht mit in den Abgrund, und so entstehen jene großen, alle Verhältnisse zerrüttenden Weltkrisen[21], wie wir jetzt gerade eine erleben. Und hier gilt das Gesetz: Je großar-

---

der Übrigen daher ipso facto zurückgehen muß. Sie können fruchtbare Landstrecken in Parks und Vernügungsanlagen – 1/10 von Schottland nehmen Wildparks ein – verwandeln lassen, zur Kultur von Genußmittel verwerten, können zahlreiche Arbeiter zur Befriedigung ihrer Launen engagieren, so der Produktion von wirklichen Bedürfnisgegenständen, von Lebensmitteln namentlich, entziehen, welche letztere der Arbeiterstand doch vor allem bedarf und deren Verteuerung (eben wegen der verhältnismäßig geringeren Produktion – Angebot) ihn schwer trifft. Vergl. die Ausführungen über den „Luxus" im dritten Vortrage. (Wenn Prof. Hirth meint, seine Gedanken seien ganz neu, so irrt er, Rodbertus hat das Wesentliche derselben schon in seinen Briefen an v. Kirchmann.)

[19] Nehmen wir das Beispiel von der Nähmaschine wieder auf und führen es weiter: Recht viele Manufakturisten etc. werden die Gelegenheit, einen Profit zu machen, sich zu Nutzen machen wollen, und eine Nähmaschine anlegen. Die Nähmaschinenbesitzer lassen nun recht flott darauf losarbeiten, um recht viel zu verdienen, und wenn die Produkte nicht mehr abgehen wollen, arbeiten sie eben auf Lager. Allein die Konsumenten, die Abnehmer der Nähprodukte können und wollen nur einem bestimmten Teil ihres Einkommens auf den Kauf dieser Produkte verwenden; ist dieser ausgegeben, dann ist keine weitere Kaufkraft mehr vorhanden (wenigstens bei den 90 % Arbeitern). So bleiben die Nähmaschineninhaber auf ihrer Waare hängen, ihre Überproduktion rächt sich durch eine Krisis. Diese kommt um so schneller, je mehr „verdient" wurde. (Sollte keine Überproduktion eintreten, dann mußte entweder auf je 5 Schneider von früher eine Maschine kommen [abgesehen von dem Ausfall der dann brotlosen Schneider als Konsumenten], oder, falls jetzt so viele Maschinen angeschafft würden, als früher Schneider da waren, müßten die Nähprodukte fünfmal billiger werden.)

[20] Das unterscheidet ja unseren heutigen Großbetrieb gerade vom Handwerksbetrieb, daß hier die Produktion nach der Konsumtion sich richtet, „auf Bestellung gearbeitet wird", dort aber die Waare meistens erst in großen Massen produziert und dann an den Konsumenten verkauft wird, ja oft die Produktion erst zur Konsumtion anlockt. Gewiß die meisten Luxusartikel würden nicht gekauft, wenn sie erst bestellt werden sollten, nicht angeboten würden.

[21] Handelskrisen werden sie gewöhnlich genannt, weil die Großhändler als Vermittler zwischen Konsumenten und Produzenten zuerst die Überfüllung des Marktes spüren und unter dem Absatzmangel leiden. Kreditkrisen verbinden sich gewöhnlich damit, weil das Arbeiten auf Lager große Kapitalien erfordert, das geschäftliche Vertrauen aber gering ist. Aber auch selbstständig können Kreditkrisen auftreten, wenn viele schwindelhafte Unternehmungen entstehen (neuestens z. B. der Aktienschwin-

tiger die Produktion, je ausgebreiteter der Markt, der Handel, je durchgebildeter das Kreditwesen, je komplizierter, je unberechenbarer die Konjunkturen, das Verhältnis zwischen Bedarf und Produktion, desto häufiger und erschütternder sind die Krisen:[22] Die letzte übertrifft die von 1857, diese jene von 1847, diese wieder die von 1825 (von 1799 und 1763). Diese Handelskrisen sind furchtbare Heimsuchungen sowohl für den Unternehmer, als besonders für den Arbeiter;[23] beide sehen sich ihnen jetzt schutzlos preisgegeben. Und was bei Lösung der sozialen Frage immer als Ziel festgehalten werden muß, gilt hier ganz besonders: Die Unsicherheit und Unstetigkeit der Existenz, die Gebundenheit des Menschen an die Zufälligkeiten des Glückes und des Schicksals, oder roh herrschender Naturgesetze zu geben. Der Arbeiter weiß nicht, ob er morgen noch Brot hat, ob nicht eben eine Krisis, der Bankrott des Geschäftes, das Angebot von anderen Arbeitskräften ihn mit Weib und Kind in's Elend stürzt. Der „Brotherr" verlangt eine Risikoprämie, sucht sich gegen Unfälle zu sichern, unser Arbeiter muß darauf verzichten. Der Gedanke an die Zukunft muß deshalb drückend für ihn sein, und da denkt er lieber gar nicht. Darin liegt die physiologische Lösung des Rätsels, daß unsere Arbeiter oft so verschwenderisch sind. Ähnlich geht's dem Unternehmer: auch er weiß nicht, ob nicht die willkürlich waltende Konkurrenz ihn um sein Vermögen, seine Existenz bringt; deshalb aufregende Sorge für sein Geschäft, deshalb Hartherzigkeit gegen den Arbeiter.

---

del), mehrere dann plötzlich zusammenbrechen, ihre Kreise weiter ziehend, andere, selbst solide, mit ruinieren und so ein allgemeines Mißtrauen („Panik") hervorrufen, in Folge dessen, das Kapital sich zurückzieht und auf dem Geldmarkte schwer vermißt wird.

Revolutionen, Kriege, Mißwachs etc. sowohl, als auch an sich glückliche Ereignisse, wie Entdeckungen, Kapitalzufluß u.v.m. (cf. französische Milliarden) können solche Krisen fördern; die einen, weil sie die Konsumtion, die Kaufkraft zu sehr einschränken, die anderen, weil sie zu sehr zur Produktion reizen.

[22] „Im Meer, nicht im Glas Wasser, werden die Gleichgewichtsstörungen zu verheerenden Stürmen." In beschränkten Verhältnissen, im Naturalstaate kennt man solche Krisen nicht. Da richtet sich die Produktion nach den Konsumenten, diese bestellen erst die Waare und dann wird sie hergestellt, aber man weiß wenigstens sicher, was und wieviel bedurft wird; der Lokalmarkt ist eben leicht zu überschauen. – Andere Krisen treffen freilich den Naturalstaat um so härter: Naturkrisen (Mißernten, Überschwemmungen u.s.w.). Die Wucht solcher Elementarereignisse ist eben gebrochen durch Eisenbahnen, Versicherungswesen u.v.m. (Im Jahre 1760 noch verhungerten in Irland 400.000 Menschen.)

[23] Man lese nur die Tagespresse aus der Zeit der Krisis: tagtäglich wußte sie von Arbeiterentlassungen, Abkürzung der Arbeitszeit, Lohnreduktionen etc. zu berichten; man verfolge nur mal die „Polizeiberichte" – und zwar mit etwas tieferem Nachdenken, wie es bei Zeitungslesern gewöhnlich zu finden ist – und vielleicht manche Notiz von einer oder zwei Zeilen wird uns einen Blick in einen Abgrund von sozialem Elend tun lassen, vor dem der Menschenfreund erschaudert. – „Die Lohnreduktionen und Arbeiterentlassungen in den metallurgischen Fabriken von Norddeutschland sind allgemein", schreibt die „Augsb. Allg. Zg." vom 3. Januar 1875. Selbst „bei Krupp werden von Neujahr an noch 8000 statt 16000 Mann beschäftigt", berichtet der „Gewerbeverein" vom 1. Januar 1875. „12000 Maschinenbauer in Berlin sind arbeits- und brotlos", wissen die Zeitungen Ende November 1875 zu erzählen. „Ein Drittel sämtlicher Hütten- und Eisenwerke Rheinlands und Westfalens und Schlesiens hat die Arbeiter entlassen; der Rest nimmt noch fortwährend Reduktionen vor. 80 Prozent der Arbeiter der Industriestadt Brünn sind ohne Beschäftigung, die übrigen teilweise", berichtet der „Arbeitgeber" (Nr. 979). „Auf dem Gebiete der Eisenindustrie allein sind mindestens hunderttausend Arbeiter ohne Beschäftigung", hieß es Anfang Februar 1876. „In Kemnitz allein sind bis jetzt schon 5000 Arbeiter abgelohnt worden, und weitere Entlassungen stehen in Folge gänzlichen Mangels an Bestellung bevor. Die natürliche Folge dieser Entlassungen ist, daß das böse Gespenst Hunger an zahlreichen Haushaltungen klopft", schreibt die „Barm. Zeit." unter dem 25. März 1876. – Wahrlich, das Risiko des Arbeiters verlangt eher Prämie, als das des Unternehmers!

Wir haben bis jetzt die Lage der Arbeiter in gesunden Tagen, unter normalen Verhältnissen betrachtet; nun kommen aber auch Tage der Krankheit, Tage des Unglücks, wo auch der kärgliche Arbeitslohn nicht einmal mehr einkommt. Der Arbeiter wird alt, arbeitsunfähig, seine Kräfte nehmen ab, so daß er nicht mehr mit jungen Kräften konkurrieren kann; oder die Familie, Frau und Kinder werden krank und erfordern größere Auslagen. Vielleicht reißt den Familienernährer der Tod hin, und Frau und Kinder sind ohne Brot, ohne Hilfe. Und es sind gerade die Arbeiterfamilien, in denen der Tod sich besonders heimisch zu fühlen scheint, hier findet er die meisten Opfer. Es eröffnet sich hier ein Bild des Jammers und namenlosen Elendes, das ein fühlendes Menschenherz kaum erträgt.

Wir können es uns nicht verhehlen: Das Los eines Sklaven ist faßt beneidenswerter gegenüber einem solchen „weißen Sklaven."[24] Jener hatte doch wenigstens zu essen, sein Herr sorgte doch für seine Erhaltung, da der Verlust eines Sklaven die Anschaffung eines neuen notwendig macht (und ein Sklave in Südamerika z. B. kostete seiner Zeit immerhin 2000 Dollar). Der Unternehmer, Kapitalist, aber beutet seinen Sklaven, seinen sog. „freien Mitarbeiter", möglichst aus,[25] und wenn seine Arbeit verbraucht ist, dann: mag er gehen, eine neue, frische Arbeitskraft tirtt an seine Stelle – eine Arbeitskraft, die der Arbeiter vielleicht selbst mit schweren Opfern ihm in seinem Sohne erzogen hat. Handelt ein solcher Kapitalist anders, als der römische Sklavenhalter, der seinen ausgedienten Sklaven aussetzte auf der Insel des Aeskulap oder seinen Fischen zur Speise vorwarf.

Man denke sich nur in die Tage des Lohnarbeiters: Täglich muß er sich auf den Weltmarkt stellen, um sich als Waare zu verkaufen, ausgesetzt den Schwankungen des Angebots und der Nachfrage, er weiß nicht, ob er morgen vielleicht schon mit Weib und Kind am Bettelstabe ist – ist es zu verwundern, wenn er sich dump-

---

[24] Alle früheren Beziehungen, Herr und Sklave, feudaler Grundbesitzer und Leibeigener oder Höriger oder Schutzpflichtiger waren doch immer menschliche Beziehungen und Verhältnisse!
Jene Verhältnisse waren menschliche Verhältnisse, sage ich, denn es war ein Verhältnis von Herrschern zu Beherrschten, was immerhin ein durchaus menschliches Verhältnis ist. Es waren menschliche Verhältnisse, denn es waren Beziehungen von diesem bestimmten Individuum zu diesem bestimmten Individuum. Es waren menschliche Beziehungen, und selbst Mißhandlungen, denen Sklaven und Leibeigene ausgesetzt waren, bestätigen dies. Denn der Zorn wie die Liebe sind menschliche Beziehungen, und selbst wenn ich jemanden in der Wut mißhandle, so setze und behandle ich ihn immer noch darin als Menschen, sonst könnte er meinen Zorn nicht erregen.
Die kalte unpersönliche Beziehung des Unternehmers auf den Arbeiter als auf eine Sache, auf eine Sache, die wie jede andere Waare auf dem Markte nach dem Gesetze der Produktionskosten erzeugt wird, – das ist es, was die durchaus spezifische, durchaus entmenschte Physiognomie der bürgerlichen Periode bildet! (Lasalle.)

[25] Diese Quelle des Reichtums (Großindustrie) gleicht einer Maschine, die ohne Regulator arbeitet. Indem sie in ihrem Räderwerke die Menschen gleich den Stoffen zermalmt, entvölkert sie das platte Land, häuft die Menschen in den Städten, nutzt sie geistig und körperlich aus und setzt sie zum Dank für alle Opfer an Kraft, Jugend und Dasein auf die offene Straße. So verzehrt die Industrie als wahrer Saturn der Arbeit die eigenen Kinder, und lebt durch ihren Tod. (S. Napoleon, Lieber die Vernichtung der Armut, zitiert in der „D. Landesz." Nr. 265 v. Jahre 1875.)

fer Verzweiflung hingibt, voll Haß und Ingrimm gegen den Besitzenden, wenn er sich betaumelt am Becher der Lust, nur noch dem Augenblick, dem Genuss[26] lebt! Nun denke man sich diesen Arbeiter auch noch des Trostes der Religion beraubt: tagtäglich predigt ihm der liberale Bourgeois: Ach was, es gibt keinen Himmel, daß ist Pfaffentrug; „Genuß" sei die Parole. Kann man sich da wundern, wenn der verhaltene Groll in helle Flammen ausbricht, alle Leidenschaften sich entfesseln und Orgien aufführen, wie sie die Pariser Kommune uns gezeigt. „Meine Sache hab' ich auf Nichts gestellt", denkt er, nicht habe ich zu verlieren; gewinnen will ich aber wenigstens Befriedigung meiner Rachsucht, wenigstens auf gewisse Zeit in Saus und braus leben. „Den Himmel habt Ihr uns genommen", lautet die unerbittliche Logik des Arbeiters, wohlan, gebt uns die Erde", und vergebens protestiert der für seine Geldsäcke zitternde Bourgeois gegen diese höhnische, aber gewiß gerechte Forderung.

---

[26] Es ist oberflächlich und lieblos, über solche Arbeiter ohne weiteres mit pharisäischem Wohlbehagen den Stab zu brechen, wie es auch wahrhaftig von wenig Verständnis für die soziale Frage zeugt, wenn man deren Existenz leugnen zu können glaubt, weil einige Berliner Maurer oder Zimmerleute ihre hohen Löhne mit Champagnertrinken und Austernessen verpraßt haben. Das ist eben das soziale Problem, wie ein stetiger angemessener Arbeitslohn zu erzielen, wie der Arbeiter zu einem gesunden, gleichmäßigen Wohlstand, zu einer vernünftigen Lebenshaltung zu erheben, zur Mäßigung und Sparsamkeit zu erziehen sei. Die Arbeiter meinten eben – der Mensch glaubt ja immer, was er gern glaubt – die Löhne würden immer so hoch bleiben oder sogar weiter steigen, und da sie sich plötzlich im Genusse so hoher Löhne laben, wußten sie nicht, was damit anzufangen: denn Sparen, gut Haushalten will gelernt sein. – Wenn die Arbeiter der Vorwurf der Verschwendung trifft, so fällt die Hauptschuld auf diejenigen, welche eine so unnatürliche, auf die Dauer unhaltbare Steigerung der Arbeitslöhne herbeigeführt: die Gründer und ihre Helfershelfer; die armen Arbeiter aber müssen jetzt dafür büßen. Übrigens sind diese Vorwürfe auch ungeheuer übertrieben, wenn eben einige lose Junggesellen mal „blauen Montag" feierten oder sich per Droschke fahren ließen, so konnten sich neuigkeitshung'rige Zeitungen nicht genug beeilen, über Ausschreitungen „der Arbeiter" zu lamentieren. Die meisten Arbeiter haben ihren höheren Lohn zur Befriedigung von menschenwürdigen Bedürfnissen, zu einer vernünftigen Steigerung des standard of life (Lebenshaltung), wie sie der Menschenfreund nur wünschen kann, verwendet, einen Beweis hierfür liefert der gestiegene Fleischkonsum und die vielfach konstatierte Verdrängung des Branntweins durch Bier. Auch die Sparkasseneinlagen haben sich in den guten Jahren bedeutend vermehrt: 1872 legten die arbeitenden Klassen in die preußischen Sparkassen die kolossale Summe von 83,6 Mill. Thlr. (1869 bloß noch 53 Mill.) neu ein, und 1874 kamen unsere Sparkasseneinlagen denen Englands gleich. Wenn es wahr ist, daß 1848 kein Arbeiter auf der Barrikade zu sehen war, der ein Sparkassenbuch hatte, so ist eine Zunahme der Bücher von 25 % in einem Jahre (1872 stieg die Zahl der Einleger von 1.358.395 auf 1.644.480) keine kleine Sache (Schmoller).
Aufreizung gegen bestimmte Gesellschaftsklassen ist streng verboten, und Bundeskanzler Bismarck wollte noch eine Verschärfung der Strafe. Weshalb wendet man diese Strafparagraphen nicht gegen so viele liberale Zeitungen an, die ja nicht müde wurden, die Arbeiter dem Haß und der Verachtung preiszugeben. Und was soll man dazu sagen, wenn ein Kampfhaufen öffentlich von der Tribüne aus den Arbeitern die Verantwortung für unsere Krisis zuschiebt, während doch eine Selbstprüfung (resp. Prüfung unserer Finanzpolitik und Gesetzgebung) viel eher am Platze wäre (Fürst Bismarck und Eulenburg machen unsere Sozialisten verantwortlich, weil sie in den Arbeitern zu hohe Ansprüche geweckt und diese unsere Konkurrenzfähigkeit mit dem Ausland genommen hätten).

1.2. Das Recht der Arbeit

Die Prüfung des bestehenden Eigentums auf seine naturrechtliche Begründung und in seiner naturgesetzlich-historischen Entwicklung ist zu seinen Gunsten ausgefallen. Wir haben gefunden, daß es zwar ein „historisches" Recht ist, aber aus naturrechtlichem Grunde, daß zwar „Zufall" und „Sünde" in seiner konkreten Gestaltung eine gewisse Rolle gespielt haben, daß aber doch viel mehr noch die Bedürfnisse der – gefallenen – menschlichen Natur und die technisch-ökonomischen Bedingungen der Produktion ihren Anteil daran haben, kurz, daß in jedem Falle das bestehende Eigentum die Präsumtion des Rechts für sich hat und als solches respektiert werden muß.

Es fragt sich nun: wie weit geht dieses Recht des konkreten Eigentums? Ist es ein absolutes, unbedingtes, durchaus souverän gegenüber der Gemeinschaft der Menschen? Oder aber ist es durch Rücksichten, Pflichten gebunden? Gibt es vielleicht sogar Fälle, wo es total zurücktreten, höheren Rechten den Platz räumen muß? Diese Fragen gelten für das Eigentum überhaupt, nicht bloß für das Privateigentum.

Im Anfange der Geschichte, in der Jugendperiode der Völker hat diese Frage weniger zu sagen, weil die Volkszahl noch geringer, der Boden noch ergiebiger ist und der Arbeit reichen Erfolg schenkt, auch selbst Urboden genug „frei liegt" zur Kultivierung und Aneignung. Anders im Fortgange der Geschichte, wenn die Volkszahl sich steigert, wenn sämtlicher Boden in Bebauung genommen ist und in festen Händen sich befindet. Jetzt gilts die Frage: wie soll's mit denen sein, die nun als „überzählig" geboren werden, für die kein Besitz mehr frei ist, wenigstens nicht, falls sie ihren elterlichen Besitz teilen, in solcher Größe, daß er ausreichende Ernährung sichert. Sie haben das „angeborene" Recht des Erwerbes, können es aber nicht realisieren. Sie haben nichts als – ihre Arme: mit diesen könnten sie schaffen, produzieren, aber es fehlen ihnen die objektiven Produktionsmittel. Man kann sagen: Es war verfehlt, daß die Eltern solch Ueberzähligen das Leben gaben, sie hätten sich enthalten sollen. Aber sie sind doch nun einmal da – sollen sie einfach von dem Schauplatz, auf dem sie „unrechtmäßig", d. h. durch „Unrecht" ihrer Eltern erschienen sind, wieder abtreten? Sollen sie in ihr Nichts zurückkehren, daß sie illegitim verlassen haben? Oder geht das vielleicht nicht? Haben sie vielleicht ein Recht, als nun einmal existent anerkannt zu werden, und die Mittel die Fortexistenz zu fordern?

Wenn dieses geschehen, die Mittel der Existenz ihnen gesichert sein sollen, dahin müssen die Besitzer in irgend einer Weise mit ihnen „teilen". Dieses kann auf doppelte Weise geschehen: entweder so, daß sie ihnen ein Grundstück zu eigner Bebauung und Ernährung zuweisen, sei es zu Eigen, sei es zur Nutzung, oder aber so, daß sie dieselben als „Hülfsarbeiter" zu sich nehmen, um mit ihren (der Besitzer) Produktionsmitteln zu produzieren und dann einen Teil der so gewonnenen Produkte als Entgelt, „Lohn" zur Ernährung in Empfang zu nehmen. Wenn der „Arbeiter" mehr produziert, als er selbst braucht, so „verdient" der Herr noch bei dem Prozesse – und das ist fast immer der Fall. So hat denn auch tatsächlich das Selbstinteresse durchschnittlich stets genügt, um die Besitzer zur Ernährung der Besitzlosen – gegen ihre Arbeit – zu vermögen, aber theoretisch müssen wir uns doch ganz genau das „Recht" dieser Besitzlosen, die nichts als ihre Arbeitskraft einzusetzen haben, klar legen. Dieses um so mehr, als die Scharen der Besitzlosen tagtäglich anwachsen, als diese anfangen, eine andere Organisierung ihres Mit-Besitzrechts laut zu fordern, ihr „Arbeitsrecht" dem Recht des Eigentums gegenüberzustellen. Die Eigentümer umgekehrt leugnen das „Recht der Arbeit" verbittern so noch die „Nichts-als-Arbeiter". Wir wollen also prüfen.

„Recht auf Arbeit"

„Recht auf Arbeit" ist bekanntlich ein Schlagwort der modernen Revolution. Es teilt das Los aller Schlagwörter, – es ist sehr ungestimmten Inhalts. Je nach diesem Inhalt aber bestimmt sich Wahrheit oder Irrtum. Es kann heißen: Jeder Mensch hat ein Recht darauf, daß ihm Arbeit gegeben werde, um seinen Unterhalt verdienen zu können. In diesem Sinne ist es berechtigt. Wir müssen sogar ausdrücklich den Fortschritt anerkennen, der sich in demselben ausspricht gegenüber der Parole eines alten Rom: „Panem et circenses" – ein Fortschritt, den wir ohne Zweifel dem Christentum verdanken. Der alte Römer wollte den Genuß ohne die Arbeit, der moderne Arbeiter will den Genuß in und mit der Arbeit als das Erste hinzustellen. Dieses „Recht auf Arbeit" ist notwendiger Ausfluß des Rechts der Persönlichkeit, des Rechtes zu leben. Sobald wir dem Menschen als einem mit einer unsterblichen Seele ausgestatteten Wesen eine höhere Würde beimessen, eine überirdische Bestimmung, müssen wir auch anerkennen, daß auch ihm das Zeitliche dienen muß, daß, so viel zur Erreichung dieses höheren Zieles, dieser geistig-sittlichen Entwicklung schlechthin notwendig ist, ihm von den Besitzenden aus ihrem Überfluß (d.h. nicht schlechthin Notwendigen) zugewiesen werde – gegen Arbeit, falls er sie leisten kann. Das Recht zu leben ist ein höheres Recht als das Recht, sorgenlos und in Überfluß zu leben. Das konkrete Eigentum darf nicht mit der Idee des Eigentums in absoluten Widerspruch treten, sie nicht einfachhin annullieren. Der Mensch, die Persönlichkeit bleibt doch immer das Ziel der Schöpfung, und das positive Eigentum soll dieses Ziel realisieren, nicht vereiteln. Die ganze bessere Wissenschaft, Naturrecht wie positives Recht, ist darüber einig.

Allerdings, wer im Menschen bloß ein Gattungswesen erblickt, kann nicht verlangen, daß sich alle andern einschränken sollen, um diesem sein elendes, allen lästiges Dasein noch zu verlängern, muß „dem Entwicklungsgesetz" des Kampfes ums Dasein auch hier sein Recht lassen, und es ist glückliche Inkonsequenz oder auch Heuchelei, wenn der Sozialismus es anders gehalten wissen will. Viele Nationalökonomen sind konsequenter, haben wirklich den Mut, den „Menschen" dem „Naturgesetz" zu opfern.

Anders im Christentum. Wir sehen, daß hier das Besitzrecht nicht ein absolutes, souveränes, ganz und gar ausschließliches ist, daß die Besitzenden als Stand nicht das Recht haben, die Nichtbesitzenden, Arbeitenden vom Mißgenuß einfach abzuweisen: es ruht, wir könnten sagen ein Servitut auf ihrem Besitz gegenüber den Nichtbesitzenden. Sie müssen sich mit denselben abfinden, so gut wie diese mit ihnen, es ist ein Gegenseitigkeitsverhältnis da, wobei sie freilich die bei weitem besser Gestellten sind.

Diese Pflicht und dieses Recht haften natürlich dem Stande an, nicht dem einzelnen Arbeitgeber resp. Arbeiter gegenüber dem einzelnen Arbeiter resp. Arbeitgeber. Es sind Rechte resp. Pflichten an resp. gegen die „Gesellschaft", die „Gesellschaft" ist das Mittelglied, in dem Arbeiter und Besitzer in Beziehung treten. Es sind Rechts-Beziehungen, um die es sich handelt, das zuständige gesellschaftliche Organ zur Ordnung tiefer Beziehungen daher der „Staat" – er hat die Pflicht und das Recht dazu, einfach schon als „Rechtsstaat" gedacht. Die realen Verhältnisse von Arbeiter und Arbeitgeber, von Arbeit und Besitz darf er nicht ignorieren, er muß die Arbeiter in ihrem Recht auf den Mitbesitz der Arbeitsmittel – mag man sich diesen auch noch so beschränkt, noch so unfaßbar und ideal denken – schützen und demselben gesicherte Form geben. Damit ist die manchesterliche Staatstheorie im Prinzip gerichtet. Wie weit diese ordnende Tätigkeit des Staates im Einzelnen zu gehen hat, ob sie vielleicht nicht sogar praktisch ganz überflüssig ist, indem die gesellschaftlichen Verhältnisse schon selbst für eine gute Organisierung sorgen, ob nicht z. B. das Gesetz von Angebot und Nachfrage wirklich schon hinreichend für die Arbeiter sorgt, ihnen nicht vielleicht sogar mehr als Pflicht ist, (an Lohn) zuweist: alles das ist damit natürlich noch nicht entschieden – das sind praktische Fragen, Fragen über Anwendung der Theorie, der Prinzipien; uns ging es zunächst darum, das Prinzip festzustellen. Wir handeln über die Berechtigung, nicht über die Zweckmäßigkeit der Staatsintervention.

Also der Arbeiter ist nicht absolut „freigestellt", er hat ein Recht der Mitbenutzung der Arbeitsmittel der Besitzenden resp. des Mitgenusses der daraus zu gewinnenden Arbeitsfrüchte. Eine andere aber ist die Frage: wie weit geht dieses Recht? Kann er vielleicht gar den vollen Ertrag seiner Arbeit verlangen: damit haben wir den Sinn des „Rechts auf Arbeit", wie ihn die Sozialisten verstehen. Dieses Recht nun ist nicht zu erweisen, würde das Eigentumsrecht der Besitzenden vollständig illusorisch machen. Diese Forderung schließt, wie schon im ersten Vortrag ausgeführt, die prinzipielle Leugnung des Eigentums selbst in sich.

Inhalt des „Arbeitsrechts"

Wir haben die zwei äußersten Grenzen festgesetzt, in denen das Recht der „Arbeit" sich bewegt: der absolut notwendige Lebensunterhalt ist die Untergrenze ihrer Forderung, der volle Ertrag ist das Höchste, was sie erreichen kann, was sie aber nicht als „Recht" beanspruchen kann.

Die Untergrenze muß jedenfalls jedem Arbeiter, auch dem gewöhnlichen, gesichert sein. Aber damit ist eigentlich noch wenig gewonnen, denn diese Grenze ist sehr unsicher. Was versteht man unter notwendigem Lebensunterhalt? Soviel, daß einer nicht gleich stirbt, oder aber soviel, daß einer zu voller Entfaltung, wollen zunächst mal sagen: der körperlichen Kräfte gelangt, und so hohes Alter erreicht, als seine natürlichen Kräfte es erlauben? Und welchen Grad von Arbeit muß er leisten für diesen Lebensunterhalt? Wiederum soviel, daß er seine Kräfte nur stählt und entwickelt, oder aber soviel, daß er sich aufreibt und früh schon Krankheit und Siechtum anheimfällt? Muß er vielleicht sogar auch Frau und Kind der Arbeit opfern, sie von Haus und Herd trennen und dem Herrn zu aufreibender Arbeit preisgeben, unter den größten Gefahren für Leib und Seele? Vielleicht selbst den Tag des Herrn nicht ausgenommen?

Noch schwieriger wird die Sache, wenn wir recht fest das Ziel, den letzten Grund unserer Aufstellung vom „Arbeitsrechte" ins Auge fassen: die persönliche Würde des Menschen. Da muß dem Arbeiter auch eine gewisse geistige Bildung garantiert sein, müssen ihm Ruhe und Mittel gegeben werden zur geistigen Sammlung und Erholung und Ausbildung – die Arbeit darf ihn nicht vertieren, nicht zu einem Mechanismus herabdrücken. Die Arbeit, normal, im Sinne des Schöpfers, soll Bildungs- und Entwicklungsmittel für den Menschen sein, nicht Mittel der Unterdrückung und Entmenschung, sie ist Strafe – bittere Medizin, aber sie soll Medizin bleiben. Und wenn das vielleicht nicht ist, so liegt das – wir können's wohl gleich aussprechen – in der Ungerechtigkeit der Menschen, nicht im Willen Gottes. Der Mensch – auch der Arme – soll „herrschen" über die Natur: das bleibt das Ziel der Schöpfung auch nach dem Sündenfalle, auch jetzt noch soll sie ihm dienen – allen Menschen dienen. „Im Schweiße des Angesichtes" sollen wir unser Brot essen, aber wir sollen es essen, und wer den Schweiß nicht scheuet – Blut und Leben, eine Arbeit bis aufs Blut, wird nicht verlangt – dem soll auch das „Brot" (nicht bloß Kartoffeln) nicht verweigert werden.

Auch der Arbeiter ist ein persönliches Wesen, hat eine diese Welt übergreifende Bestimmung, und einen Augenblick sollte man diese seine sittliche Würde vergessen. Und wenn man unzureichenden Arbeitslohn damit rechtfertigen will: „der Arbeitsmarkt ist eben überfüllt, das Angebot ist zu groß, die Nachfrage zu gering", so treibt man wirklich den Teufel durch Beelzebub aus. Die Arbeit ist nicht „Waare", sie ist der Arbeiter selbst, und der Arbeiter hat ein „Recht" auf Arbeit, auch dann, wenn die Besitzenden keinen Profit dabei machen. Sie haben ein „Recht" auf die Mitbenutzung der Arbeitsmittel, freilich in totaler Unterordnung unter die Besitzer, und die Besitzer müssen ihnen diese irgendwie ermöglichen. Wenn die Besitzer nicht Lust haben zur Produktion, weil sie schon Produkte genug haben, oder reich genug sind, so müssen sie eben den Arbeitern die Arbeitsmittel zuweisen zu eignem Gebrauch, bis sie wieder selbst die Produktion in die Hand nehmen.

Das alles gilt, wie schon gesagt, bloß ganz im Allgemeinen; wir müssen uns immer Stand gegen Stand denken. Es wäre z. B. total verfehlt, wollten die Arbeiter dieser oder jener Fabrik, von diesem oder jenem „Herrn", Überweisung der Fabrik für die Zeit dieser oder jener Krisis verlangen. Sie, individuell, haben nicht Anspruch auf diese individuelle Fabrik, und dann, was noch bedeutsamer ist, diese Krisis ist das Seitenstück, der Schatten der früheren Überproduktion, der früheren Blüte, deren Früchte auch die Arbeiter in höheren als normalen Löhnen genossen haben. Freilich fragt sich, ob diese früheren Überlöhne die jetzigen Ausfälle decken, ob der in diesem Ausgleich sich ergebende Durchschnittslohn hinreichend ist zur Erhaltung und

Entwicklung des Arbeiters. Wenn nicht – und wir sind geneigt das anzunehmen – dann haben die Arbeiter wieder das strenge Recht, von der Gemeinschaft der Arbeitgeber (wiederum nicht von ihrem individuellen Fabrikherrn) eine andere, bessere Organisation der Produktion zu verlangen, um diese fieberhaften Wechsel von Über- und Unterproduktion zu vermeiden.

So sehen wir immer wieder, daß die Arbeiter nicht bloß ein Interesse, sondern auch ein strenges Recht haben, über die Organisation der Produktion und des Besitzes mitzusprechen. Und das ist uns ein Resultat von grundlegender Bedeutung. Darin liegt auch das Recht der Arbeiter, im „konstutionellen" Staate eine eigene Partei zu bilden, vollständig begründet. Über die Zweckmäßigkeit, den Erfolg zu solcher Partei-Bildung ist damit noch nichts gesagt.

Überhaupt: der Arbeiterstand ist nicht rechtlos gegenüber dem Kapital, ist nicht auf Kapitals-Ganden angewiesen, sondern er steht ihm als gleichberechtigter Stand gegenüber, wenn auch der Inhalt seiner Rechte bedeutend geringer ist. Und umgekehrt, der Stand der Eigentümer, der Kapitalisten hat strenge Rechtspflichten gegenüber dem Arbeiterstand, ist nicht absolut, souverän in feinem Eigentum, muß vielmehr dem Arbeiterstand einen gewissen Mitgenuß der Früchte seines Eigentums (natürlich gegen Arbeit) einräumen; kurz, der Arbeiter steht ihm als „mitberechtigter Genosse", als „Mitarbeiter", wenn auch geringerer, gegenüber.

Und nun, ein Arbeitgeber, der von dieser Erkenntnis recht durchdrungen ist und sich einen recht lebenden Rechtssinn bewahrt hat – und den besitzen unsere meisten Arbeitgeber –, dem wird unsere moderne manchesterliche Härte und Gleichgültigkeit gegen seine Arbeiter ganz unmöglich sein, der wird auch sich der sittlichen, der Liebespflichten gegen seine Arbeiter wieder mit Liebe erinnern. Er wird bestrebt sein, das schwere Los, das den Arbeiter drückt, zu erleichtern, die Wunden, die die moderne Industrie schlägt, zu heilen. Die Arbeiter umgekehrt werden nicht undankbar sein, nicht warme Teilnahme mit Kälte belohnen – kurz, ist das Eis mal gebrochen, das die manchesterliche Weisheit von Angebot und Nachfrage, das Gesetz der Konkurrenz um das Herz der Arbeitgeber gelegt hat, ist das Bewußtsein der Rechtspflicht wieder erwacht, dann wird auch das Gefühl der sittlichen Pflicht wieder erwachen, sich Geltung verschaffen. Dann wird wieder das Verhältnis von Arbeitgeber und Arbeiter ein sittliches, eines der Würde des Menschen entsprechendes werden. Und das ist die Aufgabe des Staates, – die Kirche hat sie nie aus dem Auge gelassen – das Bewußtsein der Rechtspflicht wieder zu wecken, das Recht der Arbeit laut zu verkünden, die Solidarität, die gegenseitige Verpflichtung zwischen Arbeitgeber und Arbeiter durch eine umfassende Gesetzgebung zum Ausbruch zu bringen. Das ist der Sinn, die hohe sittliche Bedeutung des von christlich-sozialer Seite verlangten „Arbeitsrechts".

Die sittliche Bedeutung der Arbeit

Wir haben die streng rechtlichen Forderungen der „Arbeit" formuliert, die äußersten Grenzen bezeichnet, bis wo das Kapital der Arbeit streng verpflichtet ist. Sittlich betrachtet, müssen wir die Verpflichtungen des Kapitals noch viel weiter ausdehnen. Arbeitseinkommen ist auf persönliche Tätigkeit und Tüchtigkeit begründet, und steht dasselbe sittlich entschieden höher als bloßes Renteneinkommen. Darüber ist die sittliche Anschauung aller Zeiten und Völker einig. Und das ist so wahr, daß man zu allen Zeiten auch für das Renteneinkommen wenigstens verlangt hat, daß es sich mit Arbeit verbinde, daß es der Öffentlichkeit wenigstens nachträglich irgend einen Dienst leiste, durch seine Standestugenden und Standestätigkeiten sich „verdient" mache, und so nachträglich dem Titel von Zufall und Geburt den der Arbeit hinzufüge und so mit versittliche. Darin allein begründete sich im öffentlichen Volksbewußtsein die Berechtigung der Aristrokratie. So lange und nur so lange, als der Adel diese seine öffentliche, seine politische und soziale Aufgabe verstand, als das „Noblesse oblige" noch nicht leerer Schein geworden war, als er hervorragender Träger des religiösen und nationalen Gedankens war, blieb ihm auch ein höheres Einkommen im Dienste dieser höheren Aufgaben unangefochten. Umgekehrt, mit dem Vergessen seiner dem höheren Einkommen entsprechenden höheren Verpflichtung ist auch der Adel jedesmal aus der Geschichte verschwunden; nie hat ein Volk einen Stand von Müßiggängern auf die Dauer ertragen. Und es war nicht gemeiner Neid, sondern es war die sittliche Entrüstung des Volkes, welche die zu Rentnerklasse herabgefundenen Stände wegfegte. Man hat zwar gesagt, daß der Magen alle Revolutionen mache: allein es ist ein Despot, der das gesagt hat, die Menschheit steht höher, als dieser Anspruch sie hinstellt. Nein, die Revolutionen sind geistige Taten, das sittliche Ferment überragt das materielle bei weitem. Es ist ein Stück Weltgericht, was sich darin abspiegelt – ein Schauspiel voll Tragik, das uns ergreifen, unser ganzes Interesse in Anspruch nehmen muß. Es ist ein Kampf des historischen und des Vernunft-Rechts, ein Kampf der freien Persönlichkeit gegen die verknöcherte Sozietät, des ungeformten, ungezügelten Geistes gegen die entgeistete Form, des Fortschritts gegen den Stillstand, des erwerbenden Rechts gegen das erworbene Recht, des persönlichen Verdienstes gegen das vererbte Verdienst – auf beiden Seiten stützt man sich auf „sein" Recht und da eine friedliche Versöhnung nicht möglich, so muß der blutige Kampf die Sache entscheiden – er ist fast eine Naturnotwendigkeit. Gewiß, beide sollten sich vertragen, sollten, anstatt einseitig sich auf ihr Recht zu steifen, auch das relative Recht des Andern in Betracht ziehen, gewiß, wer zuerst von Krieg proklamiert, ist von schwerer Schuld nicht freizusprechen, und es ist wiederum ein Stück Weltgericht, das sich vor unsern Augen abspielt: wenn die Schwärmer für Humanität zu Tyrannen werden, wenn die befreiende Tat (der Revolution) zur Schreckensherrschaft wird, wenn die Revolution ihre eigenen Kinder verschlingt.

Die Arbeit ist das persönliche Moment im Erwerb und mit dem Wert der Arbeit steigt auch der Wert des Menschen und umgekehrt. Das Christentum hat vor allem die persönliche Würde des Menschen wieder zur Anerkennung gebracht, und damit auch das Recht der Arbeit. Im Heidentum konnte von dem Recht der Persönlichkeit und der Arbeit keine Rede sein: die Hälfte der Menschen, die Sklaven, waren vom „Recht" schlechthin ausgeschlossen, nicht bloß tatsächlich, sondern prinzipiell; bloß der Vollbürger war überhaupt Rechtssubjekt. Der „Mensch" galt nichts, aber der

„Bürger" alles. Das Christentum hat „die unverjährten Menschenrechte" gepredigt, hat den Sklaven die Freiheit gebracht, hat auch die Arbeit wieder in ihr Recht eingesetzt. Alle hat es verpflichtet zur Arbeit – „Im Schweiße deines Angesichtes sollst du dein Brot essen" – hat damit den Arbeiterstand zu Ehren gebracht. Und umgekehrt: „Wer nicht arbeitet, soll auch nicht essen" – damit ist dem müßigen Rentnerleben gewiß laut genug das Urteil gesprochen. Und diesen Kampf für die Arbeit hat die Kirche durch die Jahrhunderte fortgesetzt, in ihrer Gesetzgebung immer die Arbeit befördert, in Schutz genommen. Ihre Klöster sind die Schulen der Arbeit geworden, von ihnen haben die großartig organisierten arbeitenden Stände des Mittelalters Vorbild und Muster genommen. Ihre ganze Wuchergesetzgebung war eine Schutzgesetzgebung für die Arbeit. Ihr Ideal war immer: das auf eigne Arbeit gegründete Eigentum, wenigstens das durch Arbeit geheiligte Eigentum.

Die Arbeit ist heilig, das Eigentum ist heilig, die richtige Organisierung beider, so daß beide zu ihrem Rechte kommen, ist die Aufgabe einer gefundenen Socialpolitik. Das Renteneinkommen ist berechtigt, und das Arbeitseinkommen ist berechtigt; im Gleichgewicht beider liegt die Lösung.

Die fortschreitende Ablösung von „Arbeit" und „Unternehmung" durch das „Kapital" – Kredit und Aktienwesen

Wir haben schon in der Einleitung bemerkt, daß man etwa eine dreifache oder auch sechsfache Form der Verteilung dieser Einkommen unterscheiden kann: erstens reines Renteneinkommen, zweitens reines Arbeitseinkommen, drittens eine Verbindung beider, sei es daß das Renteneinkommen (Großhandel, Großindustrie, Großgrundbesitz) überwiege, sei es das Arbeitseinkommen (Kleinbesitz), sei es endlich, daß sie sich mehr oder weniger die Waage halten (Bauernstand und Handwerk).

Das Renteneinkommen und das reine Arbeitseinkommen sollte Ausnahme sein, das Normale ist die Verbindung beider. Leider drängt die moderne Entwicklung, wie schon früher ausgeführt, immer mehr zu dieser Scheidung. Das Kapital wird immer mehr zu einer selbständigen Macht, trennt sich vom „Unternehmen". Und zwar dieses nach doppelter Richtung. Einmal verfallen die bestehenden Unternehmungen immer mehr der Verschuldung an das Kapital, anderseits werden die selbständigen Unternehmungen „abgelöst" durch Aktien-Unternehmungen. Zum ersteren Falle ist die Abhängigkeit vom Kapital eine bloß materielle, im letzteren besteht sie auch formell.

Auch in ersterem Falle ist das Kapital immer der besser Gestellte. Die Unternehmer sinken zu bloßen Vasallen des Kapitals herab. Sie sind im Grunde nichts weiter als die „Wächter" ihrer Unternehmungen; die „Eigentümer" sind ihre Gläubiger, die jeden Augenblick ihnen das Kapital kündigen, so ihr Geschäft in Frage stellen, zum Verkauf bringen können. So berechtigt der Gedanke des modernen ausgedehnten Kreditsystem's ist: alles Kapital, das nicht in eigener Unternehmung angelegt werden kann, wenigstens fremden Unternehmungen zur fruchtbaren Verwendung zuzuweisen, und so große Dienste dieses Kreditsystem der modernen Entwicklung des

Industriesystems geleistet, so hat es doch nachgerade eine Ausdehnung genommen, die verderblich werden muß.

Wir haben schon eine schädliche Wirkung kennengelernt, die sich in dem Ausdruck: Kreditkrise zusammenfaßte. Die Kreditkrisen gerade sind es, welche unsern Produktionskrisen ihren akuten Charakter geben. In den Zeiten des Aufschwunges vermehrt das Kreditgeld das vorhandene Kapital in riesigen Proportionen, erzeugt massenweise fiktive (nie wirklich realisierbare) Werte; die Unternehmer, voll Vertrauen, vergrößern ihr Geschäft, legen mehr und mehr Kapital fest, welches sich nie rentieren kann; dann kommt die Absatzkrise, damit der allgemeine Schrecken; jetzt ziehen die Kapitalisten ebenso eilig ihr Geld zurück, als sie es vorher blindlings einschossen, das reine Kreditgeld dazu ist nicht realisierbar, sind im Werte, vieles wird gänzlich wertlos – kurz, zahlreiche Unternehmungen brechen zusammen, viel mehr als notwendig wäre, allein durch die Hartherzigkeit und Kopflosigkeit der Kapitalisten. Wären alle Unternehmungen selbständig, auf eignes Kapital gegründet, dann würde man vorsichtiger sein in Erweiterung des Geschäftes, schon durch Kapitalmangel würde zur Zeit des Aufschwungs die Produktion gemäßigt sein, und ebenso würde zur Zeit des Niederganges die Lage sich ruhiger übersehen lassen, die Unternehmer könnten, sich einschränkend, wieder bessere Zeiten abwarten – kurz die Überproduktion würde viel ungefährlicher verlaufen. Durch das Kreditsystem geht die Ruhe der Entwicklung in der Produktion verloren, der Unternehmer wird leicht zum „Spieler", der aus dem tollen Wirbel von Aufschwung und Krise Geld herauszuschlagen sucht. Das Bankrottieren wird zum Geschäft. Und auch der biederste Geschäftsmann muß sich mehr oder weniger den Spekulationschancen anbequemen – d. h. leihen. So wird niemand mehr froh in dem Kampfe ums Dasein, niemand weiß, wie lange er oben bleibt, ob vielleicht nicht morgen schon die Gläubiger ihn von Haus und Hof jagen. So verliert der Unternehmer die Liebe zum Geschäft, die Liebe zu seinen Arbeitern; auch seiner bemächtigt sich das Streben, möglichst bald reich zu werden, und dann sein Geschäft loszuschlagen, um als „Rentner" in die „Stadt" zu ziehen.

Das Geschäft soll auf eigenen Füßen stehen, nur subsidiär mag auch Kredit beigezogen werden; eine solche Trennung von Kapitalist und Unternehmer wie sie heute gewöhnlich wird, ist durchaus anormal, ist von den schädlichsten Folgen in sittlichen wie in volkswirtschaftlichen Beziehungen, für den Kapitalisten wie für den Unternehmer. Die soziale Frage spielt schon nicht mehr bloß zwischen Unternehmer und Arbeiter, sondern auch zwischen Unternehmer und Kapitalisten entsteht ein Kampf, der die schon genug bedrohte Gesellschaft erst recht in ihrer tiefsten Tiefe erschüttern muß. Das Bild eines solchen Kampfes haben wir in England in dem Streit zwischen Wächtern und Landlords, der dort augenblicklich sogar den Kampf zwischen Arbeitern und Wächtern in den Hintergrund gedrängt hat. Diese Seite unserer sozialen Frage ist noch wenig berücksichtigt worden, ja auch erst in der Entwicklung begriffen; die Sozialisten speziell ignorieren sie gänzlich. Ihnen ist's ja freilich auch nur um die Befreiung der Arbeiter zu tun, deren Unterbrüdern, Kapitalisten wie Unternehmern in gleicher Weise der Kampf gilt. Wie sich diese in die Rolle teilen, ob der eine wieder den andern drückt, bekümmert ihn vorläufig nicht. Er hält sich an den, der zunächst auf der Bühne erscheint, – den Unternehmer.

Wie wenig die Kreditfrage noch verstanden und richtig gewürdigt wird, trotz der bittern Erfahrungen der letzten Krise, erhellt daraus, daß man zwar viel über die mangelhafte „Organisierung" des Kredits spricht und reich an betreffenden Vorschlägen ist, aber an eine grundsätzliche Einschränkung desselben niemand denkt.[1] Auch die Bewegung der „Barzahlung" richtet sich nur gegen die „Verzehr"-Schulden, während ihr die sog. „produktiven" Schulden noch ein: noli me tangere sind.

Alles, was vom verschuldeten Unternehmen, gilt noch viel mehr vom Aktien-Unternehmen. Hier ist der „Unternehmer" bloß mehr Geschäftsführer, Verwalter, ohne persönliches Interesse, ohne wirksame Kontrolle, nur auf seine Tantiéme bedacht, nur zu oft der Versuchung des Mißbrauches seiner Stellung unterliegend.

Und wie der Verwalter, so der Aktionär: auch ihm ist das Unternehmen persönlich fremd, es geht ihm nur um die Dividende. Dauer und Realität des Geschäfts ist ihm gleichgültig. Die Aktie ist ihm nur Spekulationspapier – es ist ein „Los" zum „Spiel" der Börse. Er kauft und verkauft, je nachdem ihm die Chancen gut oder schlecht scheinen. Er fälscht auch wohl das Spiel, macht Schein-Käufe und Verkäufe, lobt und tadelt, alles, wie es die Spekulation der Börse fordert. Und wie er, so machen's alle anderen, es fragt sich nur, wer oben bleit. Jeder, der Aktionär wird, wird mit in dieses Spiel hineingezogen, kann nie bestimmen, ob er gewinnt oder verliert. Wahrscheinlicher wird er verlieren, wenn anders er nicht zu den „Eingeweihten" der Börse zählt.

Das Schlimmste ist, daß, wer einmal mit einer Aktie beteiligt ist, gar leicht zu weiterem „Spiel" sich einläßt. Damit geht aber die Arbeitsamkeit und die Genügsamkeit des Lebens verloren. Die Leichtigkeit der „Gewinne" und die Aufregungen des Spieles machen auch persönlich leichtsinnig, rauben den Ernst und die Ruhe des Charakters. Nur zu oft kommen dazu große plötzliche Verluste – der materielle Ruin, und dann haben die Wenigsten noch die sittliche Kraft und auch die materiellen Mittel, sich in die alten Verhältnisse wieder einzuleben. Sittliches und materielles Elend, Verzweiflung und Selbstmord sind dann oft das Ende des Spieles. Jeder Krach hat solche Szenen der Verzweiflung im Gefolge.

Die Börse ist eben nichts als eine moderne Spiel-Hölle. Von Autoritäten ist konstatiert, daß 90 % aller Umschläge reine Differenz-Geschäfte repräsentieren – nicht ernsthafte Ver- und Ankäufe, sondern bloß „Wetten" um die Differenz der „Werte" bis zu einem gewissen Zeitpunkte hin. Daher auch die Masse der Umsätze. Man hat berechnet, daß im Schwindeljahr 1872 sowohl in Berlin wie in Wien täglich je 100 Mill. M. umgeschlagen wurden. Selbst pro 1879 „wurden (nach einer Berechnung der „Berliner Börsen-Zeit.") die gesammten existierenden Kreditaktien, Franzosen und Lombarden, an der Berliner Börse allein durch die drei im vorigen Jahre arbeitenden Maklerbanken rechnungsmäßig ungefähr sechs Mal umgeschlagen." Die Mittelstände sind es gerade, die bei diesem Spiele gewöhnlich einbüßen. Die „Börsia-

---

[1] Nur das in seinem sozialen Teile ganz hervorragende Wiener „Vaterland" macht eine Ausnahme.

ner" im großen Styl besitzen Intelligenz und Mittel, sich zu salvieren. Sie kennen die Karten, und haben die Macht, sie immer zu ihren Gunsten zu „mischen" – Hausse- und Baisse-Spekulation! – Die Börse ist es gerade, wo das Größengesetz des Kapitals am wirksamsten zur Geltung kommt, und vielleicht dürfen wir hinzusetzen: die Burg, wo die modernen Raubritter ihre Opfer überfallen und ausplündern. Daß dort viel „Raubrittertum" sich eingenistet hat, ist sicher, und ebenso sicher ist und läßt sich statistisch erweisen, daß die großen „Ritter" regelmäßig gewinnen, während die Kleinen regelmäßig einbüßen. Die Börse ist die Stätte der Expropriationen im Großen.

Endlich ist die Neigung zur Überproduktion gerade bei der Aktiengesellschaft größer, wie bei jeder anderen Geschäftsform. Ihr ist der öffentliche Kredit am meisten zugänglich – in der Zeit der Blüte – in ihr kommt die Selbstverantwortlichkeit für Überschuldung am wenigsten zur Geltung. Bei einbrechender Krisis anderseits sind dann ihr Kredit auch ebenso plötzlich und unmotiviert wieder, weit unter dem objektiven Wert. Alles das hat die letzte Krisis wieder deutlich vor Augen geführt.

Jedem, der Augen hat zu sehen, muß diese rein kapitalistische Entwicklung unseres modernen Kredit- und Aktienwesens als eine große soziale Gefahr erscheinen, die mehr zur sittlichen und materiellen Auflösung unserer Gesellschaft beiträgt, mehr Jünger dem radikalen Sozialismus in die Arme treibt, als alle Agitationen der Parteiführer. Für diesen „Kapitalismus" können wir uns ebenso wenig erwärmen, als wie für den „Sozialismus". Beide scheinen uns gleich verderblich. Nochmals: das reine Renteneinkommen soll Ausnahme sein, weil dabei das persönlich-sittliche Moment im Erwerb, das persönliche „Verdienen" gar nicht zur Geltung kommt. Ebensowenig kann aber auch bloßes „Arbeitseinkommen", wie es der Sozialismus will, das Ideal einer realen Politik sein, weil hierin wieder das soziale, das historische Moment zu kurz kommt, weil hier die Persönlichkeit den ruhigen Gang der objektiven Entwicklung zu sehr durchbricht. In der Versöhnung resp. richtigen Verbindung beider Momente liegt die Aufgabe der Zukunft.

2. Heinrich Weber

Die Herrschaft christlicher Grundsätze im Wirtschaftsleben (Rede am Katholikentag 1926)

Wenn der diesjährige Katholikentag mit seinem Zeitgedanken: „Christus rex" die Frage der „Errichtung, Verteidigung und Ausbreitung" der Herrschaft Christi und seiner Grundsätze herausstellte, so mußte sich naturgemäß die Fragestellung in starkem Maße auch jenen Lebensbereichen zuwenden, denen man vom religiösen Standpunkt aus gesehen, vielfach leider nicht die ihnen gebührende Beachtung beimißt, den sozialen Lebensreichen. Unter diesen sozialen Lebensreichen ist ein Gebiet, das in der theologischen, insbesondere in der moraltheologischen Literatur, in Predigt und Katechese, gewöhnlich recht stiefmütterlich behandelt wird: das Reich des Wirtschaftslebens. Überlegen Sie einmal, wann Sie erreicht haben, daß in der Predigt oder im Standesvortrag ein wirtschaftliches Thema eingehender behandelt wurde.

Aber, so werden Sie einwenden: ist das nicht ganz natürlich? Hat nicht die Religion es vorwiegend mit dem Immateriellen und die Wirtschaft mit dem Materiellen zu tun? Liegt nicht die religiöse Gedankenwelt so himmelhoch über den profanen Vorgängen des wirtschaftlichen Alltagslebens, daß seine Fäden hinüber- und herüberreichen können? Und hat nicht Christus selbst gesagt: „Mein Reich ist nich von dieser Welt"? Nun, ich brauche diese Einwände und Fragen nicht selbst zu beantworten, der Hl. Vater hat es in seinem Rundschreiben, das im Mittelpunkte der diesjährigen Katholikentagung steht, mit den Worten getan: „Das Reich Christi ist in besonderer Weise ein geistiges und erstreckt sich auf Geistiges. Es wäre aber ein schmählicher Irrtum, Christus als Mensch die Herrschaft über alle zeitlichen Dinge abzusprechen." Wenn somit Christus die Herrschaft über alle zeitlichen Dinge zusteht, dann steht fest, daß nach der Auffassung des Hl. Vaters die Grundsätze des Christentums auch im Wirtschaftsleben herrschen sollen.

Was sind das aber für christliche Grundsätze? Ich glaube, sie lassen sich auf eine kurze Formel bringen. Der vor kurzem verstorbene Jesuitenpater Heinrich Pesch, dem wir das bedeutsamste katholische System einer Nationalökonomie verdanken, hat jedem der fünf Bände seines Werkes als Motto das Wort von Franz Eichert vorangestellt: „Entzündet rings auf den Bergen weit – das flammende Feuersignal der Zeit: Gerechtigkeit!" – Gerechtigkeit? Es ist ohne Zweifel, daß gerade die christliche Forderung der Gerechtigkeit, d. h. der unumstößliche Wille, im Verkehr mit den Mitmenschen jedem das Seine zukommen zu lassen, für das Wirtschaftsleben von grundlegender Bedeutung ist. Doch so unentbehrlich für eine christliche Wirtschaftsordnung die Gerechtigkeit auch sein mag, sie ist doch nur ein negatives Element, das aus den sozial-ökonomischen Beziehungen der Menschen Zurücksetzungen, Übervorteilungen, Verletzungen, harte Behandlung des Mitmenschen fernhält. Die Gerechtigkeit ist allein zu hart und kalt, als daß ein lebendiges, warmes Gemeinschaftsleben darauf aufbauen könnte. Dazu bedarf es vielmehr eines positiven, konstitutiven Elementes, und das ist die christliche Liebe, die, aus der Gottesliebe hervorgehend, sich bemüht, positiv alles zu tun, was den Mitmenschen fördern und geben kann. Aus diesen beiden Elementen, justitia und caritas, kann ein Wirtschaftsleben resultieren, das den Anforderungen des Christentums genügt. Und so möchte ich das christliche Zeitprinzip für die Gestaltung des Wirtschaftslebens in die Formel kleiden:

Fiat justitia, triumphet caritas!
Es geschehe Gerechtigkeit, doch triumphieren möge die Liebe!

Sehen wir das heutige Wirtschaftsleben an und fragen wir uns, ob dieser Grundsatz befolgt wird und wie er befolgt werden könnte und müßte. Dabei können wir selbstverständlich nicht bei jedem einzelnen Vorgang in dem komplizierten Wirtschaftsorganismus verweilen, sondern müssen uns beschränken auf wenige Einzelerscheinungen, die von besonderer Bedeutung sind. Ich möchte gleichsam nur einige Musterbeispiele herausgreifen und daran den Maßstab der christlichen Grundsätze anlegen.

Zur leichteren Übersehbarkeit des Fragenkomplexes und zur größeren Anschaulichkeit gestatten Sie mir, daß ich ein Bild gebrauche und den Wirtschaftsprozeß mit einem Strome vergleiche, ohne die sachliche Unzulänglichkeit des Vergleiches besonders hervorzuheben.

Denken wir uns zwei Quellflüsse, deren Wasser verschiedenartig sind. Der eine soll darstellen die sachlichen Produktionselemente, Grund und Boden und Sachkapital, der andere sei das persönliche Produktionselement, die menschliche Arbeitskraft, untrennbar von der menschlichen Persönlichkeit. Die verschiedenartigen Elemente der beiden Flüsse, Sachkapital und menschliche Arbeit, fließen zusammen in den zahlreichen Einzelbetrieben der Wirtschaft, und aus ihrer Vereinigung entstehen die Produkte, die wirtschaftlichen Güter. Es ist das Gebiet der Gütererzeugung, die Produktionssphäre.

Die produzierten Güter können nun selbstverständlich nicht in der Hand des Produzenten bleiben, sie werden getauscht und bildlich gesprochen: aus den zahlreichen Einzelbetrieben, die die Wasser aus den Quellflüssen aufgenommen haben, ergießt sich ein breiter Güterstrom, aus dem wir die Menschen schöpfen sehen, nachdem sie eine entsprechende Gegenleistung an die jeweiligen Besitzer gegeben haben. Diese Gegenleistung ist der Preis. Wir befinden uns im Gebiete des Güteraustausches, in der Marktsphäre.

Als Ganzes gesehen bildet der Inhalt des breiten Stomes den Ertrag der Volkswirtschaft. Doch welchem letzten Ziele eilt der Strom entgegen? Es ist die Befriedigung menschlichen Bedarfs. Der Güterverbrauch ist das große Meer, das Senkbecken, in das sich der Güterstrom ergießt. Da der Verbrauch sich jedoch im Einzelhaushalt vollzieht, muß zuvor eine Verteilung des Wirtschaftsertrages an die einzelnen Wirtschaftssubjekte stattfinden. Und so sehen wir, wie der Inhalt des breiten Strombettes sich verteilt, und beobachten, wie die Menschen sich bemühen, einen möglichst großen Anteil daran zu erhalten. Wir sind im Gebiet der Güterverteilung, in der Verteilungssphäre der Volkswirtschaft.

Überblicken wir das Stromgebiet dieses Wirtschaftsflusses, so ergibt sich von selbst, angesichts des Themas, die Aufteilung der Fragestellung:

1. Wie fließt es aus dem Quellgebiet, in der Erzeugungssphäre der Volkswirtschaft?
2. Wie ist es im Gebiete des Güteraustausches, in der Marktspähre?
3. Wie geht die Verteilung vor sich, entspricht sie den christlichen Grundsätzen?

Christentum und Gütererzeugung.

Wir haben die zwei Quellflüsse unseres Wirtschaftsstromes: Sachkapital auf der einen, menschliche Arbeitskraft auf der anderen Seite. Wie sieht es heute in diesem Quellgebiet unseres Wirtschaftsstromes aus? Die Sachkapitalbesitzer kaufen die menschliche Arbeitskraft, man behandelt sie wie eine Waare, die einen nach der Größe des Angebotes und der Nachfrage fixierten Preis hat. Die Rolle des Kapitals schätzt man durchweg sehr hoch, während die menschliche Arbeit in ihrer Bedeutung für die Gütererzeugung recht gering geachtet wird, denn die Maschine vollbringt eben an Kraftleistung das Vielfache der menschlichen Muskelkraft. Die Sachkapitalbesitzer genießen hohes gesellschaftliches Ansehen, während jene, die nur auf ihrer Hände Arbeit angewiesen sind, durchweg der gesellschaftlichen Achtung entbehren müssen.

Legen wir an dieses Bild, das ich Ihnen mit ein paar rohen Strichen entworfen habe, den Maßstab der christlichen Grundlage. Fiat justitia! Für den Produktionsprozeß ist

die menschliche Arbeit genau so notwendig wie das Kapital.

Was nützt alles Kapital, was nützen alle fachlichen Produktionsmittel, wenn nicht der persönliche lebendige Produktionsfaktor Arbeit sie belebt und bewegt und ausnützt. Insofern ist etwas Richtiges an dem bekannten, viel mißbrauchten Agitationswort, das sich an den Arbeiter wendet, um ihm seine gesellschaftliche Macht klarzumachen und ihn zum Klassenkampf aufzufordern: „Alle Räder stehen still, wenn dein starker Arm es will!" Wenn aber die Arbeit in der Gütererzeugung ebenso unentbehrlich ist wie das Kapital, dann fordert die Gerechtigkeit, daß sie mindestens nicht geringer geachtet werde als jenes.

Dazu kommt aber noch ein anderer Gesichtspunkt:
Die menschliche Arbeitskraft ist unzertrennlich mit der menschlichen Persönlichkeit verbunden.

Dadurch partizipiert die menschliche Arbeitskraft an der Würde, die das Christentum der menschlichen Persönlichkeit beimißt. Deshalb muß die Gerechtigkeit unbedingt fordern, daß die menschliche Arbeit als Produktionsfaktor höher bewertet werde als das Kapital, das immer etwas rein Materielles, ein stoffliches, geistloses Sachgut bleibt. Fiat Justitia: mag eine einzige Maschine auch die Arbeitsleistung Tausender von Arbeitern mit Leichtigkeit vollbringen, sie ist und bleibt nur Materie, sie ist und bleibt nur ein stummer Zeuge des Menschengeistes und der Menschenarbeit. Sie darf niemals auch nur annähernd dem Menschen gleichgewertet werden, das verbietet die Gerechtigkeit!

Aber es gilt auch der zweite Teil der aufgestellten christlichen Sozialnorm: trimphet caritas! Darf man den Menschen gering achten, bloß weil er kein Vermögen besitzt und zu keiner Existenzfristung lediglich auf seiner Hände Arbeit angewiesen ist? Darf man den Mit„bruder" gesellschaftlich als minderwertig einschätzen, weil er seine für die Produktion unentbehrliche Körperkraft einsetzt, nicht zuletzt auch darum, damit die nicht körperlich Arbeitenden ihren Lebensunterhalt haben? Muß nicht eine soziale Gruppe, wie die Lohnarbeiterschaft, es doppelt schmerzlich und drückend empfinden, wenn sie nicht nur den Besitz materieller Güter, sondern auch die gesellschaftliche Ehre vollständig entbehren muß? Ist das nicht der hellste Widerspruch zu dem christlichen Postulat der Caritas?

Und täuschen wir uns nicht: die ganze Gesellschaft, wir alle, haben letzten Endes die furchtbaren Folgen dieses Verstoßes gegen die christlichen Grundsätze, der in der gesellschaftlichen Mißachtung der körperlichen Arbeit liegt, zu tragen. Es ist unabwendbar, daß eine Gruppe, der man die gesellschaftliche Achtung versagt, von den übrigen sozialen Gruppen sich isoliert und damit

<blockquote>ein tiefer, unüberbrückbarer Spalt durch die Gesellschaft</blockquote>

gezogen wird, dessen Vorhandensein zu sozialen Katastrophen führen muß. Schon Lorenz vom Stein hat in seinen „System der Staatswissenschaften" (II, 170) sehr treffend gesagt: „Der Untergang der Ehre der Arbeit ist die bedauernde Gefährdung der Gesellschaft, welche am Ende weit eingreifender und ernster wirkt als die plötzliche eines gesellschaftlichen Kampfes."

Christentum und Güteraustausch.

Doch wandern wir weiter an unserem Wirtschaftsstrom entlang, so kommen wir an jenes breite Strombrett, daß uns den Volkswirtschaftsertrag darstellte, in jenes Gebiet, das wir als das Gebiet des Güteraustausches bezeichneten. Hier beobachten wir unter den Menschen ein geschäftiges Handeln, ein fortwährendes Geben und Nehmen, ein ständiges Feilschen um die Quantität und Qualität von Leistung und Gegenleistung. Dabei sucht in rücksichtslosem Gewinnstreben der eine den anderen zu übervorteilen. Man möchte nur möglichst viel bei jedem einzelnen Tauschakt profitieren, gleichviel, ob der Kontrahent benachteiligt und geschädigt wird oder nicht. Das allgemeine Streben geht nach einer möglichst hohen Spanne zwischen Gestehungskosten und Erlös, zwischen Einkaufspreis und Verkaufspreis.

Sie fragen mich: wie stellt das Christentum sich dazu? „Fiat justitia" ist auch hier kein oberster Grundsatz. Schon das katholische Mittelalter hat hier den christlichen Maßstab der Gerechtigkeit angelegt und ein Prinzip aufgestellt, von dem jüngst ein Redner bei der Gründungsversammlung einer evangelisch-sozialen Arbeitsgemeinschaft gesagt hat, daß es „auch heute unter gewandelten Verhältnissen noch Leitstern sein könne". (Ernst Jahn, Christentum und Wirtschatsethik, 1924, S. 25.) Es ist das Prinzip des pretium justum.

Der Grundsatz des gerechten Preises.

Dieses Prinzip besagt, daß der Verkäufer als Preis nur die Selbstkosten fordern dürfe mit einem Aufschlag, der einen angemessenen Betrag für seinen standesgemäßen Lebensunterhalt nicht übersteigen dürfe. So entspricht es der Gerechtigkeit, denn kein gerecht Denkender wird etwas dagegen einwenden können, wenn der Verkäufer im Preise seine eigenen Auslagen zurückvergütet erhält, und dazu so viel gewinnt, daß er ein standesgemäßes Leben fristen kann. Was darüber hinaus ist, wird von der katholischen Moral als Verstoß gegen die Gerechtigkeit und als Wucher gebrandmarkt. Und das neue kirchliche Gesetzbuch gibt seine Verachtung gegen wucherische Handlungsweise wirklich deutlich genug zu erkennen, wenn es im Canon 2354 § 1 bestimmt, daß jemand, der wegen Wucher vom weltlichen Gericht verurteilt wurde, damit von selbst auch von den kirchlichen Rechtshandlungen und jedem kirchlichen Amt ausgeschlossen und zum Schadenersatz verpflichtet ist.

Mit der Verfolgung dieses nüchternen, kalten Grundsatzes der Gerechtigkeit begnügt sich jedoch das Christentum nicht. Es wünscht, daß auch beim Güteraustausch die Liebe den Sieg über die Gerechtigkeit davontragen möge. Die Liebe gibt gern und verzichtet selbstverständlich auf eigenen Vorteil, wenn die Rücksicht auf den Nächsten und sein Wohl es erfordern. So wird ein Verkäufer, der nach dem christlichen Grundsatz der Caritas handelt, nicht unbedingt auf seinen, ihm nach der Gerechtigkeit zustehenden Gewinn bestehen, er wird seine Leistung reichlicher gestalten und unter Umständen mit einer geringeren Gegenleistung sich begnügen, wenn seine Lage es ihm gestattet und die Situation des Käufers es wünschenswert oder gar notwendig erscheinen läßt.

Wir sprechen so viel von einer Volksgemeinschaft und streben mit Recht danach. Denken wir uns einmal, es würde überall bei der ungezählten Summe von Kaufschaften, die täglich und stündlich in der Volkswirtschaft vollzogen werden, nach dem christlichen Grundsatz: „triumphet caritas" gehandelt! Wirklich, dann würde ein jeder solcher Kaufschaft zum Baustein für den positiven Aufbau der von uns allen ersehnten Volksgemeinschaft. Dann brauchten wir nicht viele Worte, wie wir sie heute zur theoretischen Begründung der Notwendigkeit einer Volksgemeinschaft benötigen. Dann würde durch jede einzelne Tat positiv und praktisch an ihrem Aufbau gearbeitet.

Christentum und Güterverteilung.

Begeben wir uns endlich in Gedanken in das Mündungsgebiet unseres Wirtschaftsstromes und beobachten wir hier, wie die Gütermenge, der Volkswirtschaftsertrag, verteilt wird. Wir begegnen hier denselben Gruppen und Menschen, die wir schon im Quellgebiet antrafen. Sie fordern ihren Anteil für ihre Bestätigung im Wirtschaftsprozeß, sie streben danach, daß die Höhe ihres Anteils möglichst reichlich gemessen werde. Die Sachkapitalbesitzer verlangen ihre Kapitalrente, ihren Unternehmergewinn, ihre Bodenrente und die Arbeiter ihren Arbeitslohn. Aber wie hoch soll nun der Anteil sein? Keine der Parteien ist mit der Höhe ihres Anteils zufrieden, jede erhebt den anderen gegenüber den Vorwurf, daß ihr Anteil zu hoch sei. Und diese

Vorwürfe steigern sich zu wuchtigen Auflagen gegen die bestehende Wirtschaftsordnung, die eine solch ungerechte Verteilung zulasse. Gerade hier ist der Punkt, in dem seit Jahrhunderten eine Flut kollektivistischer Literatur mit ihrer bitteren Auflage einsetzt und den Ausgangspunkt für die Begründung der sozialen Reformnotwendigkeit findet. Hier ist der Punkt, in dem immer wieder in den Versammlungen der Umsturzparteien das Messer schärfster Kritik angesetzt wird.

Hören wir auch hier wieder mitten im Gewirr der gegenseitigen Auflagen die ruhigen, sachlichen und klaren Grundsätze des Christentums. Fiat Justitia! Der Sachkapitalbesitzer bringt seinen rechtmäßigen Besitz, den die göttliche Vorsehung ihm zuteil werden ließ, mit in den Produktionsprozeß, er trägt das marktmäßige Risiko des Einkaufs und Absatzes, er übernimmt das technische Risiko des Gelingens des Produktionsprozesses, kurz, er hat Anteil am Zustandekommen des Volkswirtschaftsertrages, also hat er auch ein Anrecht auf einen entsprechenden Anteil an dem Ertrag. Der Arbeiter bringt seine körperliche und geistige Kraft als Gottesgeschenk mit in den vielgestaltigen Wirtschaftsbetrieb, er opfert seine Zeit, seinen Schweiß und seine Gesundheit, der moderne technische Produktionsprozeß legt ihm das immer schwerer werdende Risiko seiner Gesundheit oder gar seines Lebens auf, kurz, auch er hat Anteil am Zustandekommen des Volkswirtschaftsertrages, also hat er auch ein Anrecht, streitbares Anrecht auf einen entsprechenden Anteil an demselben.

So kann die christliche Sozialmoral nicht anders, als daß sie grundsätzlich das Einkommen des Kapitalbesitzers genau so als berechtigt anerkennt, wie den Arbeitslohn. Aber wie hoch, das ist die schwierige Frage, soll der Anteil der einzelnen Gruppen am Sozialprodukt sein?

Auch hier wieder der ewig gleiche Grundsatz: Fiat justitia! Er ist selbstverständlich, daß ein Teil der erzeugten Gütermenge zur Kapitalneubildung gebraucht werden muß, denn wenn der Quellfluß des Sachkapitals nicht gespeist wird, muß einmal der Prozeß der Gütererzeugung zum Erliegen kommen. Die Höhe dieses Anteils für die Kapitalneubildung läßt sich natürlich nur nach den jeweiligen Bedürfnissen der gesamten Volkswirtschaft bemessen. Von dem verbleibenden Rest kann der Kapitalbesitzer genau so selbstverständlich den ihm zustehenden Anteil für die Fristung eines standesgemäßen Lebens beanspruchen, wie der Arbeiter. Aber ebenso gut wie die Rücksicht auf die Gesamtheit die Zufuhr einer bestimmten Gütermenge zum Quellfluß des Sachkapitals für die Kapitalneubildung erfordert, ebenso gut erfordert das Gesamtwohl – bildlich gesprochen – die Zufuhr einer bestimmten Gütermenge für die Speisung des Quellflusses der menschlichen Arbeitskraft. Oder konkret gesprochen: der Arbeiter hat ein Anrecht auf eine Lohnhöhe, die nicht nur ihm selbst die Existenzfristung ermöglicht, sondern ihm auch den standesgemäßen Unterhalt für seine Familie bietet. So findet die bekannte Forderung der Arbeiterschaft nach Sozallohn ihre tiefste Verankerung im christlichen Grundsatz der Gerechtigkeit.

Doch auch hier wieder kommt das Christentum mit seinem Postulat: trimphet caritas! „Die Liebe eifert nicht, sie handelt nicht unbescheiden, sie sucht nicht das Ihre." (1. Kor. 13, 4 und 5.) Somit soll nicht der einzelne gleich neidisch und mißgünstig werden, wenn er sieht, daß wirklich der Anteil der Mitmenschen größer ist, als der eigene. Die Liebe gibt gern und deshalb soll derjenige, dem die Güter der Erde hinreichend oder gar im Überfluß zur Verfügung stehen, gern nach dem Maß seines Besitzes abgeben, damit es denen zukomme, die weniger haben, oder gar Not leiden. In welcher Form das geschieht, ist eine Frage, die nach den tatsächlichen Verhältnissen jeweils verschieden wird gelöst werden müssen. Im einen Falle wird es zweckmäßiger sein, wenn der Unternehmer Wohlfahrtseinrichtungen irgendwelcher Art schafft, im anderen wird die Gewinnbeteiligung des Arbeiters tunlicher erscheinen. Doch diese mehr praktischen Fragen können uns hier nicht weiter beschäftigen. Wo ein Wille ist, da ist auch ein Weg. Der christliche Grundsatz: trimphet caritas fordert diesen Willen, und nicht nur den Willen, sondern auch die entsprechende Tat.

Wir werden darüber einer Meinung sein, daß ein Wirtschaftsleben, indem wirklich die genannten christlichen Grundsätze durchgeführt werden, geradezu das Ideal wäre. Wir alle wünschen ein solches Ideal, und da drängt sich zum Schluß naturnotwendig die Frage auf:

> Was kann denn zur Verwirklichung der christlichen Grundsätze geschehen?

Eine restlose Beantwortung dieser Frage nach der Seite der praktischen Durchführung würde natürlich die Aufstellung eines ganzen sozialreformerischen Programms bedeuten, wie es gerade auch von katholischen Sozialtheoretikern vielfach aufgestellt ist, und uns in den mannigfachsten Variationen in der Literatur entgegentritt. Hier kann es sich nur um einige grundsätzliche Hinweise handeln. Es sind namentlich zwei Instanzen, an die der Appell zur Sorge für die Durchführung der christlichen Grundsätze im Wirtschaftsleben gerichtet werden muß.

1. Der Staat. Wie die Menschen nun einmal sind, wird immer wieder eine Anzahl sich finden, die doch wieder zum Schaden der Allgemeinheit gegen diese christlichen Sozialprinzipien verstoßen wird. Diesen gegenüber muß der Staat mit gesetzlichem Zwange vorgehen. Wir müssen daher vom Staate fordern, daß er seine Gesetzgebung im christlichen Sinne handhabe und alle Vorkehrungen treffe, um auch seinerseits die Herrschaft der christlichen Grundsätze im Wirtschaftsleben zu sichern.

2. Die Kirche. Die wichtigsten Voraussetzungen für eine Verwirklichung der christlichen Grundsätze im wirtschaftlichen Leben sind das Vorhandensein christlicher Gesinnung und das Bekanntsein der christlichen Sozialprinzipien. Hier liegt das eigentliche Aufgabengebiet der Kirche, dem sie sich ihrer Sendung entsprechend nicht entziehen kann. Die Kirche hat diese unwandelbaren Normen des christlichen Sittengesetzes den wechselnden Menschengeschlechtern immer wieder einzuprägen. Es müssen die katholischen Sozialgrundsätze und die damit zusammenhängenden Fragen in den Pastoralkonferenzen des Klerus besprochen und in der Predigt, der Katechese und den Vereinsvorträgen mehr als bisher behandelt werden. Das liegt ganz im Sinne des Hl. Vaters, der in seinem Rundschreiben über das Reich Christi vorschreibt, daß jährlich an bestimmten Tagen vor dem Feste Christi des Königs in den einzelnen Pfarreien entsprechende Predigten gehalten werden sollen.

Salus rei publicae suprema lex esto!

Das Wohl der Gesamtheit soll das oberste Gesetz sein!
Es kann keinem Zweifel unterliegen, daß strenge Durchführung der christlichen Grundsätze im Wirtschaftsleben das Wohl der Gesamtheit nur fördern kann. Wir alle wollen das Wohl der Gesamtheit. Aber es darf nicht bei leeren Worten und untätigen Wünschen bleiben, dasjenige, was uns in der Umgestaltung des Wirtschaftslebens wirklich weiter bringt, ist nur die Tat! Wir alle stehen mehr oder minder unmittelbar im Wirtschaftsleben. Die zahllosen Gelegenheiten haben wir da nicht immer wieder, durch die Tat den christlichen Grundsätzen im Wirtschaftsleben zur Herrschaft zu verhelfen. Fiat justitia, triumphet caritas! Das sei nicht nur ein schönes theoretisches Prinzip, das ist kein leeres Wort, sondern das sei jedem im bunten Alltagsgetriebe des sozialökonomischen Geschehens eine unabänderliche Richtschnur für jede einzelne praktische konkrete Tat zur Verwirklichung der Herrschaft christlicher Grundsätze im Wirtschaftsleben!

3. Joseph Höffner

3.1. Sozialethik und Wirtschaftsordnung

Werner Sombart meinte um die Jahrhundertwende, der „ökonomische Fortschritt" habe den Vorrang vor dem „Sittlichseinsollen". Alle „sittlichen Regungen" und alle „Gerechtigkeitsgefühle" müßten sich mit dem Fortschritt der Ökonomie abfinden. Entscheidend sei die Leistungsfähigkeit der Wirtschaft; dann möge man „sittlich oder was sonst sein"[1].
Auch heute glauben nicht wenige, daß ein skrupelloser, durch wenig moralisches Gepäck beschwerter Kaufmann oder Unternehmer erfolgreicher – und mithin für die Allgemeinheit segensreicher – wirken könne als ein gewissenhafter Christ.
Ein verhängnisvoller Trugschluß! Wenn auch die technischen Verfahren und die sogenannten Wirtschaftsgesetze, die als Zweck-Mittel-Verhältnisse anzeigen, „welche Zielsetzungen auf wirtschaftlichem Gebiet möglich, welche nicht möglich sind", in ihrem Bereich eigenständig sind, so geht es doch fehl, die Bereiche des Wirtschaftlichen und des Sittlichen derart auseinanderzureißen, daß jener außer alle Abhängigkeit von diesem tritt"[2]. Es gibt keine abstrakte, vom lebendigen Menschen und seinem Gewissen losgelöste Wirtschaft. Alles Wirtschaften ist menschliche Entscheidung und somit dem Sittengesetz unterstellt. Anders ausgedrückt: Die christliche Ethik ist zwar nicht das Gebiet, aber doch das Gebot der Wirtschaft.
Dabei darf sich die Ethik – als individuelle Moral – nicht damit begnügen, die einzelnen Menschen anzuhalten, in ihrem wirtschaftlichen Gebaren gerecht und selbstlos zu sein. Wir haben erlebt, wie wirkungslos solche sittlichen Appelle sind, wenn die Wirtschaft selber aus dem Gefüge ist[3]. Wilhelm Röpke schrieb vor der Währungsreform: daß der deutsche Bauer trotz der wahrhaft grotesken Verhältnisse noch soviel abliefere, sei für ihn das Verwunderliche[4]. In den Kriegs- und Nachkriegsjahren gehörte in der Tat ein überdurchschnittliches Ethos, beinahe das Ethos eines Heiligen dazu, die zahllosen Bewirtschaftsverordnungen ohne Fehl zu erfüllen. Und Heilige sind weder die Unternehmer und Bauern noch die Käufer und Verkäufer.
Zur individuellen Moral muß die Sozialethik treten. Sie stellt an die Wirtschaft selber zwei Forderungen, die wir im Anschluß an die Enzyklika „Quadragesimo anno" so ausdrücken können:

1. „Das von Gott, dem Schöpfer, der Wirtschaft als Ganzem vorgesteckte Ziel" muß bejaht und verwirklicht werden (Q.a.42). Ziel der Wirtschaft ist weder – rein formalisch – das bloße Handeln nach dem ökonomischen Rationalprinzip noch die „Mittelverwendung für Zwecke" (O. Spann), noch die Technokratie, noch die reine Rentabilität, sondern die menschenwürdige Versorgung aller mit Bedarfsgütern. Die christliche Soziallehre glaubt optimistisch daran, daß dieses Ziel erreichbar ist. Wenn die Wirtschaft in eine vernünftige Ordnung

---
[1] Schriften der Ver. f. Sozialpol. Bd. 88 (1900), S. 257 ff.
[2] Pius XI., Enz. „Quadragesimo anno", Ausgabe Gundlach, Nr. 42.
[3] Vgl. L. Miksch, Wirtschaftsmoral und Wirtschaftsordnung. In: Wirtschaftsverwaltung, Jg. I, Dez. 1948, S. 2 ff.
[4] Rheinischer Merkur vom 26.2.1948.

gebracht ist, wird sie den Menschen so reichlich Güter zur Verfügung stellen, „daß sie nicht bloß zur lebensnotwendigen und sonstigen ehrbaren Bedarfsbefriedigung ausreichen, sondern den Menschen die Entfaltung eines veredelten Kulturlebens ermöglichen, das im rechten Maße genossen dem tugendlichen Leben nicht nur sich abträglich, sondern im Gegenteil förderlich ist" (Q.a.75). Wer dieses Sachziel der Wirtschaft ausschaltet, indem er sie zur privatkapitalistischen oder staatskapitalistischen Ausbeutung mißbraucht, handelt unsittlich, auch wenn er Rechnungen und Löhne auf Heller und Pfennig bezahlt.

2. Die Wirtschaft muß sich in die „rechte Stufenordnung der Ziele" an der ihr zukommenden Stelle einreihen (Q.a.43).

Es ist das Verhängnis der Neuzeit gewesen, daß Physik und Chemie, Technik und Wirtschaft sich ungebührlich in den Vordergrund gedrängt haben, wodurch die Stoffliche, der unterste und ärmste Seinsbereich, geradezu verabsolutiert worden ist.

Die Wirtschaft ist weder das einzige noch das höchste Ziel. In der Stufenordnung der Werte nimmt sie das unterste Stockwerk ein. Sie bildet gleichsam die Basis der Wertpyramide. Höher stehen Würde und Freiheit des Menschen, Ehe und Familie, Religion und Geistesleben und „das letzte Ziel und Ende aller Dinge, Gott, das höchste, unendliche Gut" (Q.a.43). Würde die Wirtschaft versuchen, diese Harmonie umzustürzen und sich die höheren Werte in technokratischer Verblendung unterzuordnen, so müßte das Sittengesetz wiederum Einspruch erheben.

Mit den beiden eben aufgestellten sittlichen Forderungen rühren wir an das Problem der Wirtschaftsordnung. Hängt es doch wesentlich von der jeweiligen Ordnung der Wirtschaft ab, ob und wie das Sachziel der Wirtschaft erreicht und ob und wie die Stufenordnung der Werte gewahrt wird.

Planwirtschaft und Marktwirtschaft als Rahmenordnungen

Die Geschichte lehrt, daß zwei große Rahmenordnungen der Wirtschaft möglich sind, eine Erkenntnis, die von der Wirtschaftswissenschaft bestätigt wird: die zentralgelenkte Planwirtschaft und die Marktwirtschaft.

1. Das wesentliche Kennzeichen der zentralgelenkten Wirtschaft ist die Lenkung des gesamten Wirtschaftsprozesses auf Grund des Planes einer Zentralstelle. Diese Zentralstelle bestimmt, was und wie produziert wird und auf welche Weise die Güter an die einzelnen verteilt werden. Der zentralgelenkten Wirtschaft ist also „die Ballung wirtschaftlicher Macht an einer Stelle eigentümlich" (W. Eucken).

Die zentralgelenkte Wirtschaft ist in der Geschichte – mehr oder weniger systemgerecht – des öfteren verwirklicht worden, zuweilen aus Habsucht und Machtgier, zuweilen aus Idealismus.

Ein paar Worte zu diesem Idealismus! Wenn auch die Planwirtschaft sich rein formal mit dem Privateigentum vereinbaren läßt, so wird sie doch jeden privaten Besitz in einer Weise einschränken und aushöhlen, daß in Wirklichkeit alles zu Gemeineigentum wird. Hier scheint eine geheimnisvolle Sehnsucht nach dem verlorenen Paradies anzuknüpfen. Manche Theologen, wohl auch Thomas von Aquin[5], sind der Meinung, daß sich ohne den Sündenfall die Ordnung des Gemeineigentums auf Erden entfaltet hätte. Natürlich hätten die paradiesischen Menschen nicht nur von Heuschrecken und wildem Honig gelebt, sondern sich die Erde in gemeinsamer Arbeit in einem Ausmaß untertan gemacht, wie wir es uns kaum vorstellen können. Mithin wäre eine umfangreiche Planung nötig gewesen, eine ideale, paradiesische Planwirtschaft.

Es hängt wohl mit diesem Paradiesestraum zusammen, daß immer wieder utopische Modelle einer zentralgelenkten Wirtschaft entworfen worden sind, z.B. von Platon in seiner Politeia, von Thomas Morus in der Utopia und von Campanella im Sonnenstaat.

Ihre geschichtliche Verwirklichung hat die Planwirtschaft – mehr oder weniger – im vorkolumbischen Inkareich und der Sowjetunion gefunden.

2. In der Marktwirtschaft wird kein zentraler Wirtschaftsplan aufgestellt. Jeder Haushalt und jeder Betrieb geht vielmehr nach eigenen Plänen vor. Die Koordinierung der schier zahllosen Einzelpläne erfolgt auf dem Markt durch das Spiel von Angebot und Nachfrage mit Hilfe einer gemeinsamen Recheneinheit, die wir Geld nennen. Während die totale Planwirtschaft sich anmaßt, die Koordinierung des gesamten wirtschaftlichen Geschehens vorher zu vollziehen, ist die Marktwirtschaft ein „Prozeß der Anpassung"[6], was natürlich nicht ausschließt, daß auch in der Marktwirtschaft die Einzelpläne sich auf Daten und Vorgänge stützen, die in ihrem Zusammenspiel auf Koordinierung hinwirken.

Sittliche Beurteilung

Das Sittengesetz muß sowohl an die Planwirtschaft wie auch an die Marktwirtschaft die beiden Fragen stellen, ob das Sachziel der Wirtschaft erreicht und die Harmonie der Werte gewahrt wird.

1. Prüfen wir zunächst, ob die Planwirtschaft diesen Forderungen gerecht wird. Erste Frage: Wird bei zentraler Lenkung das Sachziel der Wirtschaft, die allgemeine menschenwürdige Bedarfsdeckung, ermöglicht?
Diese Frage kann einen doppelten Sinn haben:

---

[5] Summa theologica, I. q. 98 a. I ad 3.
[6] Vgl. Walter Eucken, Die zeitliche Lenkung des Wirtschaftsprozesses und der Aufbau der Wirtschaftsordnungen. In: Jb. NatÖk. u. Stat., Bd. 159 (1944), Heft 3/4, S. 206.

(a) Ist die Zentralverwaltungswirtschaft überhaupt imstande, den Bedarf menschenwürdig zu decken? Oder wird die Verbürokratisierung, die Arbeitsunlust und das Versagen der Wirtschaftspläne den ökonomischen Prozeß so sehr lahm legen, daß die Menschen verhungern müssen? Die geschichtliche Erfahrung lehrt, daß diese Befürchtungen wohl übertrieben sind. Weder das Inkareich noch die Sowjetunion sind verhungert.

(b) Sind die herrschenden Schichten willens, die Untergebenen hinreichend mit Bedarfsgütern zu versorgen? Das wird von der Gesinnung der Führer abhängen. Sie können die Untergebenen darben lassen im Interesse besonderer außerwirtschaftlicher Ziele, etwa zur Kriegsrüstung und dgl. Sie können aber auch in menschenfreundlicher Weise für die Bedürfnisse der Untertanen sorgen, wie es z.B. im Inkareich weithin geschehen ist.

Wichtiger ist die zweite Frage, ob die totale Planwirtschaft die Harmonie der Werte wahre. Hier erheben sich die größten Bedenken. Es drohen vor allem drei Gefahren:

(a) Selbstverantwortung und Eigeninitiative werden ausgeschaltet. Jedem erwachsenen Menschen steht grundsätzlich das Recht zu, seine wirtschaftlichen Entscheidungen selbständig zu treffen. Das Kollektiv ist nicht befugt, dem einzelnen durch totale zentrale Lenkung sein Tun und Lassen im wirtschaftlichen Bereich vorzuschreiben. Eine solche Einengung verstößt gegen das Subsidiaritätsprinzip. Im Kollektiv verfügen nur die Funktionäre über eine gewisse, freilich von den jeweils höheren Stellen scharf kontrollierte Selbständigkeit. Das alles muß die Arbeitsfreude lähmen. Adam Smith schrieb 1776: „Die Erfahrung aller Zeiten und Völker stimmt darin überein, daß die durch Sklaven geleistete Arbeit, obgleich sie nur die Lebenshaltungskosten ausmacht, letzten Endes die teuerste von allen ist. Wer nichts für sich selbst erwerben kann, kann kein anderes Interesse haben, als möglichst viel zu essen und möglichst wenig zu arbeiten"[7].

(b) Die menschliche Freiheit wird vernichtet. Neue Formen der Hörigkeit und Sklaverei treten auf. Der Arbeitszwang wird eingeführt. Die Konsumgüter werden nach der Willkür des Kollektivs verteilt. Freizügigkeit, Gewerbefreiheit und sonstige Grundrechte werden abgeschafft. Das Kollektiv begnügt sich nicht mit der Konfiskation des Privateigentums. Es konfisziert den ganzen Menschen. Auch die persönlichsten Bereiche: Gewissen und Sittlichkeit, Ehe und Familie, Religion und Wissenschaft, werden in die zentrale Lenkung einbezogen.

(c) Wenn das Kollektiv der einzige Brotherr ist, vollendet sich die Vermassung des Menschen. Pius XII. hat warnend darauf hingewiesen, daß der Mensch „zum demütigenden Zustand der Masse" erniedrigt und dazu verdammt werden, „gebeugten Hauptes Sklave einer politischen Horde

---

[7] Wealth of Nations, Buch 3, Kap. 2.

zu sein", sobald sich der Staat „in jenen Leviathan des Alten Testaments verwandle, der alles beherrsche, weil er alles an sich reiße". Das Kollektiv wird zum schlechthin letzten Wert. Die persönliche Entscheidung wird durch das Massenbewußtsein ersetzt. Damit ist der Weg zur gewaltsamen Durchsetzung gottloser Weltanschauungen frei. Der Franzose Louis Massignon erklärte nach der Heimkehr von einer Rußlandreise: „Ich habe Sowjetrußland gesehen – ein Trappistenkloster ohne Gott"[8]. Es ist nicht unwahrscheinlich, daß sich die nächste große Menschheitsrevolution gegen die „Diktatur der Funktionäre" richten wird.

2. Vor allem aus diesen Gründen hat sich die christliche Soziallehre für die echte, nicht planwirtschaftlich ausgehöhlte Sondereigentumsordnung und mithin für die Marktwirtschaft entschieden. Wird in der Marktwirtschaft das Sachziel der Wirtschaft erreicht und die Harmonie der Werte gewahrt?
Man darf diese Frage bejahen, wenn drei Bedingungen erfüllt sind:

(a) Nur der Leistungswettbewerb darf geduldet werden. Monopole, Teilmonopole und Oligopole sind Versuchungen zum Mißbrauch der Macht. Zu Beginn des industriellen Zeitalters wurden Vertragsfreiheit und Wettbewerbsfreiheit als Grundgesetz einer neuen Wirtschaftsordnung gefordert. Die Monopolisten haben durch Bildung von Kartellen, Syndikaten und Konzernen mit Hilfe der Vertragsfreiheit die Wettbewerbsfreiheit aufgehoben, ein Zusammenhang, der von der Rechtsprechung zunächst nicht klar erkannt worden ist[9]. Monopole müssen verboten oder, wenn es sich um unentbehrliche und unersetzbare Monopole handelt, der Leitung oder Kontrolle „eigenständiger, und zwar gemischtwirtschaftlicher oder berufsständischer Körperschaften" unterstellt werden[10].

(b) Die christliche Entscheidung für Privateigentum und Marktwirtschaft setzt eine gesunde Eigentumsverteilung voraus. Die Botschaft vom Segen des Privateigentums müßte wie ein Hohn klingen, wenn ein paar Überreiche fast alles besitzen, während das Millionenheer der Proletarier leer ausgeht, – ganz abgesehen davon, daß bei solchen Zuständen ein echter Leistungswettbewerb – wegen des völlig verschiedenen Anfangsstartes – nicht möglich ist.

Die christliche Soziallehre hält die heutige Eigentumsverteilung durchaus nicht für sakrosankt und unantastbar. Pius XI. erklärte offen, daß die „überwältigende Massenerscheinung des Proletariats gegenüber einem kleinen Kreis von Überreichen ein unwidersprechlicher Beweis dafür sei, daß die Erdengüter... nicht richtig verteilt und den verschiedenen gesellschaftlichen Klassen nicht entsprechend zugute gekommen seien" (Q.a.60). Pius XII. aber rief auf, niemand könne sein Ohr dem „Schrei aus

---
[8] Zit. in „Schweiz. Rundschau", Heft 2 (1948/49), S. 184.
[9] Vgl. Franz Böhm, Das Reichsgericht und die Kartelle. In: Ordo, Jahrbuch für die Ordnung von Wirtschaft und Gesellschaft, Bd. I. 1948, S. 197 ff.
[10] Vgl. „Gerechtigkeit schafft Frieden". 73. Deutscher Katholikentag 1949 (Gesamtbericht), S. 248.

der Tiefe" der Arbeitermassen verschließen, die gegen ein „Triebwerk" angingen, „das weit davon entfernt, der Natur zu entsprechen, vielmehr der Ordnung Gottes und dem von ihm in die Erdengüter hineingelegten Sinn widerstreitet" (24.4.1942). Die Eigentumsverhältnisse sind nur dann gesund, wenn die breite Masse des Volkes soviel besitzt, daß sie weder zu darben braucht, noch in die wirtschaftliche Abhängigkeit anderer Volksschichten oder des Staats gerät. Die christliche Soziallehre erhebt also, wie Pius XII. sagt, „die grundsätzliche Forderung der Privateigentums, soweit möglich, für alle" (24.12.1942).

(c) Da der vollständige Leistungswettbewerb nicht in allen Bereichen durchführbar ist und da er außerdem nicht alle Wirtschaftsprobleme zu lösen vermag, ist eine gewisse der Wettbewerbsordnung konforme (marktgerechte) Wirtschaftslenkung erforderlich.

Der klassische Liberalismus meinte, „die natürlichen Interessen und Neigungen des Menschen" stimmten „auf das genaueste mit den Interessen der Allgemeinheit überein", der Einzelne werde nämlich „von einer unsichtbaren Hand geführt", so daß er auf der Suche nach seinem eigenen Gewinn unbewußt dem allgemeinen Besten diene (Adam Smith)[11]. Der Liberalismus glaubte also, das gesamte Wirtschaftsleben ausschließlich durch die „ausgleichende Gerechtigkeit" regeln zu können.

Demgegenüber weist die christliche Ethik auch der sozialen Gerechtigkeit innerhalb der Wirtschaft wichtige Aufgaben zu. Von der sozialen (legalen) Gerechtigkeit geleitet soll der Staatslenker „wie ein Architekt"[12], also nicht bloß statisch, sondern dynamisch, nach neuen Formen suchend, dem staatlich geeinten Volk auf allen Gebieten, auch in der Wirtschaft, eine den unveränderlichen Grundsätzen des Naturrechts und zugleich den konkreten Verhältnissen entsprechende Ordnung geben. Diese Ordnung darf keine marktwidrigen Elemente zentraler Planwirtschaft enthalten, sondern muß „marktgerecht" sein, d.h. „Daten" oder „Rahmenbedingungen" setzen, die den Markt nicht erdrosseln, sondern in wirtschaftspolitisch gewünschter Weise lenken.

Bei dieser Wirtschaftslenkung werden die von der Enzyklika „Qaudragesimo anno" geforderten berufsständischen Leistungsgemeinschaften wichtige Aufgaben erfüllen müssen. Pius XII. erklärte am 7. Mai 1949, heute scheine dieser Teil der Enzyklika „leider fast ein Beispiel für das Verpassen günstiger Gelegenheiten zu sein". Habe doch dieser Abschnitt der Enzyklika „die Geister in Erregung versetzt: die einen sahen in ihr eine Konzession an moderne politische Strömungen, die andren einen Rückschritt ins Mittelalter. Es wäre unvergleichlich weiser gewesen, die alten unhaltbaren Vorurteile abzulegen und statt dessen aufrichtig und guten Willens an die Verwirklichung der Sache selbst und ihrer vielfälti-

---

[11] A.a.O., 4. Buch, Kap. 2 und 7.
[12] (justitia legalis) „est in principe principaliter et qausi architectonice" (Summa theologica II. II. q. 58, a. 6 c).

gen praktischen Anwendungen heranzugehen". Die große Gefahr, daß die Berufsstände zu „Interessentenhaufen" entarten[13], kann nur dadurch hintangehalten werden, daß ein starker und von den Berufsständen unabhängiger Staat sämtliche Berufsstände auf das Gemeinwohl ausrichtet.

Das Verhältnis der Ethik zur Wirtschaftsordnung erschöpft sich nicht im Urteil über die zwei großen Rahmenordnungen der „Planwirtschaft" und „Marktwirtschaft". Die beiden Anliegen der menschenwürdigen Bedarfsdeckung und der Wahrung der Rangordnung der Werte tauchen vielmehr von neuem auf, wenn wir den „Innenraum" der Planwirtschaft oder Marktwirtschaft näher untersuchen. Es zeigt sich nämlich, daß es sowohl im Rahmen der totalen Planwirtschaft wie auch im Rahmen der Marktwirtschaft kleine oder mittlere Wirtschaftsgebilde gegeben hat und heute gibt, die viel Züge zentraler Lenkung aufweisen.

Kleine zentralgelenkte Wirtschaftsgebilde

In reicher Fülle stehen diese Gebilde vor uns. Man denke an die Sklaven-Latifundien der Antike, an die autarken Bauernhöfe des frühen Mittelalters, an die Indianer-Reduktionen in Paraguay, an die wirtschaftlich oft sehr mächtigen mittelalterlichen Klöster, an die Kolchosen und Industriebetriebe der Sowjetunion, – man denke aber auch an die Betriebe der nichtbolschewistischen westlichen Welt. Überall herrscht eine gewisse – mehr oder weniger starke – „zentrale Lenkung". In den dreißig Jesuiten-Reduktionen Paraguays bestimmten z.B. die Patres den gesamten Wirtschaftsprozeß: die Produktionsumwege, das technische Verfahren, den Standort der Betriebe, die Verteilung usw. Der deutsche Jesuitenpater Anton Sepp, der jahrelang segensreich in den Reduktionen gewirkt hat, erzählt in seiner „Reisebeschreibung" (Nürnberg 1697): „Mit wenig Worten will ich alles sagen, nämlich mit dem heiligen Paulo: Der Pater muß allen alles sein".

Welches Urteil spricht die christliche Sittenlehre über diese kleinen zentralgelenkten Wirtschaftsgebilde? Auch hier kommt es darauf an, ob die Bedarfsdeckung gesichert und die Harmonie der Werte gewahrt ist.

1. Es hängt von der Machtstellung dieser Gebilde innerhalb der Gesamt-Wirtschaftsordnung und von der Gesinnung des jeweiligen Leiters ab, ob das Sachziel der Wirtschaft, die Bedarfsdeckung, erreicht wird. Wie die Geschichte lehrt, verfügt der Leiter einer kleinen zentralgelenkten Wirtschaft nicht selten über eine den Einzelnen schärfstens packende wirtschaftliche Macht. Er kann die Erzeugung und Verteilung der Güter auf die Bedürfnisse der Untergebenen abstellen. Er kann aber auch zum Ausbeuter werden, wie z.B. mancher Sklavenbesitzer in den Latifundien der Antike.

2. Wahrt die kleine zentralgelenkte Wirtschaft die Rangordnung der Werte? Auch hier kommt es auf Machtstellung und Gesinnung des Leiters an. Klei-

---

[13] Vgl. K. Paul Hensel, Ordnungspolitische Betrachtungen zur katholischen Soziallehre. In: Ordo, Jahrb. f.d. Ordnung von Wirtschaft und Gesellschaft, Bd. II (1949), S. 229 ff.

ne zentralgelenkte Wirtschaftsgebilde können zu Sklaverei und Zwangsarbeit, zu entwürdigender Gleichschaltung, zu Eheverbot und Zuchtehe führen. Es müssen deshalb sittliche Schranken eingebaut werden, welche die Freiheit des Menschen und seines Gewissens, die Würde der Ehe und das Ethos der Arbeit schützen.

Vier Formen

Bisher dürften wohl vier Formen der kleinen zentralgelenkten Wirtschaft in einigermaßen sittlich einwandfreier Weise geschichtlich verwirklicht worden sein:

1. Die Familienwirtschaft. Die Familie ist Gemeinschaft des Lebens und der Erziehung, Gemeinschaft des Arbeitens und Wirtschaftens, Schule des sozialen Lebens. Jede Familie, besonders deutlich die bäuerliche, trägt Züge einer kleinen zentralgelenkten Wirtschaft. Ähnliches gilt vom Handwerksbetrieb, wo Meister, Gesellen und Lehrlinge familienhaft zusammenarbeiten.

2. Die auf völliger Freiwilligkeit beruhende klösterliche oder klosterähnliche Wirtschaft. Jedes Kloster ist eine kleine zentralgelenkte Wirtschaft. Der Obere bestimmt die Arbeit, die Verteilung der Zellen und Kleider, die Zeit und Art des Essens usw. In der Regel des Deutschen Ritterordens hieß es: „Ein Komtur... bestellt alles. Des Hauses und der Brüder Notdurft sind ihm anvertraut..., der Küchenmeister, der Kellermeister, der Fischmeister, der Waldmeister sind ihm unterstellt". Einende Kraft ist die völlige Freiwilligkeit, die im Gelübde der Armut und des Gehorsams Gestalt angenommen hat. Die Regel des Deutschen Ritterordens erklärte: „Drei Dinge sind geboten in der Regel des Ordens: Das erste ist die Keuschheit ewiglich; das andere ist... der Gehorsam bis an den Tod, und das dritte ist das Gelübde der Armut, daß der ohne Eigentum lebe, der diesen Orden empfängt. In diesen drei Dingen: Keuschheit, Gehorsam, Armut, liegt die Kraft des Ordens..., wenn man eines davon zerbräche, wäre der ganze Orden zerbrochen"[14].

3. Das Zuchthaus und das Gefängnis. Im Zuchthaus herrscht Planwirtschaft und Arbeitszwang. Dieser Zwang ist dann statthaft, wenn es sich um Verbrecher handelt, die gerechterweise zu lebenslänglicher oder zeitweiser Freiheitsstrafe verurteilt sind.

4. Die Jesuiten-Reduktionen. Man wird gegen die Reduktionen zunächst gewisse Bedenken vorbringen können: Hatten wir Europäer das Recht, einem sorglos im tropischen Klima lebenden Eingeborenenstamm unsere Arbeitsdisziplin, unser Rechnen mit der Uhr, unsere Wirtschaftshast aufzuzwingen? Unter den gegebenen Verhältnissen war freilich kaum ein anderes Vorgehen möglich. Um die Indianer vor der sklavischen Zwangsarbeit und der abstumpfenden

---

[14] Vgl. Konrad u. Tony Gatz, Der Deutsche Orden. Wiesbaden 1936. S. 112.

Eintönigkeit der Commenden zu bewahren, siedelte man sie in den Reduktionen an, wo sich ohne Zweifel viele Patres und Laienbrüder, unter ihnen zahlreiche Deutsche, in Liebe und Idealismus der Erziehung jener Naturkinder gewidmet haben. Ziel war, jene sorglosen Wilden zu stets wachsender Eigeninitiative zu erziehen und „eigentumsfähig" zu machen, so daß die zentrale Lenkung mit der Zeit überflüssig werden mußte.

Von den vier genannten Formen kommen für unsere weiteren Überlegungen nur die Familienwirtschaft und die Klosterwirtschaft in Frage. Die Familienwirtschaft des Bauern und Handwerkers und die klösterliche Wirtschaft sind die typischen Wirtschaftsgebilde des Mittelalters gewesen, die erste der Kleinbetrieb, der letztere der Mittel- oder Großbetrieb jener Jahrhunderte. Dem modernen Zeitalter des Industrialismus geben die Fabriken das Gepräge, die als Mittel-, Groß- oder Riesenbetriebe ein Heer unselbständiger Arbeiter beschäftigen. Die Wirtschaft unserer Zeit ist ohne diese Betriebe undenkbar.

Der moderne Betrieb als „zentralgelenktes Wirtschaftsgebilde"

Die modernen Betriebe sind ohne Zweifel in mancher Beziehung zentralgelenkte Wirtschaftsgebilde. Das war so vor 1913 – zur Zeit der sog. „freien Marktwirtschaft"; es war so während der Rüstungs- und Kriegszeit; es würde ungeheuer verschärft, wenn das russische Kollektiv den Westen überrennen würde.
Gewiß, der moderne Arbeiter ist persönlich frei. Er ist weder Sklave noch Leibeigener. Der Betrieb erfaßt ihn nicht total. Nach der Schicht hat der Arbeiter seine freie Lebenssphäre. Mit dem Betreten des Betriebes wird er jedoch in einen zentralgelenkten Wirtschaftsmechanismus eingeschaltet. Arbeitsort, Arbeitsweise und Arbeitszeit werden ihm vorgeschrieben. Die Einheit der verantwortlichen wirtschaftlichen Leistung muß in den Betrieben gewahrt werden, auch wenn man sich durchaus zur „sozialen Marktwirtschaft" bekennt.
Auch an den modernen Betrieb stellt die christliche Ethik ihre beiden Fragen: Erfüllt der Betrieb den Sinn der Wirtschaft, die ausreichende Bedarfsdeckung? Und zweitens: Wahrt er die Harmonie der Werte?
Es wäre überflüssig, sich über diese Fragen zu unterhalten, wenn nicht manches im argen läge. Die Nurlohnarbeiter sind in allen Ländern, die der moderne Industrialismus erobert hat, sozial wund, in Deutschland, Frankreich, Italien und England, aber auch im reichen Amerika. Eine Änderung wird kommen, wenn nicht vom Osten, dann vom Westen, wenn nicht mit den Christen und durch die Christen, dann ohne und gegen sie. Selbstverständlich lassen diese Zustände auch die Unternehmer nicht froh werden. Unserem Jahrhundert ist die schwere, aber auch schöne Aufgabe gestellt, die Betriebe, in denen viele Millionen moderner Menschen ihr Tagewerk verrichten, so umzubauen, daß sie den sittlichen Anforderungen ebenso gerecht werden, wie die Familien- und Klosterwirtschaften des Mittelalters.
Das Sittengesetz verlangt, daß der moderne Betrieb den Arbeitern einen menschenwürdigen Lebensunterhalt gewährt und – darüber hinaus – die Stufenordnung der Werte unangetastet läßt. Diese Ziele werden sich nur verwirklichen lassen, wenn

gewisse Grundelemente der Familien- und Klosterwirtschaft anerkannt und (den Verhältnissen des modernen Betriebes entsprechend) verwirklicht werden. Natürlich ist damit keineswegs gemeint, daß der moderne Betrieb die Struktur der Familien- und Klosterwirtschaft ganz oder teilweise übernehmen solle. Das wäre Utopie oder bestenfalls ein verbrämter Patriarchalismus. Es wird vielmehr nur verlangt, daß drei Werte, die Familienwirtschaft und Kloster den Menschen gewähren, auch im modernen Betrieb in der ihm gemäßen Form verwirklicht werden. Es sind diese drei Werte:

1. Existenzsicherheit. In der Unterhaltung mit Arbeitern kann man immer wieder feststellen, daß fünf Forderungen erhoben werden, die nichts anderes besagen als „Existenzsicherheit". Die Arbeiter fordern:

   a) eine gesicherte Arbeitsmöglichkeit, damit sie nicht von Tag zu Tag befürchten müssen, arbeitslos auf der Straße zu liegen. Natürlich soll das nicht heißen, daß der Arbeiter einen bestimmten Arbeitsplatz in einem bestimmten Betrieb stets behalten müsse. Das würde zu Planwirtschaft und Arbeitszwang führen[15]. Es handelt sich vielmehr um die berechtigte Forderung, die gesamte Wirtschaftsordnung so zu gestalten, daß dauernde Massenarbeitslosigkeit vermieden wird.

   b) eine menschenwürdige, unverlierbare Wohnstätte,

   c) einen gerechten, ausreichenden Reallohn,

   d) Kinderzulagen,

   e) einen sorgenfreien Invaliden- und Altersschutz.

2. Lebensraum. Leider beginnt für viele Proletarier das „Leben" erst nach Arbeitsschluß. Es fehlt das rechte Arbeitsethos und das persönliche Verhältnis zum Betrieb. Der Arbeiter erhebt Protest: Er gelte im unpersönlichen Rahmen der technischen Apparatur nur als Produktionsfaktor, nur als Blechmarke. Er sei in den Zwangstakt des automatischen Arbeitsganges unentrinnbar eingeschaltet. Der Unternehmer suche durch Drill und Disziplin die Menschen „betriebshart" zu machen, um möglichst viel aus ihnen herauszuholen.

Demgegenüber sind im Bauernhof, im Handwerksbetrieb und in der klösterlichen Wirtschaft alle „daheim". Sie fühlen sich mitverantwortlich und sprechen ein inneres Ja zur Arbeit. Hier hat das Mittelalter eine große soziale Leistung vollbracht. Es hat den Menschen Arbeitsstätten gegeben, die „Lebensraum" waren.

In ähnlicher Weise muß der moderne Betrieb für den Arbeiter Lebensraum werden. Hier bergen sich schwierige Probleme. Es muß z.B. vermieden werden, daß sich anonyme Mächte lähmend auf den Betrieb legen, womit dem Arbeiter in keiner Weise geholfen wäre. In diesem Sinne hat Pius XII. am 7. Mai 1949 zwei Lösungsversuche als irrig zurückgewiesen:

---

[15] Über die Spannung „Freiheit und Sicherheit" vgl. Andreas Paulsen, Soziale Gerechtigkeit als Wertnorm der Wirtschaftsordnung. München 1948, S. 8, 14, 48.

a) Die Sozialisierung, die „im Augenblick... hoch in Gunst" stehe. Gestattet sei die Sozialisierung „bestimmter Arten von Gütern", wenn „die mit ihnen verknüpfte übergroße Macht ohne Gefährdung des öffentlichen Wohles Privathänden nicht überantwortet bleiben" könne (vgl. Q.a.114). „Aber", so fährt der Papst fort, „diese Verstaatlichung zur allgemeine Regel der öffentlichen Wirtschaftsverfassung zu machen, hieße die Dinge auf den Kopf stellen. Aufgabe des öffentlichen Rechtes ist es doch, dem Privatrecht Hilfestellung zu geben, nicht es aufzuheben. Die Wirtschaft ist wie jeder andere Bereich menschlicher Tätigkeit – ihrer Natur nach keine Einrichtung des Staates; sie ist ganz im Gegenteil das lebendige Ergebnis der freien Initiative der Einzelmenschen und ihrer in Freiheit gebildeten Gruppen".

b) Als falsch lehnt der Papst ferner die Ansicht ab, „daß jede private Unternehmung ihrer Natur nach eine Gesellschaft ist, so daß die Beziehungen zwischen ihren Teilnehmern durch die Gesetze der verteilenden Gerechtigkeit bestimmt würden, woraus folgen müßte, daß alle ohne Unterschied – gleichwohl ob Eigentümer der Produktionsmittel oder nicht – ein Recht auf einen Anteil am Eigentum oder zumindest am Reinertrag des Unternehmens hätten. Eine solche Auffassung geht von der Unterstellung aus, daß jede Unternehmung ihrer Natur nach in den Bereich des öffentlichen Rechtes hineintrage. Diese Annahme ist unzutreffend".

Von dieser „Rechtsnatur der Unternehmung als solcher" unterscheidet der Papst die „persönlichen Beziehungen zwischen den mitwirkenden Gliedern... , insbesondere die Beziehungen gemeinsamer Verantwortlichkeit". Ohne diese gemeinsame Verantwortlichkeit, d.h. ohne die Mitverantwortung und Mitwirkung aller, der leitenden und der ausführenden Menschen, wird der Betrieb nie Lebensraum werden. Dieses berechtigte Anliegen spricht aus der heute immer wieder erhobenen programmatischen, aber vieldeutigen Forderung nach „Mitbestimmung".

c) Die christlich verankerte altruistische Gesinnung. Familienwirtschaft und Kloster schöpfen letztlich weder aus dem persönlichen Nahesein noch aus der klugen Leitung, sondern aus der christlich verankerten altruistischen Gesinnung ihre soziale Kraft. Alle Mühen und Reformen werden vergeblich sein, wenn es nicht gelingt, den Abbau des Glaubens aufzuhalten und den Materialismus zu überwinden, dem sowohl der individualistische Liberalkapitalismus wie auch der marxistische Sozialismus verfallen sind.

3.2. Kolonialismus und christliche Ethik

Die Gründung von Kolonien galt in der Antike als hervorragende kulturelle Tat, was schon der von „colere" abgeleitete Name andeutet, der etymologisch mit „Kultur" und „Kult" verwandt ist und eine neu erschlossene Stätte des Pflanzens und Bebauens, des Hegens und Pflegens, des Verehrens und Anbetens bezeichnet. Dabei ist zu beachten, daß die Kolonien der Antike keineswegs nur im Dienste der Binnen- oder Grenzlandkultivierung standen, sondern häufig, wie z.b. die griechischen Kolonien in Kleinasien, Sizilien und Süditalien, in „Übersee" gegründet wurden. Dennoch begegnete man den Kolonien nirgendwo mit sittlicher Entrüstung. Köln ist heute noch stolz darauf, als römische „Colonia" entstanden zu sein. Auch das Mittelalter, das vor allem die Grenzlandkolonisation pflegte, sah in der Kolonisation nichts sittlich Verwerfliches.

Die ethische Verfemung des „Kolonialismus", der freilich mehr besagt als die seit Jahrtausenden übliche Gründung von Kolonien, ist erst eine Erscheinung der Neuzeit. Da der Kolonialismus von christlichen Völkern ausgegangen ist, und da die sittliche Entrüstung vor allem bei den ehemaligen Kolonialvölkern ein ungeheures Ausmaß angenommen hat, ist die Frage nach dem Verhältnis von Kolonialismus und christlicher Ethik mit aller Schärfe gestellt.

Es empfiehlt sich, zunächst in einem kurzen Überblick Aufstieg und Ende des Kolonialismus darzustellen und dann diese so heftig angefeindete Erscheinung in das Licht der christlichen Ethik zu rücken.

3.2.1. Aufstieg und Ende des Kolonialismus

Man pflegt fünf Epochen des kolonialen Zeitalters zu unterscheiden[1]: die Epoche der kolonialen Vorherrschaft der Portugiesen und Spanier (1492–1598), die niederländische Epoche (1598–1688), die Epoche der französisch-englischen Auseinandersetzungen (1688–1783), die Epoche der kolonialen Vorherrschaft Englands (1783–1870), die Epoche des weltumspannenden Kolonialimperialismus im eigentlichen Sinne (1870–1940).

Portugal und Spanien haben das koloniale Zeitalter eingeleitet und ihm Züge verliehen, die jahrhundertelang deutlich erkennbar blieben. Missionarischer Eifer, unbändige Entdeckerfreude und Hunger nach Gold und Macht gingen eine merkwürdige Verbindung ein. Es ist bezeichnend, daß der kluge Jesuitenmissionar José de Acosta (1539-1600), der in fünfzehnjährigem Aufenthalt einen guten Einblick in die Verhältnisse des spanischen Kolonialreiches gewonnen hatte, das Wort prägen konnte: „Der Christen Habgier ist der Indianer Berufung geworden". Die Welt, so erläutert er seinen Gedanken, ist heutzutage arm an selbstloser apostolischer Gesinnung. Deshalb hat Gottes Weisheit im Boden jener weit entfernten Heidenländer Gold und Silber

---

[1] Vgl. Eduard Sieber, Kolonialgeschichte der Neuzeit. Die Epochen der europäischen Ausbreitung über die Erde. Bern, 1949. – A. Rein, Die europäische Ausbreitung über die Erde. Potsdam, 1931. – The Idea of Colonialism. Hrsg. von R. Strauß-Hupé, H. W. Hazard. New York, 1958.

in Fülle wachsen lassen, auf daß wenigstens die Goldgier die Christen dorthin locke, wohin die Liebe zu Christus sie nicht mehr zieht[2]. Mit ähnlichen Worten pries auch der Jurist Juan de Solorzano Pereira die „göttliche Versöhnung", die sich „so niedriger Mittel" bediene, um das große Werk der Bekehrung zu vollbringen[3].

Das Beispiel Venedigs reizte. Die große Händlerstadt an der Adria mit dem bedeutendsten Stapel des Mittelmeergebietes war vor allem durch den Gewürzhandel berühmt und mächtig geworden. Aus der indischen Heimat hatten diese kostbaren Waren auf zwei als große Erdspalten vorgezeichneten Wegen das Abendland erreicht. Der eine Weg führte durch das Rote Meer nach Alecandrien, der andere durch den persischen Meerbusen und das Euphrat-Tigris-Tal an der Küste Kleinasiens. Beide Handelswege waren im Besitz der Mohammedaner. So war es ein stolzer Traum vieler Seefahrer, den Seeweg nach Indien zu entdecken, dadurch dem Islam in den Rücken zu fallen, ihn aus dem Gewürzhandel auszuschalten und zugleich an die Stelle Venedigs zu treten, also reich, mächtig und berühmt zu werden. Natürlich war bei Nationen, denen – wie den Portugiesen und Spaniern – das Kreuzfahrerideal im Blute steckte, die Entdeckerfreude mit dem Bekehrungseifer auf das innigste verbunden.

Der Begründer der portugiesischen See- und Kolonialmacht, Infant Prinz Heinrich von Portugal (1394-1460), hatte seit dem Jahre 1416 zahlreiche Expeditionen ausgesandt, die in kühnen Fahrten auf den „überaus schnellen Karavellen", wie sie in einer päpstlichen Bulle genannt werden[4], Madeira, Porto Santo, die Azoren, Kap Bojador (1434), Guinea, Kap Verde (1445) und die Kapverdischen Inseln (1455-56) entdeckten und für Portugal in Besitz nahmen. Unter König Alfons V. von Portugal (1438-1481), den man den „Afrikaner" genannt hat, machte die Erforschung der westafrikanischen Küste weitere Fortschritte. Im Jahre 1470 wurde der Äquator erreicht. Von Jahr zu Jahr rückten die Stützpunkte nunmehr über Kongo und Angola hinaus immer weiter nach Süden vor, bis schließlich im Jahre 1486 Bartolomeo Diaz das Kap der Guten Hoffnung umschiffte. Unter König Manuel dem Glücklichen (1495-1521) wurde von Vasco da Gama, Pedro Alvarez Capral, Almeida und Albuquerques in wenigen Jahren auch die Ostküste Afrikas und die Küste Ost-Indiens entdeckt[5].

Die portugiesische Kolonialherrschaft war eine Küstenherrschaft. In dieser charakteristischen Eigentümlichkeit lag ihre Stärke und Schwäche. Man beherrschte zwar monopolartig den ostindischen Gewürzhandel[6] und den sehr einträglichen Negersklavenhandel, kam aber fast nirgendwo zu einer eigentlichen Kolonisierung. Nur in einigen festen Küstenplätzen gelang es, das Christentum und – was als dasselbe

---

[2] „Christianorum avaritia Indorum vocatio facta est" (José de Acosta, De promulgatione evangelii apud barbaros sive de procuranda Indorum salute, Libri sex, Coloniae Aggrippinae, 1596, p. 322).

[3] De Indiarum Jure, sive De justa Indiarum occidentalium Inquisitione, Acquisitione, et Retentione. Tom. I. Lugduni, 1672, Lib. II, c.3.n.61,p. 146.

[4] „... in velocissimis navibus, caravellis nuncupatis", so heißt es in der Bulle „Romanus Pontifex" Nikolaus' V. vom 8.1.1454, in: Bullarium diplomatum et privilegiorum s. romanorum Pontificum, Tom. V. Turin, 1860, S. 112.

[5] Vgl. Paul Darmstädter, Geschichte der Aufteilung und Kolonisation Afrikas seit dem Zeitalter der Entdeckungen. Bd. I. Berlin-Leipzig, 1913, S. 9 ff.

[6] Vgl. Jos. Höffner, Wirtschaftsethik und Monopole im 15. und 16. Jahrhundert. Jena, 1941, S. 34 f.

galt – das Portugiesentum einzuführen, so etwa auf der Insel Goa und an einigen Plätzen an der Kongo- und Angolaküste.

Anders die spanische Conquista. Fast schlagartig glückte es, die Kulturreiche der Azteken und Inkas vollständig zu unterwerfen. Damit erhielt die spanische Kolonisation einen Zug ins Totale. Sie sah es als ihre Aufgabe an, nicht etwa einige Küstenplätze zu halten, sondern ganze Länder zu kolonisieren, zu christianisieren und wirtschaftlich den Bedürfnissen und Möglichkeiten des Mutterlandes anzupassen. Der neuzeitliche Begriff der Kolonie, der sich wesentlich von den Vorstellungen der Antike unterscheidet, paßte auf das spanische Kolonialreich: Außerhalb des Mutterlandes gelegene Gebiete mit fremdrassiger Bevölkerung standen unter Spaniens Hoheit und Verwaltung und wurden von den Spaniern im Bewußtsein ihrer Überlegenheit den Interessen des Mutterlandes dienstbar gemacht, so daß eine eigenständige kulturelle, politische und wirtschaftliche Entwicklung dieser Völker unterbunden oder doch beträchtlich behindert wurde.

Während die portugiesischen und spanischen Eroberungen vom Staat finanziert, monopolisiert und kontrolliert wurden, schloß sich die niederländische Kaufmannschaft, der es gegen Ende des 16. Jahrhunderts gelungen war, in das einträgliche Ostindiengeschäft einzudringen, im Jahre 1602 zur Niederländisch-Ostindischen Kompagnie zusammen, die zwar staatlich geschützt und privilegiert, im übrigen jedoch ein privates Unternehmen war. Durch skrupelloses Vorgehen gelang es der Kompagnie, die Vorherrschaft der Portugiesen in Indonesien und Ostasien zu brechen und ein holländisches Kolonialreich aufzubauen. Weniger Glück hatte die Niederländisch-Westindische Kompagnie, die zwar in das portugiesische Brasilien einbrach, ihre Stützpunkte jedoch nicht zu halten vermochte.

Inzwischen waren auch die Engländer und Franzosen mit eigenen Handels-Kompagnien in den Wettkampf um die Kolonialherrschaft eingetreten. England baute im Kampf gegen Franzosen, Niederländer, Spanier und Portugiesen sein erstes Kolonialreich auf, aus dem jedoch durch die Unabhängigkeitserklärung der Vereinigten Staaten vom 4. Juli 1776 der wertvollste Teil ausgebrochen wurde. Da in der ersten Hälfte des 19. Jahrhunderts auch das ibero-amerikanische Kolonialreich die Unabhängigkeit errang, verlagerte sich der Schwerpunkt der europäischen Kolonisation mehr und mehr nach Asien und Afrika. England riß die koloniale Vorherrschaft an sich.

Im letzten Drittel des 19. Jahrhunderts traten neue koloniale Rivalen auf: Deutschland (1884), Belgien (1885), Italien (1885), Japan (1895) und schließlich auch die Vereinigten Staaten (1898), die lange Zeit den Erwerb von Kolonien abgelehnt hatten[7]. Das koloniale Zeitalter ging seinem Höhepunkt, dem weltweiten Kolonialimperialismus entgegen. Weltwirtschaft und Weltverkehr hatten alle Teile der Welt erfaßt. Die Großmächte suchten ihren Einfluß über die Grenzen des Mutterlandes hinaus auf die überseeischen Gebiete auszudehnen, wo freilich nur in klimatisch gemäßigten Zonen weiße Kolonisten angesiedelt wurden. Zu Beginn des 20. Jahrhunderts beherrschten die europäischen Völker fast alle politisch schwachen Länder der Erde, die entweder in Kolonien oder Protektorate oder Pachtgebiete verwandelt wurden.

---

[7] Vgl. J.W. Pratt, America's Colonial Experiment. New York, 1950.

Aber zugleich setzte der Niedergang ein. In einer elementaren Unabhängigkeitsbewegung, die durch die beiden Weltkriege in ungeahnter Weise gefördert worden ist, erkämpften sich die farbigen Völker ihre Freiheit.

Sucht man den neuzeitlichen Kolonialismus zu charakterisieren, so fallen sechs Eigentümlichkeiten auf:

Erstens: Die abendländischen Völker tragen den anderen Rassen, auch wenn diese Nationen auf eine jahrtausendalte Kultur zurückblicken konnten, mit dem Bewußtsein allseitiger Überlegenheit gegenüber. Insbesondere alle Farbigen galten als kulturell rückständig und wurden als Menschen „minderen Rechts" behandelt. Man sprach von der „Bürde des weißen Mannes", dem die Aufgabe zugefallen sei, die primitiven Völker zu erziehen, – eine Auffassung, die der Inder Kavalam Madhava Panikkar entrüstet als „Slogan" und „Irrwahn" zurückweist: „Freiheit, Gleichheit, Brüderlichkeit daheim – Ausbeutung in den Kolonien!"[8]. Auch Abt Franz Pfanner, der Gründer von Mariannhill, lehnte am 15. Juli 1886 diese weiße Anmaßung mit scharfer Ironie ab: „Der Weiße soll von diesen Schwarzen als ein höheres Wesen angesehen werden, der Kaffer aber soll es alle Augenblicke fühlen, daß er nie wert und nie fähig sein wird, solch ein weißes Geschöpf (solch einen Fratzen) an Würde zu erreichen"[9].

Zweitens: Der moderne Kolonialismus erschloß die ganze Erde und brachte Völker und Kulturkreise, die bisher ihr Eigenleben geführt haben, in vielfältige dauernde Berührung mit der übrigen Welt, – ein Prozeß, der andererseits in bedenklicher Weise zu Entwurzelung und Überfremdung geführt hat.

Drittens: In der Ära des Kolonialimperialismus wanderte zugleich mit der europäischen Vorherrschaft die vom Abendland ausgehende „technische Revolution" um die ganze Erde. Sie hat so einschneidend auf die Daseinsweise und das Lebensgefühl aller Völker eingewirkt, daß man sie – was den Tiefgang betrifft – mit dem Übergang zur Seßhaftigkeit im Neolithikum vergleichen könnte. Zugleich begann sich ein durch die Technik geprägter Menschentyp zu formen, der überall auf Erden, auch in den ehemaligen Kolonialländern, auffallend ähnliche Züge annimmt. Eine neue Epoche der Weltgeschichte ist angebrochen, und ohne Zweifel wäre die Technik ohne den sogenannten Kolonialimperialismus nicht in so kurzer Zeit in alle Teile der Welt vorgedrungen.

Viertens: Im Gefolge und weithin unter dem Schutz der Kolonialmächte begannen die christlichen Missionare ihr Bekehrungswerk. Die oft engen Beziehungen der Glaubensboten zu den Kolonialbehörden ließen bei der einheimischen Bevölkerung den Eindruck entstehen, die christliche Mission sei eine Begleiterscheinung des europäischen Kolonialismus und – wie Kavalam Madhava Panikkar erbittert hinzufügt, „Nutznießer der Demütigungen": „Man hätte", so meint er, „der Kirche Christi, wie uns die Geschichte gelehrt hat, keinen schlechteren Dienst erweisen können"[10]. Dazu kam, daß die Missionare nicht selten die Eigenart der Einheimischen zu wenig

---

[8] Kavalam Madhava Panikkar Asien und die Herrschaft des Westens (Übersetzung der engl. Ausgabe: Asia and western Dominance). Zürck, 1955, S. 95, 235 407.

[9] Brief des Abtes Franz Pfanner vom 15. Juli 1886, veröffentlicht im Mariannhill-Kalender für das Jahr 1890 (Mariannhill, Natal), S. 55.

[10] A.a.O., S. 382.

berücksichtigten und europäisierende Methoden anwandten[11]. So konnte es nicht ausbleiben, daß mit dem Zusammenbruch des Kolonialismus auch die christlichen Missionen in eine schwere Krise gerieten.

Fünftens: Es ist anzuerkennen, daß sich das christliche Gewissen in der europäischen Heimat angesichts der Zustände in den Kolonien protestierend erhoben hat und für die Menschenrechte der Eingeborenen eingetreten ist. Zwei große Protestbewegungen lassen sich unterscheiden: die spanische Kolonialethik des 16. Jahrhunderts, die zum Aufbau einer für die damaligen Verhältnisse großartigen Kolonialgesetzgebung führte[12], und die Bewegung zur Aufhebung der Sklaverei, die gegen Ende des 18. Jahrhunderts einsetzte[13]. Beide Bewegungen sind dem christlichen Bewußtsein in den europäischen Ländern entsprungen und nicht etwa durch die Empörung der Kolonialvölker, die sich damals kaum noch zum Selbstverständnis durchgerungen hatten, hervorgerufen wurden.

Sechstens: Die Auswirkungen des europäischen Kolonialismus auf die ehemaligen Kolonialvölker müssen als gewaltig und unauslöschlich bezeichnet werden. Auch nach dem Ende der Kolonialherrschaft ist eine Rückkehr zu den früheren Zuständen nirgendwo mehr möglich. Ein starkes und empfindliches Nationalbewußtsein ist aufgebrochen, das sich einerseits gegen jede Bevormundung wehrt, andererseits jedoch den technischen Fortschritt der modernen Industriestaaten in kürzester Zeit einholen möchte.

Seitdem die ehemaligen Kolonialgebiete ihre Selbständigkeit erlangt haben, sucht die sowjetische Propaganda mit dem Schlagwort des „Neokolonialismus" in Asien, Afrika und Südamerika gegen den Westen zu hetzen. Wirtschaftshilfe, Militärbündnisse und strategische Stützpunkte werden in diesem Sinne gedeutet. So nennt z. B. die sowjetzonale Zeitschrift „Einheit" die Vereinigten Staaten die „klassische neokolonialistische Macht", neben der besonders die Bundesrepublik Deutschland „zu einem führenden Vertreter der neokolonialistischen Expansion" geworden sei[14]. In Wirklichkeit hat der Sowjetimperialismus auf zahlreiche Völker das Joch eines neuen und grausamen Kolonialismus gelegt (Litauen, Livland, Estland, Polen, Sowjetzone Deutschlands, Tschechoslowakei, Ungarn, Rumänien, Albanien usw.), der zwei Eigentümlichkeiten aufweist: Typisch ist einerseits die Totalität des sowjetischen Neokolonialismus, der die unterjochten Völker nicht nur politisch, militärisch und

---

[11] Selbst die Mariannhiller Missionare, die doch den Zulus verständnisvoll und selbstlos zu dienen suchten, meinten: „Solange ein Volk nackt ist, gibt es die Vielweiberei nicht auf" (Der Trappist unter den Kaffern, Beilage Nr. 2, vom 14.4.1884, S. 28); oder: „Da aber Arbeit ein wesentliches Stück wahrer Civilisation ist, so bringt jener Missionar den Kaffer nicht zur Bekehrung, der ihn nicht zur Arbeit bewegen kann" (Fliegende Blätter, Mariannhill, Nr. 12, vom 11.10.1883). – In Wirklichkeit ist weder die abendländische Kleidung noch das europäische Arbeitsethos eine Voraussetzung des Heils in Christus.

[12] Vgl. Joseph Höffner, Christentum und Menschenwürde. Das Anliegen der spanischen Kolonialethik im Goldenen Zeitalter. Trier, 1947; spanische Übersetzung: La Etica colonial española del Siglo de Oro. Madrid, 1957.

[13] Vgl. A. Ducasse, Les Négriers ou le trafic des esclaves. Paris, 1948. – P. Kaysel, Die Gesetzgebung der Kulturstaaten zur Unterdrückung des afrikanischen Sklavenhandels. 1905. – E. Williams, Capitalism and Slavery. 1945.

[14] Einheit, Nov. 1960.

wirtschaftlich beherrscht, sondern ihnen die Einheitsideologie des dialektischen Materialismus aufzwingt, andererseits der zynische Zwang, die eigene Knechtung „Freiheit" nennen zu müssen. Merkwürdig ist bei alledem, daß die Sowjetpropaganda die westliche Welt immer wieder unter Berufung auf sittliche Werte (Gerechtigkeit, Freiheit usw.) angreift, obwohl doch im System des dialektischen Materialismus das Sittliche – wie das Geistige überhaupt – nichts weiter ist als „eine Funktion jenes komplizierten Bißchens von Materie, das das menschliche Gehirn genannt wird"[15].

3.2.2. Aufbruch des christlichen Gewissens

Das christliche Gewissen sah sich zum erstenmal im portugiesischen und spanischen Machtbereich vor die Probleme des Kolonialismus gestellt. Haben die Weißen das Recht, fremdartige Völker zu unterwerfen? Dürfen sie Menschen anderer Rasse zu Sklaven machen und zwangsweise zur Arbeit heranziehen? Sind sie beauftragt, fremden Völkern ihre Kultur beizubringen? Welche Grundsätze gelten für die Missionierung?

Man darf nicht erwarten, daß diese Fragen von Anfang an in wissenschaftlicher Systematik erörtert worden sind. Die ersten, in deren Gewissen sie aufbrachen, waren ja keine Professoren, sondern Missionare, die an Ort und Stelle die Methoden des Kolonialismus erlebten. Kaum hatten die Dominikaner auf der Insel Española ihr erstes Kloster errichtet, als sie in der Fastenzeit des Jahres 1511 „in äußerst scharfen und schrecklichen Worten" von der Kanzel verkündigten, daß alle spanischen Siedler wegen der unmenschlichen Unterjochung der Indianer in schwerer Sünde lebten, eine Botschaft, die schon während des Gottesdienstes mit murrender Ablehnung beantwortet wurde[16]. Auf der Insel Cuba vertrat der edle Indianerapostel Bartolomé de Las Casas in einer Predigt am Fest Maria Himmelfahrt 1514 dieselben Grundsätze. „Alle waren erstaunt und geradezu entsetzt über diese Rede", bermerkt er, „einige waren erschüttert, anderen war es, als ob sie träumten. Hatten sie doch Worte gehört, die ganz unglaublich klangen: daß es nämlich eine Sünde sein solle, die Indianer in Knechtschaft zu halten, gerade als wenn man ihnen gesagt hätte, sie dürften sich der Tiere des Feldes nicht mehr bedienen"[17].

Die Proteste der Missionare vermochten die Kolonialisten im spanischen Amerika nicht umzugestalten. Das Commenden-System war schon zu sehr zur Struktur der amerikanischen Kolonialwirtschaft geworden. Und doch ist die Aufrüttelung des christlichen Gewissens eine große Tat gewesen. Ihre bedeutendste Wirkung war es, daß es die menschenwürdige Behandlung der Indianer als christliche Forderung empfunden wurde und daß eine Kolonialgesetzgebung zu entstehen begann, „die" – wie Ernst Samhaber schreibt – „einzigartig in der Welt dasteht"[18]. Im kaum erschlossenen Amerika hat das christliche Gewissen zum erstenmal die Forderung nach

---

[15] W.I. Lenin, Materialismus und Empiriokritizismus. Kritische Bemerkungen über eine reaktionäre Philosophie, Werke Lenins, Bd. 13, Moskau, 1927, S. 167.
[16] Vgl. B. de Las Casas, Hostoria de las Indias (Colección de Documentos inéditos para la Historia de España, Tomo 62-66. Madrid 1875-76), Tomo 64, Lib. III, cap. 4, p. 365.
[17] Ebd., Tomo 65, Lib. III, cap. 79, p. 257.
[18] Ernst Samhaber, Südamerika. Gesicht, Geist, Geschichte. Hamburg, 1939, S. 196.

Verbot der Kinderarbeit, der Frauenzwangsarbeit und der Ausbeutung des arbeitenden Menschen erhoben, längst bevor die soziale Bewegung im Abendland ähnliche Forderungen aufstellte.

Ein schöner Erfolg des Protestes der Missionare war es auch, daß nunmehr die kolonialethische Diskussion in der spanischen Heimat in Gang kam. Der bedeutendste Kolonialethiker unter den spanischen Theologen des 16. Jahrhunderts ist Francisco de Vitoria gewesen, der „hell leuchtende Stern des Dominikanerordens"[19]. Am 8. November 1534 schrieb er an den Provinzial der andalusischen Ordensprovinz, den Dominikaner Miguel de Acros: „Was Peru betrifft, so kann ich Euer Hochwürden mitteilen, daß mich nunmehr, nach so langen Studien und dank so reicher Erfahrung, die Gewissensfälle, die mir unter die Hände kommen, nicht mehr erschrecken oder verwirren, mit Ausnahme des hinterhältigen Benefizienunwesens und der indischen Angelegenheiten. Wenn ich darüber nachdenke, erstarrt mir das Blut im Leibe"[20].

Auch die Dominikaner Soto und Bañez sowie die Jesuiten Molina und Suarez haben Bedeutendes zur Aufhellung der kolonialethischen Probleme beigetragen.

Zunächst galt es, gewisse universalistische und intolerante Thesen zurückzuweisen, die damals einige Verteidiger der Kolonialherrschaft aus dem Gedankengut des mittelalterlichen orbis christianus hervorzuholen suchten. Man berief sich z.B. auf die Lehre einiger Theologen des Mittelalters, daß der Papst die Oberherrschaft über alle Heidenvölker innehabe. Francisco de Vitoria stellt dieser alten theokratischen Theorie den Satz entgegen: „Der Papst ist nicht der Herr der Welt". Lediglich „die Glossatoren haben dem Papst diese Herrschaft übertragen, obwohl sie doch selber arm an Gut und Geist gewesen sind"[21]. Mithin vermögen die christlichen Fürsten den Heiden gegenüber „mit der Autorität des Papstes nicht mehr als ohne sie"[22]. Nicht anders urteilen auch die Jesuitentheologen. Ludwig Molina erklärt, daß der Papst in rein weltlichen Angelegenheiten weder über die christlichen noch über die heidnischen Staaten Gewalt besitze[23]. Franz Suarez bezeichnet die theokratische Idee als „durchaus töricht und erfunden"[24]. Die Staaten, deren Recht der natürlichen Ordnung angehört, bestanden schon vor der Gründung der Kirche. Deshalb behalten die Heiden, wenn sie zum Glauben übertreten, „auch innerhalb der Kirche ihre Gewalt bei, die sie ja nach dem Recht oder der Ordndung der Natur besitzen"[25].

Verwandt mit der Theorie von der päpstlichen Weltherrschaft war auch die Lehre, daß die Heiden wegen ihren Götzendienstes, der eine furchtbare Beleidigung Gottes sei, von den Christen bestraft und unterworfen werden dürften. Francisco de Vitoria entgegnet: „Der Unglaube hebt weder das natürliche noch das menschliche

---

[19] „Dominicani Ordinis fulgentissimum Sydus". So nennt ihn Juan de Solorzano Pereira, De Indiarum Jure, sive de Justa Indiarum occidentalium Inquisitione, Acquisitione, et Retentione. Tom. I. Lugduni 16272, Lib. II, cap. 1, n. 37, p. 132.
[20] Text des Briefes: Vic. Beltrán de Heredia, in: Annuario de la Asoc. Francisco de Vitoria, Vol. II. Madrid 1931, p. 32 ff.
[21] Fr. Vitoria, Relectio prior De potestate Ecclesiae. Hrsg. von L. Alonso Getino, Tomo II. Madrid 1934, p. 63, 66.
[22] Fr. Vitoria, Relectio De temperantia (Anuario de la Asoc. Fr. de Vit., Vol. II. Madrid 1931, p. 59).
[23] De Justitia et Jure, Tr. II, disp. 29, n. I ff.
[24] „Haec omnia sunt vana et conficta". Tr. III. De Charitate, disp. 13, sect. 5, n. 4.
[25] Fr. Suarez, De Legibus, Lib. III, c. 5, n. 7.

Recht auf". Daraus folgt, daß die Heiden wegen ihres Unglaubens weder ihr Privateigentum noch ihre staatliche Herrschaft verlieren. „Mit Berufung auf diesen Titel können also ihre Güter und Länder von den Christen nicht in Besitz genommen werden". Selbst wenn der Glaube von den Missionaren hinreichend und mit allem Eifer gepredigt würde, die Heiden aber trotzdem die Bekehrung ablehnten, wären die Spanier nicht berechtigt, „sie mit Krieg zu überziehen und ihrer Güter zu berauben"[26]. Der spanische König hat keine größere Gewalt über die Heidenvölker als ich über meinen Mitbürger; „ich kann jedoch meinen Mitbürger nicht zwingen, der Messe beizuwohnen"[27].

Auch Dominikus Soto lehnt den Glaubenskrieg mit aller Entschiedenheit ab. Wir sollen, so schreibt er, das Wort Gottes „umsonst" weitergeben und nicht wie Wölfe „die Schafe zerreißen und verschlingen". Wenn man uns nicht aufnimmt, wollen wir den Staub von den Füßen schütteln und weiterziehen. Christi Ankunft bei den Heiden muß der zu Bethlehem gleichen: in „Güte und Menschenfreundlichkeit". Wir Christen sind nicht von Gott beauftragt, an den Heiden wegen ihrer Sünden das Jüngste Gericht vorwegzunehmen. Nun sagt man aber, so fährt Soto fort, die Heiden könnten „bequemer" bekehrt werden, wenn man sie vorher politisch unterwerfe. In ähnlicher Weise suchen ja auch die Veranstalter der Negerjagden ihr Gewissen zu beschwichtigen, indem sie sich einreden, es sei doch ein großes Glück für die Neger, daß sie für die verlorene irdische Freiheit den christlichen Glauben empfingen. Durch all diese Gewaltakte, so antwortet Soto, wird der Glaube „verhaßt und fluchwürdig" gemacht. Es gehört „zur ursprünglichen Natur des Glaubens", daß er keinen Zwang verträgt. Der Glaube „ist das Gesetz der Freiheit, wie Paulus im achten Kapitel des Römerbriefes lehrt"[28].

Nicht wenige wandten gegen Vitoria und Soto ein: wenn es auch richtig sei daß man die Heiden wegen ihres Unglaubens nicht unterwerfen dürfe, so ergebe sich dieses Recht doch aus den widernatürlichen Lastern der Heiden. Man dachte wohl so: Den wahren Glauben können die Heiden nur erkennen, wenn er ihnen hinreichend verkündigt worden ist; die Abscheulichkeit der widernatürlichen Laster muß jedoch allen einleuchten, da Gott allen Menschen das sittliche Naturgesetz ins Herz geschrieben hat. Vitoria weist auch dieses Argument als hinterlistig und heuchlerisch zurück. Statt solch spitzfindige Theorien aufzustellen, sollte man ehrlich erklären, jeder Krieg zur Unterwerfung der Heiden sei ohne weiteres erlaubt. Würde übrigens aus dieser These, so fährt Vitoria fort, nicht folgen, daß auch die Heiden uns wegen solcher Sünden bekämpfen dürften? „Die Gläubigen haben nämlich nicht mehr Gewalt über die Ungläubigen als umgekehrt die Ungläubigen über die Christen". Zum mindesten würde folgen, daß „der französische König die Italiener unterwerfen dürf-

---

[26] Relectio „De Indis recenter inventis", Cetino II, p. 304, 345.
[27] Fr. Vitoria, In II. II. qu. 10, art. 8 (Zit.: V. Beltrán de Heredia, Los Manuscritos del M. Fr. de Vitoria. Madrid y Valencia 1928, p. 199).
[28] D. Soto, In IV. Sententiarum Commentarii. Tom. I. Duaci 1613. Dist. 5, qu. unica, art. 10, p. 154 ff.

te, weil sie Sünden gegen die Natur begehen"[29]. Mit einem Wort: „Dieser Theorie liegt keine Spur eines sichern Fundamentes zugrunde"[30].

In den kommenden Jahrzehnten wurde Viktorias und Sotos Lehre Gemeingut der spanischen Theologen, so daß Dominikus Bañez schreiben konnte: „Dieser Ansicht sind später alle Theologieprofessoren auf ihren Lehrstühlen gefolgt bis in unsere Zeit"[31]. Das gilt auch von den Nicht-Spaniern, z.B. von Kardinal Robert Bellarmin. Grundlage der Abkehr von jeder Art Theokratie war die Erkenntnis, daß auch der heidnische Staat, wie Franz Suarez schreibt, „in seiner Ordnung der höchste ist"[32].

Es überrascht, daß sich der „Vater des modernen Völkerrechts", Hugo Grotius, im Jahre 1625, als die Niederländisch-Ostindische Kompagnie daran war, ihr Kolonialreich aufzubauen, gegen die Lehre der spanischen Theologen wandte. Gegen jene Barbaren, so legte er dar, die - „mehr Tiere als Menschen" – „das Naturgesetz verletzen", ist der Krieg etwas „Natürliches", wenn auch „Vitoria, Vásquez, Aor, Molina und andere" das Gegenteil behaupten[33].

Schließlich sei noch angemerkt, daß im 16. Jahrhundert hin und wieder auch der Kaiser als „Herr aller Heidenvölker" zur Rechtfertigung der Kolonialherrschaft bemüht worden ist. Vitoria erklärt kategorisch: „Der Kaiser ist nicht der Herr des ganzen Erdkreises". Zudem wäre ein Weltkaisertum – wenn es sich wirklich nachweisen ließe – nur eine gewisse Oberhoheit, so daß der Kaiser in keinem Falle „sich Provinzen aneignen oder nach Belieben Städte und Besitztümer verschenken könnte"[34].

Der Einbau des Naturrechts in die christliche Kolonialethik des 16. Jahrhunderts ist von weittragender Bedeutung gewesen. Für Christen und Heiden galten dieselben in der Menschennatur grundgelegten obersten Rechtssätze. Damit war die persönliche Freiheit, das Eigentum und die Eigenstaatlichkeit auch für die Heidenwelt anerkannt. Weder Unglaube noch Laster konnten die Freiheit und Unabhängigkeit der Eingeborenen beeinträchtigen. Das bedeutete viel. Die europäischen Mächte stützten sich noch im 19. Jahrhundert beim Aufbau ihrer Kolonialreiche auf den Grundsatz, daß die Staatsgewalt der Eingeborenen – weil von den Kulturstaaten nicht anerkannt – nichtig sei. Die deutsche Kolonialpolitik suchte zwar zunächst durch „Schutzverträge" mit den Häuptlingen in den Kolonialgebieten Fuß zu fassen. Aus der Schutzgewalt wurde jedoch bald die völlige Staatsgewalt, da man, wie der Admiralitätsrat Otto Köbner sich ausdrückte, bald erkannte, daß jenes Zugeständnis an die Häuptlinge „sich als ein Fehler erwiesen habe"[35]. Als der amerikanische Delegierte Kasson am 22. Dezember 1884 und am 31. Januar 1883 auf der Berliner Kongokonferenz

---

[29] Vitoria weist auf die Sodomie hin, die in Italien zur Zeit der Renaissance weit verbreitet gewesen sein soll.
[30] Relectio „De temperantia", a.a.O., p. 61, 67
[31] D. Bañez, Scholastica Commentaria in II. II. S. Thomae. Tom. III. Duaci 1615, qu. 10. art. 10. dub. 4, p. 267.
[32] „... respublica infidelis, in suo ordine suprema". Tract. de fide theol. Tr. I. disp. 18. sect. 4. n. 3.
[33] De jure belli ac pacis libri tres. Ed. P.L. Molhuysen, Lugduni Batavorum 1919, Lib. II. cap. 20, n. 40, 3 et 4.
[34] Relectio „De Indis", Getino II, p. 320 ff.
[35] Otto Köbner, Einführung in die Kolonialpolitik. Jena, 1908, S. 88.

den Antrag stellte, gegen den Willen der Eingeborenen keine Kolonien mehr zu gründen, erhob sich allgemeiner Widerspruch[36].

Die führenden Theologen des 16. Jahrhunderts waren nicht in einer solch weitgehenden „Kolonialvolk-Ideologie" befangen. Sie wiesen vielmehr die verhängnisvolle These, daß es Menschen gebe, die „von Natur aus" zum Sklavenlos bestimmt seien, mit großer Entschiedenheit zurück. Auch Papst Paul III. (1534-1549) hatte sich gegen diese unchristliche Lehre gewandt. Der Teufel habe einigen „seiner Trabanten" so erklärte er, den Gedanken eingegeben, die Eingeborenen der Neuen Welt „wie wilde Tiere in unsere Knechtschaft" zu zwingen. Wer sie fernerhin noch zu unterjochen oder zu berauben wage, verfalle ohne weiteres dem Kirchenbann[37].

Nun läßt sich allerdings eine verfeinerte Form der „Kolonialvolk-Ideologie" denken. Man könnte nämlich die persönliche Freiheit der Eingeborenen, ihr Eigentum und auch ihre politischen Herrschaftsverhältnisse anerkennen und doch eine gewisse koloniale Vormundschaft für angebracht halten. Dabei könnte man betonen, man sehe in dieser Vormundschaft vor allem eine selbstlose zivilisatorische Aufgabe. Man komme, um die Eingeborenen zu erziehen, nicht um sie zu unterdrücken und auszubeuten.

Vitoria bemerkt dazu: Über diesen Titel „wage ich nicht eine feste Behauptung aufzustellen; aber ich wage es auch nicht, ihn schlechthin zu verurteilen"[38]. Vitorias Zögern rührt wohl daher, daß er sich trotz aller Berichte kein einwandfreies Bild von den Zuständen jenseits des Ozeans machen konnte. Einerseits schreibt er, daß Leute, „die bei ihnen gewesen sind", ihm berichtet hätten, die Indianer besäßen weniger Vernunft, „als bei anderen Völkern die Kinder und Geisteskranken", andererseits betont er jedoch, daß die Eingeborenen der Neuen Welt „in Wahrheit keine Geisteskranken sind. Sie sind vielmehr auf ihre Weise vernünftig. Das ist klar. Sie haben nämlich eine bestimmte Ordnung in ihren Angelegenheiten. Es gibt dort Städte mit einer festen Ordnung. Es gibt dort geregelte Ehen, Behörden, Herren, Gesetze, Handwerk und Handel. Das alles ist doch ohne menschliche Vernunft nicht denkbar. Sie besitzen ferner eine Art Religion. Auch irren sie nicht in den Dingen, die anderen evident sind"[39].

Franz Suarez faßt die allgemeine Lehre der spanischen Theologen zusammen, wenn er die These des Aristoteles und Sepúlveda, daß manche Menschen „Sklaven von Natur aus" seien, zurückweist und dabei betont, daß man „Heiden" und „kulturlose Barbaren" nicht gleichsetzen dürfe. „Ist es doch offenkundig", so legt er dar, „daß viele Heiden begabter und auch in politischen Dingen geschickter sind als manche Gläubigen". Aber selbst jene Menschen, „die ohne jedes menschliche Gemeinwesen leben, völlig nackt umhergehen, Menschenfleisch essen und dergleichen", dürfe man

---

[36] Vgl. Camilo Barcia Trelles, Francisco de Vitoria et l'école moderne du Droit international. Paris, 1928, p. 163.
[37] Text: Colección de Documentos inéditos relativos al descubrimiento, conquista y organización de las antiguas posesiones españolas de América y Oceania. Bd. 7. Madrid, 1867, p. 414.
[38] Relectio „De Indis", Getino II, p. 378.
[39] ebd., p. 309, 378 f.

sich nur unterordnen, „um sie menschenwürdig zu erziehen und gerecht zu regieren", ein Fall, der höchst selten oder überhaupt „niemals" eintreten werde[40].

Bekanntlich haben die Jesuiten in ihren Reduktionen (1609 bis 1767) versucht, die südamerikanischen Guarani-Indianer, die als Nomaden fast nur die aneignende Wirtschaftsweise kannten, seßhaft zu machen und in selbstloser Weise menschlich emporzuführen. Dabei gingen die Patres von der Erkenntnis aus, daß die Guaranis, denen das Bewußtsein individueller Vorsorge und Verantwortung fast völlig fehlte, nur über die gemeinsame Arbeit in kleinen Gruppen zur Entfaltung ihrer Anlagen und Fähigkeiten gebracht werden könnten. Zugleich erblickten die Patres in ihrer Erziehungstätigkeit die Voraussetzung der Bekehrung zum christlichen Glauben. Einer der Patres meinte, es sei zu diesem Zweck notwendig gewesen, „diesen Halbmenschen die angebohrne Viehart hinwegzunehmen und sie – wie gemeldet – zu einem sittlichen, das ist menschlichen Lebenswandel, dessen sie vorhero niemals gewohnet, anzuführen"[41]. Es läßt sich nicht leugnen, daß die Reduktionen zu einem erstaunlichen wirtschaftlichen Wohlstand gelangt sind. Ermöglicht wurde diese – für die damaligen Verhältnisse außergewöhnliche – wirtschaftliche Blüte durch die Abgabenfreiheit der Reduktionen. Während Spanien aus den anderen Kolonien beträchtliche Einnahmen erhielt, waren die Reduktionen fast völlig von solchen Lasten befreit. Das Sozialprodukt der Reduktionen blieb im Lande und diente einerseits der Versorgung mit Konsumgütern, andererseits der Investition. Wer gerecht und unvoreingenommen urteilt, wird den Reduktionen keine „Ausbeutung" vorwerfen können. Tatsache ist, daß die Indianer mit aufrichtiger Liebe an den Patres hingen[42] und bei der Vertreibung der Jesuiten im Jahre 1767 mit Tränen von ihnen Abschied nahmen[43].

Die spanischen Theologen des 16. Jahrhunderts haben – gestützt auf die Grundsätze des Naturrechts – in edler und mutiger Weise die Übergriffe christlicher Staaten gegen überseeische Völker zurückgewiesen. Damals sind naturrechtliche Normen einer internationalen Ethik aufgestellt worden, die unsere Bewunderung verdienen. Man wird dasselbe nicht in allen Stücken von den Thesen behaupten können, die unter Berufung auf die christliche Offenbarung – also gleichsam aus sozialtheologischer Sicht – vertreten worden sind. Gewiß, die spanischen Theologen erkannten allgemein an, daß die Zwangsbekehrung ein Sakrileg wider die Freiheit des Glaubens sei. Und doch wähnte man, die Verkündigung der Frohbotschaft Christi mit gewissen Zwangsmaßnahmen umgeben zu dürfen. Man sprach z.B. vom Recht der christlichen Staaten, die Zulassung der Missionare mit Waffengewalt zu erzwingen. „Die Christen haben das Recht", erklärte Vitoria, „das Evangelium in den Provinzen der Barbaren zu predigen und zu verkündigen"; denn Christus hat mit seinem Missionsauftrag der

---

[40] Tract. De Charitate, Tr. III, disp. 13, 5, n. 5 (Opera, Tom. 12).
[41] C. Hazart und M. Soutermans, Kirchengeschichte. Wien, 1648, S. 331.
[42] In den 30 Reduktionen, die im Jahre 1732 und 141.000 Indianer zählten, wirkten nur etwa 80 Patres. Es wurden Orgeln gebaut, Uhren und Musikinstrumente hergestellt, Glocken gegossen, Tuche gewebt, Statuen geschnitzt. Nach der Vertreibung der Jesuiten zerfielen die Gebäude, Kirchen und Anlagen.
[43] Über die Reduktionen vgl.: Pablo Hernández, Organización social de las doctrinas guaranies de la Compañia de Jesús. 2 Bde. Barcelona, 1913. – Maria Faßbinder, Der Jesuitenstaat in paraguay. Halle/S. 1926. – Magnus Mörner, The Politica and Economic Activities of th Jesuits in the Plata Region. Stockholm, 1953.

Kirche ein wirkliches Missionsrecht übertragen, das erzwingbar ist. Würden also die Helden den Missionaren den Zutritt verwehren oder sie gar umbringen, so wäre man befugt, den Widerstand mit Gewalt zu brechen[44]. Einschränkend fügt Vitoria hinzu: „Wenn die Barbaren jedoch den Spaniern die freie und unbehinderte Predigt des Evangeliums gestatten, darf man sie nicht mit Krieg überziehen und ihre Länder nicht besetzen, mögen sie nun den Glauben annehmen oder nicht"[45]. Der Kirche steht also nur das erzwingbare Recht der Glaubensverkündigung zu, nicht aber die Befugnis, die Heiden zu bestrafen, wenn sie die Annahme des Glaubens trotz der Predigt verweigern.

Man hätte wohl erwarten können, daß die folgenschwere Auslegung des Missionsauftrages Christi von Vitoria eingehender begründet worden wäre. Aber sowohl Vitoria als auch viele andere Theologen des 16. Jahrhunderts setzen diesen Sinn der Worte Christi als selbstverständlich voraus. Es erhob sich freilich auch Widerspruch. So äußerst z.B. der Jesuit Alfonso Salmerón starke Bedenken. Manche behaupten, so schreibt er, man dürfe den Indianern, wenn sie die Glaubenspredigt hinderten, „zum Lobe Gottes und zu ihrem Heile" den Krieg erklären. „Das ist mir stets hart vorgekommen". Wird doch ein Krieg das Evangelium nur verhaßt machen[46].

Am leidenschaftlichsten hat Bartolomé de Las Casas jede Gewaltanwendung – selbst bei Zurückweisung der Glaubensboten – als unchristlich verurteilt. „Die Pflicht", so erklärte der edle Bischof, „in alle Welt zu ziehen und dort den Glauben zu verkündigen setzt notwendig voraus, daß die Völker gewillt sind, uns aufzunehmen und anzuhören". Christus hat seinen Aposteln befohlen, „wenn die Leute in einer Stadt sie nicht anhören wollen, so sollten sie in eine andere gehen". Weit entfernt, Feuer auf das ungläubige Samaria herabregnen zu lassen, machte der Herr seine Jünger darauf aufmerksam, „wie sehr die Gesinnung der Diener des Evangeliums friedlich, süß, demütig und liebevoll sein müsse"[47]. Krieg und Mission sind für Las Casas tödliche Gegensätze: „Rauben, Ärgernis geben, in Gefangenschaft schleppen, Menschen zerfetzen, Reiche entvölkern, den christlichen Glauben an die christliche Religion bei den friedfertigen Heiden zum stinkenden Abscheu machen", das ist doch keine Verkündigung der Frohbotschaft Christi, sondern das Unwesen „grausamer Tyrannen und Gottesfeinde"[48]. Gottgewolt ist nur jene Glaubensverkündigung, „die den Verstand mit Vernunftgründen überzeugt und den Willen in Milde anzieht". Das gilt „für alle Menschen der Welt ohne jeden Unterschied der Irrtümer, der Sekten oder der Sittenverderbnis"[49]. Der Krieg aber ist eine lange Kette von Überfällen, Gewalttaten, Morden, Räubereien, Plünderungen, Verwüstungen, Schändungen und Unmenschlichkeiten, also nichts anderes „als ein allgemeins Hinschlachten vieler und ein allgemeines Rauben". Heißt das, den Menschen die Religion Christi bringen?[50] Man wird es begreifen, daß Las Casas vor allem in seinem Alter unter diesen Gedan-

---

[44] Relectio „De Indis". Getino II, p. 368, 371.
[45] Ebd., p. 370.
[46] Alfonso Salmerón S.J., Commentarii in Evangelicam historiam et in Acta Apostolorum. Tom. 12. Köln, 1604. Tract. 38, p. 256, tract. 39, p. 262.
[47] Disputa ó controversia con Ginés de Sepúlveda. Madrid, 1908, p. 121 ff.
[48] Ebd., p. 100.
[49] De unico vocationis modo. Ausgabe: Mexico, 1942, p. 186.
[50] Ebd., p. 187.

ken gelitten hat. Furchtbar war unser Beginn in Amerika, so schreibt er, furchtbar auch unser Schalten und Walten in der neuen Welt, so daß man mit Habakuk sprechen muß: „In unseren Tagen sind Dinge geschehen, die niemand glaubt, wenn man sie ihm erzählt (Hab 1,5). „Und es wird schwer fallen", so schließt er, daß das ein gutes Ende nimmt, was so übel begonnen hat[51].

3.2.3. Ergebnisse und Folgerungen

Wir haben die kolonialethischen Anschauungen der spanischen Theologie des 16. Jahrhunderts bewußt ausführlich dargestellt, weil die kolonialethischen Probleme in den kommenden Jahrhunderten von keiner Seite mehr mit solchem Eifer und Ernst und in so gründlicher Weise erörtert worden sind. Weder zur Zeit der niederländischen kolonialen Vorherrschaft im 17. Jahrhundert noch in der Epoche der englischen Kolonialherrschaft im 18. und 19. Jahrhundert ist eine Kolonialethik von ähnlicher Größe entstanden. Im Gegenteil, die kolonialethische Fragestellung trat immer mehr in den Hintergrund. In den katholischen moraltheologischen Werken des 19. und 20. Jahrhunderts spielt die Kolonialethik kaum noch eine Rolle, obwohl doch zur selben Zeit der Kolonialimperialismus seinen Höhepunkt erreichte und dann – mit seinem Zusammenbruch – neue und schwere Probleme auftauchten. In den Handbüchern von Arthur Vermeersch S.J.[52], Fritz Tillmann[53], Mausbach-Ermecke[54] und Bernhard Häring[55] werden die kolonialethischen Probleme nicht erwähnt. Um so mehr ist die Leistung der großen spanischen Theologen des Goldenen Zeitalters anzuerkennen. Daß der Aufbruch des christlichen Gewissens damals nicht überhöht worden ist, zeigt die spanische Kolonialgesetzgebung des 16. Jahrhunderts, von der Simpson Lesley Byrd schreibt, er wundere sich, „daß eine Regierung in so beträchtlichem Ausmaß durch Gewissensgründe bestimmt worden ist"[56].

Rückt man die europäische Kolonialherrschaft in das Licht der christlichen Grundsätze[57], wird man beschämt eingestehen müssen, daß der Kolonialismus in seinen wesentlichen Äußerungen nicht vor dem christlichen Gewissen bestehen kann. Gewaltsame Beseitigung der politischen Selbständigkeit, wirtschaftliche Ausbeutung und sonstige Demütigungen waren die Regel, wenn auch manches Gute der kolonialen Ära, z.B. die wirtschaftliche Erschließung der Kolonien und der Aufbau des Schulwesens, nicht übersehen werden darf. Bis in 19. Jahrhundert herrschte die Negersklaverei. Man schätzt, daß im Laufe der Jahrhunderte etwa dreißig Millionen

---

[51] Respuesta del obispo D. Fr. B. de Las Casas al obispo de las Characas, in: Col. de Documentos inéd. rel. al descubrimiento, conquista y organización de las antiguas posesiones españolas de América y Oceania. Tomo 7, p. 368.
[52] Theologie moralis principia, responsa, consilia. Rom, 1928.
[53] Handbuch der katholischen Sittenlehre. Düsseldorf, 1940.
[54] Katholische Moraltheologie. Münster (Westf.), 1954.
[55] Das Gesetz Christi. Moraltheologie, dargestellt für Priester und Laien. Freiburg i.Br., 1954.
[56] „... that a government should be swayed so considerably by reasons of conscirnce" (The Encomienda in New Spain. Forced native Labor in the Spanish Colonies 1492-1550). Berkeley-California USA 1929, p. 150).
[57] Vgl. etwa: J.V. Ducatillon, O.P., Théologie de la Colonisation, in Revue de l'Action populaire, 1955, Nr. 90, pp. 769-785. – R. Martini, O.F.M., Right of Nations to expand by Conquest. Washington, 1956.

Neger nach Amerika geschleppt worden sind, eine furchtbare Zahl, wenn man bedenkt, daß wohl ebensoviele bei den Sklavenjagden und auf den Transportschiffen zugrundegegangen sind.

Drei Folgerungen drängen sich auf:

Erstens: Das Zeitalter des Kolonialismus geht zu Ende. Staaten, die sich bemühen, die Reste ihrer Kolonialherrschaft krampfhaft zu behalten, haben die Zeichen der Zeit nicht verstanden.

Zweitens: Wer die Geschichte des Kolonialismus überblickt, wird es als eine sittliche Pflicht bezeichnen müssen, daß die europäischen Völker den ehemaligen Kolonialvölkern zu Hilfe kommen. Es muß ein uneigennütziges und spürbares Opfer bringendes Helfen sein, nicht jenes „Geben", das durch intelligenten Egoismus die Ethik ersetzen zu können glaubt. Die großen spanischen Theologen des Goldenen Zeitalters haben nachdrücklick auf die Solidarität der ganzen Menschheit hingewiesen. Der ganze Erdkreis, so lehrte Vitoria, ist irgendwie „ein einziges Gemeinwesen"[58] oder, wie Franz Suarez sich ausdrückte, eine Einheit, „die nicht bloß auf die Artgleichheit aller Menschen beruht, sondern gleichsam politischer und moralischer Natur ist"[59]. In theologischer Sicht gibt es nicht nur eine Menschheitssolidarität der Sünde (solidaritas peccati originalis totius generis humani), worüber die Theologen in der Erbsündenlehre Tiefes ausgesagt haben, sondern auch eine Menschheitssolidarität der Liebe (solidaritas charitatis totius generis humani), was bisher nur wenig ausgedeutet worden ist. Je mehr die ganze Menschheit im industriellen Zeitalter eine Einheit wird, desto mehr sind auch die Menschen fremder Rasse und Zivilisation unsere „Nächsten", und desto mehr muß die christliche Liebe über Familie, Verwandtschaft, Nachbarschaft, Dorf, Stadt und Volk hinauswachsen und sich zu der Not niederneigen, unter der Menschen in anderen Erdteilen leiden. Die wirtschaftliche Hilfe für die sogenannten Entwicklungsländer wird in den nächsten Jahren eine wachsende Bedeutung gewinnen.

Drittens: Abendländische Kultur und Zivilisation können nicht als Norm für die ganze Menschheit hingestellt werden. Gewisse Ausprägungen des abendländischen Denkens, z.B. Technik und Industrialismus, sind zwar um die ganze Erde gewandert, wobei freilich nicht übersehen werden darf, daß auch diese Erscheinungen bei den einzelnen Völkern eine jeweils verschiedene Gestalt annehmen. Grundsätzlich sind Eigenwert und Daseinsrecht aller Kulturkreise anzuerkennen. Es wäre töricht, nicht einsehen zu wollen, daß Europa seine führende Stellung und Geltung in der Welt längst verloren hat. Die Schwerpunkte des Weltgeschehens beginnen, sich in andere Kontinente zu verlagern. All diese Entwicklungen und Wandlungen zeigen, daß für die moderne Welt, die durch die technische Revolution zur Einheit geworden ist und sich dieser Einheit bewußt ist, das Gesetz der wechselseitigen Befruchtung der verschiedenen Kulturkreise gelten muß, wenn es nicht zu weltweiten Katastrophen kommen soll. Es ist verständlich, daß die ehemaligen Kolonialvölker vorerst einem übersteigerten Nationalismus huldigen, der dem friedlichen Austausch der Kulturen hinderlich ist. Auch gibt es leider in vielen ehemaligen Kolonialländern

---

[58] „... totus orbis... aliquo modo una respublica": Fr. de Vitoria, Relectio „De Potestate civili", Getino II, p. 207

[59] Fr. Suarez, De Legibus, Lib. II. c. 19.n.9. (Opera, Tom. 5).

nur eine dünne Schicht gebildeter und zur Führung befähigter Menschen. Aber man darf hoffen, daß die Verhältnisse sich im Laufe der Jahre normalisieren, wozu die fortgeschrittenen Industriestaaten erheblich beitragen können, wenn sie nicht nur wirtschaftliche Hilfe gewähren, sondern auch – soweit es gewünscht wird – beim Aufbau des Erziehungs- und Bildungswesens mithelfen.

Auch Kirche und Mission müssen die verschiedenen Kulturkreise in ihrer Eigenart sehen und anerkennen. Wir wissen nicht, wie lange die Kirche noch ihren Weg durch die Geschichte gehen wird. Vielleicht sind es bis zur Wiederkunft des Herrn noch viele Jahrtausende, so daß erst ein kleiner Teil der Kirchengeschichte hinter uns liegt. Die Kirche Christi ist nicht an Kultur und Sprache des Mittelmeerraumes gebunden. Indem die Kirche in den verschiedenen Kulturen Gestalt annimmt, empfängt sie als Braut Christi – „circum-data varietatibus" – neuen Reichtum und Schmuck.

4. Wilhelm Weber

4.1. Selbstverständnis der Katholischen Soziallehre

Was sie kann und was sie nicht kann

Wenn man die Antworten auf die Umfrage, die der „Rheinische Merkur" in den Monaten April bis Juli 1974 zur katholischen Soziallehre unter vielen Fachleuten und Institutionen durchgeführt hat, aufmerksam analysiert, dann möchte man mit Doktor Faustus ausrufen: „Da steh' ich nun, ich armer Tor! Und ich bin so klug als wie zuvor!" (Goethe, Faust, I. Teil).
Es war 1. nach der Bedeutung der katholischen Soziallehre für heute und 2. nach fünf großen Themen gefragt worden, die die katholische Soziallehre heute mit Vorrang zu behandeln habe. Zu beiden Fragen, besonders zur zweiten, liefen die Antworten kreuz und quer durcheinander, auseinander und gegeneinander. Dies könnte zu dem Schluß verleiten, die katholische Soziallehre wisse ja selbst nicht einmal, was sie wolle, sie habe keine Vorstellung von ihrer eigenen Identität.
Nun ist dies eine Entscheidung, die nicht nur viele theologische Einzeldisziplinen, insbesondere die mehr „praktischen", aber auch einige „systematische", berührt, sondern auch nicht-theologische universitäre Wissenschaftsdisziplinen. Was Pastoraltheologie sei und welches ihre Inhalte und Methoden, was Moraltheologie, was Fundamentaltheologie, was Kirchenrecht – all das war vor zehn bis fünfzehn Jahren noch einigermaßen klar zu umschreiben. Was Soziologie, was gar „Sozialwissenschaften" seien, was ihre Ziele und Methoden, das ist ebenfalls nicht mehr unbestritten (Vgl. den Methodenstreit, den Werturteilsstreit, den Positivismusstreit, die Kontroversen zwischen „kritischer Theorie" und „kritischem Rationalismus"). Trotzdem haben viele der genannten theologischen Disziplinen weniger Schwierigkeiten, ihre Existenzberechtigung im Kanon der theologischen Lehrflächer „plausibel" zu machen als die katholische Soziallehre. Das hat mehrere Gründe.
Pastoral ist eben „pastoral" (und daher für die Heranbildung von „Pastoren" keinen besonderen Plausibilitätsnachweis schuldig, was immer im einzelnen unter „Pastoral" subsumiert werden mag); Fundamentaltheologie ist eben „Theologie" (auch wenn sie hie und da gelegentlich zu soziologisch und/oder marxistisch verbrämter Kirchenkritik umfunktioniert wird). Katholische Soziallehre dagegen ist etwas, was theologisch „am Rande" (daher auch oft „Randfach" genannt) liegt. Ihr Geschäft kann, so die Meinung nicht weniger, von den Soziologen, den Wirtschaftswissenschaftlern, den Juristen und – neuerdings – den Pädagogen viel besser besorgt werden. Die verfügen über den entsprechenden „Fachverstand".
Nun ist es kein Zufall, daß der in der letzten Zeit häufiger vernommene Ruf nach der katholischen Soziallehre (Katholikentag Mönchengladbach 1974; Synodenpapier „Kirche und Arbeiterschaft" 1975; verstärkte Publikationstätigkeit der katholischen Verbände gerade auf dem engeren Gebiet der katholischen Soziallehre) gerade jetzt laut wird. Endlich hat sich bis in den letzten Winkel herumgesprochen, daß Soziologie, Wirtschaftswissenschaften, Pädagogik usw. eben doch nicht so „reine" harmlose

Fachwissenschaften sind, als daß man ihnen die Beantwortung all der gesellschaftlichen Fragen unbesehen anvertrauen könnte, auf die auch die katholische Soziallehre, und oft eben ganz anders, zu antworten sucht. Erst das massive Eindringen des Marxismus, teilweise in Verbindung mit passenden theoretischen Versatzstücken aus der Psychoanalyse, in die Rahmenrichtlinien und Lehrpläne für das öffentliche Schulwesen verschiedener Bundesländer haben manchen Verantwortlichen in der Kirche und in den sozialen Verbänden wachgerüttelt. Nachdem aber die katholische Soziallehre seit dem Kriege kirchenoffiziell fast nur noch als „Erinnerungsposten" figuriert hatte und man selbst „linken" Schalmeienklängen gegenüber lange Zeit recht sorglos und unkritisch gewesen war, kann man es dennoch heute nicht selten erleben, daß der Schwarze Peter für die angebliche Unwirksamkeit der katholischen Soziallehre nunmehr deren akademischen Vertretern zugeschoben wird. „Die" katholische Soziallehre habe versagt, keine befriedigenden Lösungen für anstehende Probleme angeboten.

O. v. Nell-Breuning hat in seiner Antwort auf die o. g. Umfrage die eigentlichen Gründe auch für die Schwäche der katholischen Soziallehre beim Wort genannt. „Der Autoritätsverlust, unter dem die Kirche leidet, wirkt sich unvermeidlich auch auf ihre Soziallehre aus" (Rh. M., Nr. 17, v. 26. 4. 1974). Auch wenn die katholische Soziallehre nach wie vor stark naturrechtlich orientiert ist – wäre sie es nicht, so gäbe sie sich selbst auf –, dann ist sie damit automatisch in den Prozeß der bohrenden und zerstörenden Kritik einbezogen, die die Autorität des obersten Lehramtes etwa in der Diskussion um „Humanae vitae" so schmerzlich in Frage gestellt ist, dann ist die katholische Soziallehre – auch innerkirchlich – für ihre Wirksamkeit einzig und allein auf die innere Plausibilität ihrer Argumentation und ihrer Sachaussagen angewiesen. Extra muros, d. h. außerhalb der Kirche, war sie das immer, und das konnte gar nicht anders sein.

Eine inhärente Schwierigkeit der katholischen Soziallehre wird fast gar nicht zur Kenntnis genommen. Hans Maier hat dankenswerterweise darauf aufmerksam gemacht, wenn er schreibt, „daß die Stärke der katholischen Soziallehre immer in der Entfaltung von Komplexität, nie in der Reduzierung auf terribles simplifications (Emanzipation, Friedensforschung, Mitbestimmung etc.) lag. Alles überwölbender Fragehorizont." (Rh. M., ebd.)

Maier vergißt nur hinzuzufügen, daß diese „Stärke" besonders heute zugleich ein schweres Handikap der katholischen Soziallehre ist. In einer Zeit, wo vor allem unsere Bildungsschichten unter immer stärkeren „kognitiven Streß" (G. Schmidtchen) geraten, sind eben dieselben Schichten dankbar für Streß-reduzierende Simplifikationen. Daher die Stärke und Wirksamkeit der vereinfachenden Ideologien und Utopien. In seinem im Auftrage der Deutschen Bischofskonferenz erstellten Forschungsbericht über die Umfragen zur Gemeinsamen Synode der Bistümer in der Bundesrepublik Deutschland „Zwischen Kirche und Gesellschaft" (Freiburg i.Br. 1972) schreibt Prof. Gerhard Schmidtchen: „Sobald im Persönlichkeitssystem kognitiver Streß entsteht, wird es versuchen, ihn möglichst ökonomisch, d. h. zu geringen Kosten zu reduzieren. Das geschieht am rationellsten durch Vereinfachungsideen. Es besteht in Zeiten gesellschaftlicher und kognitiver Reorganisation immer die Gefahr, daß das regressiv geschieht. Zunächst beobachten wir, daß das Subsystem, das die relativ

schwächere Funktion erfüllt, d. h. negativ besetzt wird" (S. 88). – Dasselbe kann man, ohne Einschränkung, auch auf die katholische Soziallehre als „Subsystem" der Kirche übertragen. Die katholische Soziallehre macht es nicht so leicht und zu denselben billigen Preisen wie die vereinfachenden Ideologien und Utopien. Das ist ihre Stärke, aber zugleich auch ihre Schwäche.
Damit sind wir bei einem weiteren Problemkreis. Die einen wollen, daß die katholische Soziallehre möglichst „konkrete" Antworten gibt, nicht im Prinzipiellen bleibt, die anderen warnen davor. Das entspricht ziemlich genau dem Dilemma, das ein evangelischer Sozialpfarrer auf einem repräsentativen Symposium der Evangelischen Akademie Loccum vor einigen Jahren wie folgt formulierte: „Reden wir prinzipiell, so fordert man von uns: werdet konkreter – werden wir konkreter, so schilt man uns: werdet nicht so politisch!"
So fordert der Bund der Deutschen Katholischen Jugend (BDKJ) „überzeugende Sachvorschläge zur Lösung offener Fragen" und beklagt, daß die katholische Soziallehre keine hinreichende Bereitschaft zeige, „konkret sich stellende gesellschaftspolitische Fragen... anzugehen" (Rh. M., Nr. 19 v. 10. 5. 1974). Alfons Müller, Vorsitzender der Katholischen Arbeitnehmer-Bewegung (KAB), schreibt: „Der Bedarf an Antworten ist groß. Leider vermag die katholische Soziallehre in diesen Fragen nur ansatzweise und prinzipiell zu antworten... (Sie muß) Lösungen für Probleme unserer Zeit finden" (Rh. M., Nr. 20 v. 17. 5. 1974). – Demgegenüber kritisiert ein „outsider", Hans Martin Schleyer (damals Präsident der Bundesvereinigung der deutschen Arbeitgeberverbände, BDA), „eine gewisse Hinfälligkeit zum mehr tagespolitischen Bezug". Er sieht die Bedeutung der katholischen Soziallehre nicht zuletzt abhängen von „der Behutsamkeit, mit der sie sich aus den tagespolitischen Auseinandersetzungen heraushält" (Rh. M., ebd.).
Unabhängig von dem jeweiligen Interesse, von dem solche unterschiedlichen Erwartungen an die katholische Soziallehre gesteuert sein mögen, dürfte es selbst den nur oberflächlich mit der Situation der katholischen Soziallehre Vertrauten klar sein, daß ihre Möglichkeiten, für „konkrete" Probleme „überzeugende Sachvorschläge" (BDKJ) zu machen, äußerst begrenzt sind, abgesehen von der kaum zu lösenden Frage, wer denn eine Prioritätenliste solcher Probleme mit dem Anspruch auf Allgemeingültigkeit erstellen will.
Gerade die Frage nach den „fünf Themen", die nach Ansicht der Befragten heute mit Vorrang behandelt werden sollen, hat Antworten erbracht, die erhebliche Zweifel daran aufkommen lassen, ob man sich auf eine solche Prioriätenliste würde einigen können.
Ich habe anhand einer Check-Liste zwischen sechzig bis siebzig gegeneinander abgegrenzte Fragenkomplexe aus den Antworten von 23 Personen bzw. Institutionen herausfiltern können. Von sehr prinzipiellen Themen wie Grundwerte/Grundrechte, Auseinandersetzung mit dem Marxismus, Ideologiekritik usw. reicht die Liste über Jahrhundertthemen wie Friedensforschung, Umweltschutz, Europa usw. bis hin zum Problem der „ärztlichen Versorgung auf dem Lande". Das zeigt aber, wie unterschiedlich die Erwartungshorizonte der Befragten gegenüber der katholischen Soziallehre sind und folglich, daß es notwendigerweise ebenso viele Frustationen geben muß wie unerfüllte und unerfüllbare Wünsche.

Unrealistisch ist die Erwartung, die katholische Soziallehre könnte oder sollte letzte und – bei allen ihren Vertretern – bis ins Detail übereinstimmende Antworten auf alle wichtigen konkreten Fragen der Gesellschaft geben, etwa zur Mitbestimmung, zur Vermögensbildung, zur Familienpolitik, zur Friedens- und Entwicklungsproblematik. Wie völlig realitätsfern eine solche Erwartung ist, ergibt sich einmal daraus, daß man dann – was anderes sollte denn „konkret" wohl bedeuten? – der katholischen Soziallehre zumuten müßte, die Lösung all dieser Fragen bis nahe an die gesetzgeberische Konkretion heranzutreiben, was eine unglaubliche Präpotenz beinhalten würde. Man müßte nämlich dann der Handvoll Vertreter dieser Soziallehre in der Bundesrepublik Deutschland Aufgaben und Aufträge zumuten, an deren Lösung vergleichsweise Dutzende, ja Hunderte von wissenschaftlichen Fachleuten, Institutionen und Beiräten oft jahrelang brüten, ohne oftmals über mehr oder weniger torsohafte Vorschläge und Kompromisse hinaus zu gelangen.

Außerdem erklären sich jene, die von der katholischen Soziallehre konkrete Antworten erwarten, fast nie zu der Frage, was sie denn unter konkret überhaupt verstehen. Nach meiner Meinung kann sich die katholische Soziallehre ihre Themen nicht beliebig aussuchen, weil dieser oder jener dieses oder jenes von ihr erwartet. Ich halte es darüber hinaus für eine Kraft- und Zeitvergeudung, wenn man von den wenigen Fachvertretern konkrete Lösungen erwartet, darunter jedoch nicht mehr als technischpragmatische Vorschläge versteht, die fast unmittelbar gesetzgeberisch „verwertbar" sind (z. B. ein gesetzgebungsfreies Modell zur Mitbestimmung, zur Vermögensbildung, zum Gesellschaftsrecht usw.). Damit würde sich die katholische Soziallehre bald selbst ihr Grab schaufeln.

Ich bin ferner der Meinung, daß je nach Zeit und Umständen das Grundsätzlichste auch zugleich das Konkreteste sein kann. Die philosophisch-theologische Fundierung des christlichen Menschenbildes (Personbegriff), die zeitgemäße Reflexion und konjekturale Plazierung der Sozialprinzipien der Subsidiarität und Solidarität in die wichtigsten Gesellschaftsbereiche hinein (Schul- und Bildungswesen, staatliche und freigesellschaftliche Träger sozialer Dienstleistungen usw.), die Reflexion des Freiheitsbegriffes („Emanzipation") und des Spannungsverhältnisses von Freiheit und Gleichheit, die Diskussion um die „Demokratisierung aller Lebensbereiche" und deren Grenzen, um nur die wichtigsten Problemkreise zu nennen, mögen zwar für ein vordergründiges Verständnis nicht konkret genug sein. Die Antworten, die hier gefunden und gegeben werden, sind aber für den Bereich der „konkreten Problemlösungen" (Politik) dennoch von fundamentaler und existentieller Bedeutung. Insofern sind sie, in einer Zeit massiver Re-Ideologisierung, das Konkreteste, was die katholische Soziallehre zu leisten hat. Gschaftlhuberei in allen möglichen „konkreten" Bereichen erzeugt und erweist nur frühzeitig Inkompetenz und lenkt von den eigentlichen Aufgaben ab.

Erfreulicherweise sind die eben genannten grundsätzlichern Themenkreise von vielen Beantwortern der Umfrage als besonders dringlich eingestuft worden. Und in der Tat wird die katholische Soziallehre hier auch in der Zukunft ihr Hauptaufgabenfeld zu sehen haben. In Bereichen weiter vorgetriebener Konkretisierungen haben gefälligst die katholisch-sozialen Verbände ihr Hauptbetätigungsfeld zu sehen und nicht immer wie das Kind nach der Mutter nach „der" katholischen Soziallehre zu schreien, die sie angeblich im Stich läßt.

4.2. Kirche und Industriegesellschaft

„Kirche und Industriegesellschaft" als Thema könnte die Vermutung nahelegen, wie wenn Wechselwirkungen unmittelbar und kurzgeschlossen zwischen den „Subjekten" Kirche und Industriegesellschaft bzw. zwischen Kirche und Industrialisierungsprozeß bestünden und diese (meist als negativ angesehenen) Wechselwirkungen die Hauptsorge der Kirche und ihrer Verkündigung darstellen müßten. Dies würde in der Konsequenz darauf hinauslaufen, daß man ein einzelnes Element der modernen Geschichte, eben die Industrialisierung, isoliert und für (negative) Auswirkungen in der Kirche und Gesellschaft verantwortlich macht.

Daß eine solche Isolierung unzulässig ist, ergibt sich schon daraus, daß andere Deutungsversuche der Wechselwirkung zwischen Kirche und Gesellschaft nicht auf die Industrialisierung, sondern etwa auf die Urbanisierung, die zunehmende Verstädterung, abheben und wieder andere auf die strukturelle Trennung früher untereinander und miteinander verbundener Sektoren des Lebens, etwa der Wohnungs- und Arbeitswelt. Auch bei diesen Deutungsversuchen haben wir es mir der Isolierung einzelner Prozeßelemente moderner Gesellschaften zu tun, die leicht als pars pro toto für die Erklärung des (allgemein als negativ empfundenen) Verhältnisses von Kirche und Gesellschaft genommen werden.

In Wirklichkeit sind ja die Urbanisierung und die strukturelle bzw. funktionale Trennung bisher identischer Lebensbereiche, Wohnung und Arbeitsplatz (Familie), einerseits Konsequenz und andererseits Voraussetzung für bestimmte Formen der Industrialisierung, z. B. der Schaffung industrieller Großaggregate (Kombinate), gewesen. So ergibt sich, daß Industrialisierung (und folglich „Industriegesellschaft" als ihr Ergebnis) nach Joachim Matthes „selbst bereits eine zusammenfassende Bezeichnung für einen höchst komplexen sozialen Prozeß (ist), an dem zahlreiche Faktoren recht unterschiedlicher Herkunft und Wirkung beteiligt sind. Ebensowenig wie es genügt, die sozialen Gegenwartsprobleme selbst mit dem Verweis auf den Prozeß der Industrialisierung für hinreichend begründet und erklärt zu halten, kann es auch zufriedenstellen, die Problematik der Stellung von Kirche und Christentum in der modernen Gesellschaft mit einer Parallelisierung oder gar kausalen Verknüpfung der als 'Industrialisierung' und 'Entkirchlichung' bezeichneten Prozesse zu umreißen"[1]. „Industriegesellschaft" ist also eigentlich nicht viel mehr als eine Chiffre für einen höchst komplexen Gegenstand, der sich in seinem Entstehen den vielfältigsten geistigen, politischen und wirtschaftlichen Antriebskräften verdankt und den wir „moderne Gesellschaft" nennen. Diese unterschiedlichen Antriebskräfte haben nicht nur die moderne Gesellschaft hervorgebracht, sondern damit zugleich auch die Kirche, die – nolenz volens – immer ein integrierender Bestandteil der Gesellschaft ist, tiefgreifend beeinflußt. Das heißt, die „Leiden" der Kirche heute, aber auch ihre Chancen, sind nicht primär erst durch die moderne Gesellschaft verursacht, sondern – soweit wirkliche Leiden vorliegen – sind Kirche und Gesellschaft mehr oder weniger gleichermaßen von ihnen betroffen. Die gemeinsame Betroffenheit beider zeigt sich, um nur ein Beispiel zu nennen, darin, daß dieselben Probleme, die heute mehr oder weniger kritisch in der Gesellschaft diskutiert werden – „Demokratisierung",

---

[1] Joachim Matthes, Die Emigration der Kirche aus der Gesellschaft, Hamburg 1964, 34.

„Mitbestimmung", Verlust gemeinsamer sittlicher Grundwerte in der Gesellschaft, Verlust gemeinsamer Glaubensüberzeugungen in der Kirche, sog. „Berufsverbote" für den öffentlichen Dienst, sog. „Berufsverbote" für den kirchlichen Dienst usw. –, auch die innerkirchliche Diskussion beherrschen.

Die zahlreichen „Leiden" unserer Gesellschaft scheinen bereits in den unterschiedlichsten kategorialen Bezeichnungen auf, mit denen versucht wird, sie in den Griff zu bekommen. Da die Rede von „Vertragsgesellschaft" (= Gesellschaft des „bürgerlichen Subjekts"), „arbeitsteiliger Industriegesellschaft", „rollendifferenzierter Gesellschaft" (aus dem „bürgerlichen Subjekt" wird ein „Rollenbündel"), „segmentierter Gesellschaft" (die Gesellschaft ist in lauter unverbundene „Sinnprovinzen" zerfallen), „anomischer Gesellschaft", „pluralistischer Gesellschaft", „demokratischer Gesellschaft", „repressiver Gesellschaft", „Klassengesellschaft", „Schichtengesellschaft" usw. Da wird geklagt über die „Krise des bürgerlichen Subjekt", über die Dominanz der „instrumentellen Vernunft" (Habermas), über die (technisch-wirtschaftlich geprägte) „Eindimensionalität" des Menschen (Marcuse), über das Auseinanderfallen von „self and role" usw.

Mit einem älteren Begriff – von Hegel geprägt, von Marx übernommen und umgeformt – könnte man alle diesen „Leiden" der Gesellschaft und des in ihr lebenden Menschen unter die Chiffre der „Entfremdung" bringen. Der Mensch wird durch gesellschaftliche Zwänge in Existenzweisen „außer sich selbst" gedrängt. Das ist ja wohl das Wesen der Entfremdung. – Die zahlreichen „Leiden" der Kirche und der Gesellschaft sind also die Leiden des modernen Menschen, sie haben ihre Wurzeln in dem vielschichtigen Prozeß, der die moderne Gesellschaft heraufgeführt hat.

Die mehr zufällige Aufzählung von z. T. total verschiedenen kategorialen Bezeichnungen zur analytisch-diakritischen Erfassung der unsere Gesellschaft prägenden Struktur- und Prozeßelemente ist ein deutliches Indiz dafür, daß diese unsere Gesellschaft nicht mehr „auf den Begriff zu bringen" ist. Die Komplexität des Gegenstandes und die Vielfalt seiner Bauelemte sperren sich gegen jegliche simplifizierende Kategorisierung. Daher steht von vornherein zu vermuten, daß allzu griffige und glatte Vokabeln wie „Klassengesellschaft", „kapitalistische Gesellschaft", aber auch „Industriegesellschaft" und dgl. eher jenen von Alexis de Tocqueville so genannten fausses idées claires zuzurechnen sind, die deswegen, weil sie wegen ihrer simplifizierenden Funktion vielen so unschwer plausibel zu machen sind, besonders gern aufgegriffen werden und leicht schlimme Rauschzustände in der gesellschaftlichen Diskussion auszulösen geeignet sind.

Der Prozeß, der die moderne Gesellschaft, wie wir sie kennen und am eigenen Leibe erleben, heraufgeführt hat, kann als Prozeß einer geistigen, politischen und wirtschaftlichen Differenzierung der altabendländischen Gesellschaft charakterisiert werden. Das Ergebnis dieser Differenzierung ist unsere hoch differenzierte moderne Gesellschaft mit den „Leiden", über die wir soeben sprachen.

Was war aber der Ausgangspunkt dieses Prozesses? Irgendwo mußte ja der Prozeß seinen Ausgang nehmen.

Der Ausgangspunkt ist die europäische Gesellschaft des „Orbis christianus" des Hohen Mittelalters, der „Christliche Erdkreis", in dem kirchliche und obrigkeitliche („staatliche") Gewalt, wenn auch funktional und personell (Papst und Kaiser/König) weitgehend getrennt, so doch in den wesentlichen religiös-geistigen Grundlagen in einer gewissen Symbiose lebten.

Die sogenannte altabendländische oder „alteuropäische" (N. Lohmann) Gesellschaft stellt sich in ihrem strukturellen Aufbau als ein „heiliger Kosmos" dar, der von einer „heiligen Herrschaft" (= Hierarchie) von oben nach unten durchwaltet wird. Der einzelne wird in diesem Kosmos nicht als selbständiges Individuum aufgefaßt, sondern ist integrierendes und integriertes Moment eines gesellschaftlich homogenen Ganzen, das sich in konzentrischen Kreisen (über Familie, Großfamilie, Feudalverband, „Stand") bis hin zur Kirche und zur weltlichen Obrigkeit (Papst und Kaiser) aufbaut. Da bezüglich dessen, was zu glauben und zu tun war, das geistliche und moralische Interpretationsmonopol der Kirche – trotz gelegentlicher heftiger Zusammenstöße zwischen Sacerdotium und Imperium – nicht grundsätzlich angeweifelt wurde, besaß diese Gesellschaft ein hohes Maß an innerer Kohäsion und geistiger Identität. Geistige und moralische Identitätskrisen spielten eine untergeordnete Rolle; wo sie auftraten, wurden sie als Häresie oder Unglaube identifiziert und ins gesellschaftliche Abseits verwiesen, notfalls mit Gewalt (siehe Kirche und Judenheit).

Die Idee vom Orbis christianus mit Papst und Kaiser an der Spitze der gesellschaftlichen Pyramide deckte im Hohen Mittelalter weitgehend die bekannte geographische und gesellschaftliche Wirklichkeit ab. Die „Ungläubigen" am geographischen Rande oder im gesellschaftlichen Getto der Christenheit – im wesentlichen Mohammedaner und Juden – waren demgegenüber eher eine quantité négligeable, die das Gesamtbild nicht stark beeinträchtigte.

Bereits seit dem Hohen Mittelalter, dem 13. Jahrhundert, setzen aber, immer deutlicher identifizierbar, zahlreiche und verschiedenartige Prozesse ein, die die Geschlossenheit und Homogenität des Orbis christianus in Frage stellen:

– im geistigen Bereich wird die Loslösung des Naturrechtsdenkens, eines der wichtigsten Interpretamente der kirchlichen Weltdeutung, durch die Formel „Auch wenn es keinen Gott gäbe" (gäbe es ein zu respektierendes Naturrecht), von seiner theonomen Basis vorbereitet. Dies wird später konsequent im Deismus zunächst und dann im reinen Rationalismus enden;

– im politischen Bereich kündigte sich in den erbitterten Auseinandersetzungen zwischen Philipp dem Schönen von Frankreich und Papst Bonifaz VIII. (1294-1303) um die Wende vom 13. zum 14. Jahrhundert als Zeitalter der Nationalstaaten gegen die imperiale Reichsidee des Orbis christianus an;

– im wirtschaftlichen Bereich höhlte die Dynamik des „Frühkapitalismus" in der Form des Handels- und Bankenkapitalismus (durch die Kreuzzüge mit angestoßen) die herrschende Idee einer „gottwohlgefälligen", d. h. „auf standesgemäßen Unterhalt" und damit auf Unveränderlichkeit abzielende ständische Gesellschafts- und Wirtschaftsordnung nach und nach auf;

– die Reformation schließlich zerbrach das geistige und moralische Interpretationsmonopol der katholischen Kirche. Johannes Gutenberg hatte mit der Erfindung der Buchdruckerkusnt die technischen Voraussetzungen für eine rasche Verbreitung des reformatorischen Gedankenguts (z. B. in der Form der so beliebten und wirksamen Flugschriften) geschaffen. Gutenberg hatte – das wissen wir heute erst richtig – mit seiner Erfindung die allmähliche Herausbildung einer „öffentlichen Meinung" überhaupt erst ermöglicht, die sich auf die Dauer jeder zentralen Kontrolle und Zensur entziehen mußte;

– gegen das Wissenschafts- und Interpretationsmonopol der Kirche setzte der Oxforder Jurist Alberico Gentili 1611 den Satz: „Silete, Theologie, in munere alieno!" „Theologen, haltet den Mund in Dingen, die euch nichts angehen!"

So waren es geistige, politische, wirtschaftliche, auch weltpolitische (Entdeckung Amerikas), technische (Buchdruckerkunst) und innerkirchliche (Reformation) Faktoren und Ereignisse, die sich zu einem Syndrom verbanden und den Orbis christianus von innen wie von außen her auflösten, seine zentralgesteuerte Homogenität immer mehr in Frage stellen und die Segmentierung der Gesellschaft in verschiedene Sinn- und Funktionsprovinzen vorbereiten halfen.

Die alte Legitimationsstruktur „von oben nach unten" konnte unter diesen Umständen je länger je weniger funktionieren. Anstelle der vertikalen Konzeption trat die horizontale, die von Gedanken des Vertrages ausging. In einem Quasi-Vertrag („Contrat social") schließen sich die gleichen und autonomen Individuen untereinander zum Staat zusammen und bilden als Staatsvolk das ausschließliche Subjekt der Souveränität („Alle Gewalt geht vom Volke aus"). Der aktuelle Inhaber der Gewalt (Kaiser, König, Präsident oder wie immer er sich nennen mag) verdankt seine Beauftragung und Legitimation nicht mehr Gott („Von Gottes Gnaden"), sondern nur noch dem Volke („Von Volkes Gnaden").

Die zusammenfassende philosophische Begründung der neuzeitlichen Gesellschaft lieferte die Staatsphilosophie der Aufklärung, die mit ihrer Behauptung (J.J. Rousseau), der Mensch werde „frei und gleich geboren, und doch liege er in Ketten" (nämlich in den Ketten der feudalen Privilegiengesellschaft), das Selbstverständnis des „bürgerlichen Subjekts" formulierte. Und die Französische Revolution war es, die dieses Selbstverständnis im jeweils ersten Artikel ihrer Verfassungen in den Rang eines Verfassungsgrundsatzes erhob und auf seiner Basis Politik zu machen versuchte.

Bevor den ideologischen Entwicklungen und den politischen Konsequenzen weiter nachzugehen ist, wollen wir zunächst noch kurz bei der Frage verweilen, wie sowohl die aufklärerische Idee des autonomen bürgerlichen Subjekts als auch die gesellschaftlichen Konsequenzen der Französischen Revolution zur weiteren Differenzierung bzw. Desorganisation der alteuropäischen Gesellschaft beigetragen und sie teilweise bis zum Exzeß geführt haben.

Die Auflösung der feudalen Privilegiengesellschaft (durch Einführung der Gewerbefreiheit, Bauernbefreiung, unbegrenzte Dispositionsfreiheit über privates Produktiveigentum, die ethische Rechtfertigung des Eigennutzprinzips durch Adam Smith usw.) führte – schlagwortartig und verkürzt zusammengefaßt – nach und nach zu folgenden gesellschaftlichen Veränderungen:

– Trennung von „Kapital und Arbeit";

– Trennung von Wohnung (Familie) und Arbeitsplatz;

- Herausbildung einer mehr oder weniger ausgeprägten „Klassengesellschaft";

- Arbeitsteilung und Arbeitszerlegung: Entwicklung vom „Handwerk" zum „Handgriff"; Beruf wird zum Job, die Arbeitswelt für immer mehr Menschen sinnentleert;

- Auseinanderfallen der Pesönlichkeitsstruktur in ein „Rollenbündel";

- Segmentierung der Gesellschaft in unterschiedliche, voneinander getrennte und z. T. unabhängige Funktions- und Sinnprovinzen: Politik, Wirtschaft, Recht, Kultur, Religion usw.;

- Zerfall der einstmals homogenen Gesellschaft in Interessen- und Pressure-Groups.

Die Folge ist, daß der einzelne nicht mehr seinen persönlichen „Stand" in einer überschaubaren, für ihn in ihrer Sinnhaftigkeit nachvollziehbaren und von der Kirche autoritativ interpretierten Ordnung hat, sondern daß er sich in den Schnittpunkt von verschiedenen mehr oder weniger unabhängigen Funktions- und Sinnzusammenhängen „gehängt" sieht, deren Zusammenspiel ihm immer uneinsichtiger wird. „Verlust der Mitte", „Depersonalisation", Verflüchtigung des Subjekts", „Krise der Individualität", „organisierte Unsicherheit", „Anomie", „Entfremdung", „Auseinanderfallen von „self and role" usw. sind nur einige der Schlagworte, mit denen die Situation des modernen Menschen zu kennzeichnen versucht wird.

Dies ist die Situation, in der die Soziologen auf den Plan treten und das Problem der gesellschaftlichen Differenzierung und Kohäsion zu reflektieren versuchen. Soziologie erweist sich anstelle der bisherigen Sozialphilosophie und der aufklärenden Staatslehre als die Sozialpathologie der zerrissenen modernen Gesellschaft.

Nach Karl Marx, dessen Klassendiagnose der Gesellschaft – zu grob und zu holzschnittartig – die neueren gesellschaftlichen Entwicklungen nur sehr bedingt erfassen konnte, waren es u.a. Georg Simmel († 1918) und vor allem der Fanzose Emile Durkheim († 1917), die sich Gedanken über die Desorganisation der Gesellschaft machten und auch darüber, wie wieder eine Sinnmitte gefunden werden könnte, um den totalen Zerfall der Gesellschaft hintanzuhalten.

In seiner berühmten Studie über den „Selbstmord" (Studie) aus dem Jahre 1897 sucht Durkheim zu zeigen, wie die Arbeitsteilung und Funktionalisierung der Gesellschaft unter Ausschaltung moralischer Autorität zu einem Verlust des gemeinschaftlichen Bewußtseins (conscience collective) und schließlich zur totalen Regellosigkeit, zur Anomie, führt. In einer solchen Gesellschaft, die ihre eigene Identität immer mehr verliert, verliert konsequent auch das Individuum seine Identität und gerät somit in seinen Handlungen unter einen starken Entscheidungsstreß, der daraus resultiert, daß keine anerkannten und allgemein sanktionierten Normen mehr vorhanden sind, die den Entscheidungsstreß durch Routinierung des Verhaltens reduzieren könnten.

Immer mehr Menschen halten diesen Straße nicht mehr durch und zerbrechen daran, im äußersten Fall durch Selbstvernichtung. Durheim hat in der genannten Monographie unter den verschiedenen Ursachen und Arten von Selbstmord auch den Typ des „anomischen Selbstmordes" herausgearbeitet.

Durkheim sieht eine Remedur nur in der Wiederherstellung eines neuen Kollektivbewußtseins auf der Basis menschlicher Solidarität, die nur in und durch die Gesellschaft erfolgen kann. „Die Gesellschaft entzieht sich daher nicht, wie man oft geglaubt hat, der Moral oder übt nur zweitrangige Rückwirkungen auf sie aus, sondern ist im Gegenteil ihre notwendige Bedingung. Sie ist nicht eine einfache Aneinanderreihung von Individuen, die mit ihrem Eintritt eine ihnen eigene Moralität einbringen, sondern der Mensch ist nur ein moralisches Wesen, weil er in Gesellschaft lebt, da ja die Moralität in der Solidarität einer Gruppe besteht und mit dieser Solidarität variiert"[2].

Auch darüber, wie die Remedur der Gesellschaft und ihrer pathologischen Anomie auszusehen hat, läßt Durkheim keinen Zweifel: „Eine Verhaltensregel, deren moralischer Charakter unbestritten ist, befiehlt uns, in uns die wesentlichen Züge des kollektiven Typs zu verwirklichen. Gerade bei den primitiven Völkern erreicht sie in Höchstmaß an Strenge. Dort ist es erste Pflicht, jedermann ähnlich zu sein, weder in Glaubensdingen, noch in praktischen Dingen irgendwie persönlich zu werden"... (In letzter Konsequenz) „wäre der Mensch, den die Regel uns vorschreibt, zweifellos der Mensch ganz generell und nicht der Mensch dieser oder jener sozialen Artung"[3]. Die letzten Sätze lassen eindeutig erkennen, daß Durkheim in starker Opposition zum liberal-individualistischen Denken steht und nicht den – auch von Marx bekämpften – Bourgeois des liberalen Besitzindividualismus, sondern den Citoyen des Kosmopolitismus, der allgemeinen Menschenverbrüderung vor Augen hat. Wird aber hier nicht der „Teufel der Anomie" durch den „Beelzebub der Diktatur" ausgetrieben? Denn es ist ja doch die böse „List der Idee", daß der freie und vor allem mit seinesgleichen gleiche Citoyen (das ist doch der oben zitierte „Mensch ganz generell") ein solcher nur durch das dominierende Super-Ego einer starken Gesellschaft werden kann, die allein – durch eine Art von „Anpassungsdiktatur" (Marcuse) – kollektives kontra partikuläres, anomisch widersprüchliches Bewußtsein zu garantieren in der Lage wäre. Und so sind ja wohl auch Durkheims folgende Sätze zu verstehen: „Es ist ein langgehegter Menschheitstraum, das Ideal der menschlichen Brüderschaft endlich praktisch verwirklichen zu können... Es kann jedoch nur befriedigt werden, wenn alle Menschen eine gleiche, den gleichen Gesetzen unterworfene Gesellschaft bilden... Die einzige Macht, die den individuellen Egoismus zu zähmen vermag, ist die Gruppe, die einzige, die den Gruppenegoismus zu zähmen vermag, ist die einer anderen Gruppe, die sie alle umfaßt"[4].

Durkheim reflektiert hier, das dürfte deutlich geworden sein, das Problem der gesellschaftlichen Desorganisation und Kohäsion, von anomischer Beliebigkeit und gesellschaftlicher Normativität, von Freiheit und Gleichheit, womit wir in der Grundthematik der menschlichen Gesellschaft seit der Aufklärung und der Französischen Revolution stehen.

Was hat denn nun die Kirche in diesem ganzen Entwicklungsprozeß zu tun? Kann sie die „Leiden" der Gesellschaft, die ja auch sie selbst in „Mitleidenschaft" gezogen

---

[2] Nach C. Wright Mills, Klassik der Soziologie. Eine polemische Auslese, Frankfurt/Main 1960, Emile Durkheim: Über die Anomie, 394-436; hier 427.
[3] Ebenda, 425 f.
[4] Ebenda, 432.

haben, mildern? Die Mitleidenschaft hat Pius XI. in „Quadragesimo anno" in folgende Worte gekleidet: „Nun können aber die gesellschaftlichen und wirtschaftlichen Verhältnisse der Gegenwart ohne Übertreibung als derartig bezeichnet werden, daß sie einer ungeheuer großen Zahl von Menschen es außerordentlich schwer machen, das eine Notwendige, ihr ewiges Heil, zu wirken"[5].
Die Möglichkeiten der Kirche sind – nach Ort und Zeit unterschiedlich – im ganzen begrenzt. Sie kann, in starker Konkurrenz mit den Trägern der öffentlichen Meinung, im wesentlichen nur über ihre Verkündigung wirken. Diese muß aufgeschlossen sein für die „Leiden" der Gesellschaft heute oder, genauer ausgedrückt, die Leiden der Menschen innerhalb dieser Gesellschaft, denn das sind ja auch die Leiden der Kirche. Nicht ohne Grund beginnt die „Pastoralkonstitution über die Kirche in der Welt von heute" mit den Worten: „Freude und Hoffnung, Trauer und Angst der Menschen von heute, besonders der Armen und Bedrängten aller Art, sind auch Freude und Hoffnung, Trauer und Angst der Jünger Christi"[6].
Die Kirche muß über ihre Verkündigung versuchen, Orientierungen zu geben, mit deren Hilfe Entfremdungsprozesse – denn unter diese Chiffre sind ja wohl viele Leiden zu subsumieren –, wenn auch nicht ganz aufgehoben, so doch gemildert werden können. Die „ärgerliche Tatsache Gesellschaft" (R. Dahrendorf) und ein – vielleicht sogar noch wachsendes – gewisses Maß an Fremdbestimmung wird sich niemals ganz beseitigen lassen. Für dieses nicht mehr vermeidbare „Leid" des Menschen, das einfach Ausdruck seiner conditio humana ist, müßte die Kirche Verständnis wecken.
Es ist noch keine Marotte von mir – vielleicht wird sie das bald oder werden andere das bei mir so einzuschätzen beginnen –, wenn ich glaube, einige plausible Gründe dafür ins Feld führen zu können, daß eine Heilung des Menschen von vielen seiner gesellschaftlich induzierten Leiden in Zukunft entweder durch eine Stärkung der Selbstheilungskräfte der Familie erfolgen muß, oder daß sie – ohne eine solche Stärkung – fehlschlagen wird.
Die Familie scheint mir einerseits die am meisten blessierte und auf der Strecke gebliebene Institution im Entwicklungsprozeß zur modernen Gesellschaft zu sein; andererseits halte ich dafür, daß ohne ihre Refunktionalisierung und Revitalisierung auch der Mensch, die Person, immer stärker auf der Strecke bleiben wird.
Ein mehr indirekter Beweis für die enorme Bedeutung der Familie für die Gesamtgesellschaft scheint mir darin zu liegen, daß einige Gesellschaften deshalb (noch) halbwegs passabel funktionieren, weil und soweit die Familien in diesen Gesellschaften noch funktionieren. So kann sich m.E. die Sowjetunion – dasselbe gilt mutatis mutandis für Polen, Rumänien und Ungarn – den unbegreiflichen Luxus eines aller Welt bekannten höchst ineffizienten sozialistischen Gesamtsystems weitgehend nur deshalb ohne noch größere Schäden zu leisten, weil die traditionelle russische Familie – die mehr ist als unsere reduzierte Kernfamilie – noch über sehr viele Selbstheilungskräfte verfügt, die unsere Schrumpffamilie längst eingebüßt hat. Die fragwürdige Figur der teilweise zu Recht gelästerten „Oma auf Krankenschein", die unser immer mehr der Perfektion zustrebendes sog. „Netz der sozialen Sicherheit" erfunden hat und – wie die Dinge sich bei uns nun einmal (fehl)entwickelt haben

---

[5] Enzyklika Quadragesimo anno, Nr. 130.
[6] Pastoralkonstitution über die Kirche in der Welt von heute, Nr. 1.

– fast erfinden mußte, würde in der Sowjetunion und in Polen wahrscheinlich ein homerisches Gelächter hervorrufen.

Unter anderen Vorzeichen gilt das Gesamte m.E. auch für Länder wie Italien, Spanien, Portugal und manche Entwicklungsländer. Italien müßte nach allen Erfahrungen längst als staatliche Gesellschaft zugrundegegangen sein, wenn nicht die Selbstheilungskräfte der traditionellen italienischen Familie des endgültigen Zusammenbruch bisher hintangehalten hätten. Aus dem Munde eines Italieners der noch weniger industrialisierten Regionen kann man durchaus noch Worte hören wie diese: „Bei uns kann durchaus mal jemand längere Zeit in der Familie arbeitslos sein, wenn nur einer oder zwei einer halbwegs geregelten Arbeit nachgehen können. Für einen Teller Spaghetti für alle reicht's dann allemal."

Aus solchen Worten ist noch das Funktionieren der bedeutendsten Solidargruppe der menschlichen Gesellschaft herauszuhören, nämlich der Familie.

Aber es gibt in den genannten Ländern auch bereits seit längerem deutliche Verfallserscheinungen der Familie als Solidargemeinschaft. Die mehrheitliche Forderung der Italiener nach Erleichterung der Ehescheidung und der Abtreibung ist nicht der Grund dieses Verfalls, sondern nur sein deutlichstes Symptom. Interessant ist allerdings die Beobachtung, daß fast im totalen Gleichschritt mit diesem Verfall der marxistische Sozialismus vordringt. Und er verbindet sich nicht primär mit Armut, sondern mit gewachsenen Durchschnittseinkommen im Zuge der Industrialisierung. Nicht die ärmsten, sondern die wirtschaftlich und einkommensmäßig fortgeschrittenen Regionen Italiens sind „rot".

So leben in dem „reichen Dreieck" Italiens zwischen den Städten Mailand, Turin und Genua zwar nur 4-5 Prozent der italienischen Bevölkerung, aber sie erwirtschafteten bereits vor einigen Jahren 12 Prozent des italienischen Sozialprodukts und erzielten die höchsten Löhne. Diese Regionen waren, abgesehen von der traditionell „roten" Emilia-Romagna, als erste mehrheitlich marxistisch. Und seitdem dringt der Marxismus mit fortschreitender Industrialisierung wie ein Polyp über die apenninische Halbinsel nach Süden vor. Die vorerst letzte Region, die eine mehrheitlich linke und das heißt in Italien marxistische Administration erhielt, war im Januar 1976 die Region Latium, in der Rom liegt. In den Regionen, die noch stärker traditionelle bäuerliche und kleingewerbliche Strukturen aufweisen, wird der Widerstand – vielleicht mit der einzigen Ausnahme von Südtirol – zunehmend schwächer.

Was geht hier eigentlich vor sich?

In den inzwischen mehrheitlich marxistisch beherrschten Regionen Italiens – für die großen Industriezentren ist das für jedermann augenfällig, aber es gilt zunehmend auch für die in den Sog der Industrialisierung geratenden Regionen – wird die geschrumpfte Kernfamilie immer mehr zur Regel gegenüber erweiterten Familienmodellen in ehemals oder noch traditionell geprägten Regionen. Schon allein der Wohnungsbau in den Trabantenstädten der Industrieregionen – man achte darauf, wenn man, von der Schweiz mit dem Auto anreisend, nach Mailand oder, weiterfahrend, den nördlichsten Bezirken Genuas nähert – mit genormten Kleinwohnungen scheinen die Kernfamilie auch in den südlichen Ländern immer mehr zum unausweichlichen Schicksal werden zu lassen. Und diese armseligen Familien, auch wenn der Vater vielleicht nicht schlecht verdient, werden nur allzu leicht eine Beute der

Marxisten, weil diese ihnen eine gesellschaftliche Kompensation für das bieten, was sie im privaten, familiären Raum entbehren müssen.
Seit alters herrschte die auch von der sozialen Realität gestützte Überzeugung, daß die Familie das dominierende Element der gesamten Sozialstruktur sei. Philosophen und Gesellschaftsanalytiker haben gesagt, „die Charakteristika einer bestimmten Gesellschaft seien beschreibbar, wenn man die in ihr vorfindbaren familiären Beziehungen darstelle"[7]. Funktional ausgedrückt, würde das heißen: die Familie ist mit ihren Strukturelementen die unabhängige, die Gesellschaft ist die davon abhängige Variable.
Dieses Verhältnis scheint sich im Zuge der Schrumpfung von immer mehr Familien zu Kernfamilien geradewegs umzukehren. Die Kernfamilie ist zu einer so abhängigen und verwundbaren Insitution geworden, daß sie in immer mehr Bereichen zu einer abhängigen Variable der Gesamtgesellschaft zu werden droht. Da in ihr zahlreiche Funktionen bzw. Rollen von nur einer (Vater bzw. Mutter) oder zwei Personen (Eltern) wahrgenommen oder gespielt werden müssen, die in den traditionellen Groß- und Mehrgenerationenfamilien von mehreren Personen zumindest subsidär oder substitutionell wahrgenommen werden konnten, ist der der Organismus der Kernfamilie sehr leicht und sehr nachhaltig verwundbar. Wenn in der traditionellen Großfamilie die Mutter ausfiel, was häufig geschah (z.B. bei Geburten), war das etwas Schlimmes; aber Tanten, ältere Geschwister, notfalls die Großmutter konnten subsidär einspringen. Wenn dagegen in einem Hochhaus mit ein paar Dutzend einander fremder Wohnparteien ohne ausgeprägte Nachbarschaftsbeziehungen die Mutter in einer Kernfamilie ausfällt, dann kann das in vielen Fällen einer mittleren Katastrophe gleichkommen.
Ähnliches gilt mutatis mutandis für die Betreuung und notfalls Pflege kranker und alter Menschen. Die Kernfamilie ist dazu, vielfach schon aus räumlichen Gründen, kaum in der Lage. Wenn dann die Mutter in der Kernfamilie auch noch einer Erwerbsarbeit nachgeht, ist es fast gänzlich unmöglich.
Daß die Familie andererseits für immer mehr Menschen zur Fluchtburg wird, in die man sich aus den Zwängen der gesellschaftlichen Umwelt zurückzieht, ist nur zu verständlich. „Hier bin ich Mensch, hier darf ich's sein", das gilt für immer mehr Menschen nur noch für den Feierabend in der Familie und allenfalls unter Freunden. „Herberge der Menschlichkeit", mit diesem schönen Wort hat der erste Bundespräsident, Theodor Heuss, die Familie gekennzeichnet.
Von Ideologen, aber nicht nur von ihnen, wird eine solche Einstellung oft als „Privatismus", als mangelnder Sinn für öffentliches Engagement bezeichnet. Mit einer solchen Kritik ist jedoch wenig gewonnen, wenn nicht gleichzeitig positive Wege aufgezeigt werden, wie der Mensch auf andere Art und Weise seine Entfremdungserfahrungen und -leiden kompensieren und abbauen soll.
Man hat diese Erscheinungen und Probleme m.E. auf soziologischer Seite etwas dadurch verharmlost, daß man gelegentlich hören kann, es sei weniger richtig, von einem Funktionsverlust der Familie zu sprechen, man müsse vielmehr zutreffender von einem Funktionswandel sprechen. Die Familie habe zwar viele ihr nicht spe-

---

[7] William J. Goode, Soziologie der Familie, München 1967, 11.

zifisch zukommende Funktionen abgegeben, sie habe dadurch aber eine Entlastung erfahren und könne sich nunmehr ihren „eigentlichen" Aufgaben umso intensiver und besser widmen.

Wenn daran sicher auch manches richtig ist, so bleibt doch zu fragen, was denn die angeblich „eigentlichen" Aufgaben der Familie sind, denen man sich nun intensiver widmen kann. Werden nicht – in einem logischen Zirkelschluß – die „eigentlichen" Aufgaben vielfach bereits von der Kernfamilie her zu definieren versucht, bevor man sich gefragt hat, ob denn die Kernfamilie die „eigentliche" Familie ist? Wer möchte sich denn das Recht anmaßen, zu definieren, daß Familie „eigentlich" Kernfamilie ist, nachdem diese Schrumpfform erst ein „Abfallprodukt" der modernen Gesellschaft ist? Welches stichhaltige Argument gibt es gegen die Annahme, daß zur Familie statt zwei drei Generationen gehören?

Wenn man schon – wie dies der verstorbene verdienstvolle Sozialpolitiker Wilfrid Schreiber im Zusammenhang mit der Rentenform im Jahre 1957 sehr einleuchtend dargelegt hat – im Bereich der sozialen Sicherheit von einer Intergenerationen-Solidarität sprechen kann und muß (das Kindergeld als von der arbeitenden Generation kreditierter „Vorgriff" der Kinder auf das spätere eigene Leistungseinkommen – die Altersrente als „Rückforderung" des einstmals der nachfolgenden Generation kreditierten Kindergeldes), so stellt sich die Frage, ob nicht eine solche Intergenerationen-Solidarität auch im familiären Bereich Platz greifen muß.

Das eilfertige Abschieben der Kranken, der Alten und Sterbenden aus der Familie in die Anonymität sozialer Insitutionen (Krankenhäuser, Altenheime, Pflegeheime usw.) ist vielleicht der inhumanste Zug an unserem Gesellschaftssystem überhaupt. Er ist aber, wie mir scheint, in engster Verbindung mit den Problemen der Kernfamilie als Regelform der Familie in unserer Gesellschaft zu sehen. Kollektive Siedlungsformen auf engstem Raum, die Parzellierung der Gesellschaft in Schrumpffamilien, die in immer mehr Funktionen und Bedürfnissen von der Gesellschaft und ihren Einrichtungen, von „Sekundär-Systemen" abhängig werden, verstärken den Zwang, anstelle eigener Initiativen kollektive Leistungen in Anspruch zu nehmen, Surrogate der „Solidarität" zu schaffen, die den Namen der Solidarität kaum noch verdienen und zunehmend kostspieliger werden. Mit Recht bemerkt Roman Bleistein dazu: „Das utopische und teure Paradies einer 'sozialen' Glücksgesellschaft wird erkauft durch den Verlust jener humanisierenden Erfahrungen, die im Zusammenleben mit Kindern und Alten, Behinderten und Gefährdeten zu gewinnen wäre"[8].

Das Angewiesensein auf solche Surrogate, ihre immer selbstverständlicher werdende Inanspruchnahme bei jeder sich bietenden Gelegenheit – ein besonders makabres Beispiel ist die regelmäßig zu arrangierende „Krankheit" des pflegebedürftigen Opas, wenn die Urlaubszeit heranrückt und die Familie in den Süden fahren will – werden zu einer psychischen Dominante in breiten Teilen der Bevölkerung. Die einzige Bremse, die möglicherweise überhaupt noch eine Chance hat, den Prozeß etwas zu verlangsamen, scheint das immer unlösbarer werdende Kostenproblem zu sein. Die kollektiven Surrogate der „Solidarität" werden zunehmend self-defeating, sie ersticken an ihren eigenen Kosten.

---

[8] Roman Bleistein, Kinderfeindliche Gesellschaft? In: Stimmen der Zeit, H. 1, 1976, 2.

Wenn heute – um nur ein Beispiel zu nennen – ein pensionierter Inspektor mit seiner Frau aus seiner Pension kaum noch die Kostensätze für ein passables Altenheim aufzubringen vermag, obwohl er doch zu den relativ gut gestellten Einkommensempfängern zählt, dann zeigt das schlaglichtartig, wie weit die Entwicklung bei uns bereits gediehen ist. Und wenn der Anteil des Bruttosozialprodukts, über den die öffentlichen Hände (Fiskus und Parafisci) in Form von Steuern und Sozialabgaben direkt oder indirekt verfügen, von 1969-1975 (also in nur 6 Jahren) von rd. 37 auf rd. 47 Prozent gestiegen ist, dann ist das, wie mir scheint, ein Menetekel für eine Gesellschaft sog. „mündiger" Bürger.

Ganz gewiß können wir das Rad der Geschichte nicht in dem Sinne zurückdrehen, daß wir zu vorindustriellen Familienformen zurückkehren. Die Kernfamilie (Eltern mit ihren Kindern) wird in unseren Gesellschaften die dominierende Familienform bleiben.

Dies verschlägt aber nichts gegen die Tatsache, daß die Familie Selbstheilungskräfte zurückgewinnen muß, die sie – nicht zuletzt auch deshalb, weil es so „bequemer" ist – an das „System der sozialen Sicherheit" abgegeben hat. Insbesondere muß die Intergenerationen-Solidarität auch im familiären Bereich wieder stärker zum Tragen kommen. Die „Rache der Wirklichkeit", die Kostenexplosion im System der sozialen Sicherheit, wird hier womöglich noch die einzige Chance haben, für eine Remedur zu sorgen.

Darüber hinaus setzt eine solche Remedur eine Bewußtseinsreform und auf ihrer Grundlage eine Ingangsetzung von sozialen Maßnahmen voraus, für die wir getrost den Zeitraum einer ganzen Generation ansetzen müssen. Ich will und kann hier nicht in Details eintreten, sondern möchte nur einige Perspektiven aufzeigen:

- Familiensoziologie und -politik haben sich angewöhnt, die Funktionen der Familie nahezu exklusiv für den Sozialisationsprozeß der Kinder und Heranwachsenden zu beanspruchen;

- auch Forderungen aus dem uns nahestehenden kirchlichen Bereich haben dies fast ausschließlich im Sinn, wenn sie – zwar mit Recht, aber doch zu exklusiv – auf die Probleme von Mehrkinderfamilien, auf Anpassung des Kindergeldes usw. hinweisen;

- man macht sich ferner – immer in derselben Exklusivität – Gedanken über „sozialisationsgerechte" Wohnungen.

In dieser fast exklusiv auf die nachwachsende Generation gerichteten Sicht werden die Alten, die Kranken und Gebrechlichen weitgehend ausgespart. Sicher, es wird manches für sie getan, aber weitestgehend unter Ausschluß des familialen Bezugsfeldes, eben durch Maßnahmen im Rahmen der „sozialen Sicherheit".

Die Kernfamilie erscheint in unserer Gesellschaft als eine Gruppe von „Gesunden", von solchen, die das Leben noch vor sich haben, die noch Hoffnung haben. Die Alten werden allenfalls mit gewissen Artigkeiten bedacht, zum Geburtstag zum Beispiel, sie werden ggf. ein paarmal im Jahr im Altenheim besucht, aber sie sind nicht nur räumlich, sondern auch bewußtseinsmäßig am Rande der Familie und der Gesellschaft.

Das Kind erlebt kaum noch Alter, Krankheit und Gebrechlichkeit existentiell. Damit verkümmert ein wichtiger Teil seiner Entwicklung zur Humanität.
Ich kann das hier nicht vertiefen. Aber eines scheint mir unabdingbar zu sein: Zunächst ein Gesinnungswandel! Die Familie ist nicht nur für 2, sondern für 3 Generationen da! Dies hat Konsequenzen:

- Opferbereitschaft in den Kernfamilien für die ältere Generation; notfalls muß auf den Urlaub verzichtet werden, wenn alte Menschen gebrechlich sind;
- das Interesse der Politiker und der Fachleute (Architekten, Gerontologen usw.) darf sich nicht nur mit dem Problem sozialisationsgerechter Wohnungen befassen, sondern muß vergleichbare Mühen aufwenden, um Wohnungen für alte, gebrechliche und kranke Personen zu schaffen, die ihnen einen gewissen Kontakt zur Familie verschaffen. „Nähe durch Distanz", – „Kontakt auf Rufweite" ist hier das Ideal;
- Stärkung der Nachbarschaftshilfe;
- Ausbau der Familienpflege und -hilfe.

Ganz generell wird man sagen können: Der Grenznutzen jeder zusätzlichen Mark, die zur Stärkung der Selbstheilungskräfte der Familie und ihrer Verantwortung für 3 Generationen verausgabt wird, dürfte allmählich erheblich größer sein als der Grenznutzen, den ein weiterer Ausbau der Surrogate der „Solidarität" bewirkt.
Wir haben uns – wie vielleicht der eine oder andere meinen könnte – nur scheinbar von unserem Thema „Kirche und Industriegesellschaft" entfernt. Resümierend kann nämlich festgehalten werden:

- „Industriegesellschaft" ist nur eine Chiffre für einen höchst komplexen Gegenstand, der unsere moderne Gesellschaft ist;
- dieser Gegenstand, unsere moderne Gesellschaft, ist nicht die „Ursache" der Schwierigkeiten, in denen sich die Kirche befindet;
- vielmehr sind die „Leiden" der modernen Gesellschaft und die „Leiden" der Kirche Ergebnis eines gesamtgesellschaftlichen Entwicklungsporzesses seit Jahrhunderten. Es sind die Leiden des Menschen in Gesellschaft und Kirche; Kirche und Gesellschaft sind daher gemeinsam aufgerufen, die Leiden der Menschen zu lindern;
- gewisse gesellschaftliche Kräfte suchen dem Menschen zu suggerieren, durch den Ausbau eines sog. „sozialen Netzes" und seiner Perfektionierung seine Leiden beheben zu können;
- leider aber verleitet dieses „Netz der sozialen Sicherheit" viele dazu, nicht ihre Leiden, sondern nur lästige Verpflichtungen, die ihnen anderen Menschen gegenüber obliegen, in dieses Netz abzuschieben. Was einst als Einrichtung der menschlichen Solidarität gedacht war, wird nun leicht zum Alibi für geschuldete, aber verdrängte Humanität;

- eine wirkliche Linderung der Leiden des modernen Menschen kann nur erfolgen, wenn die „Herberge der Menschlichkeit" (Th. Heuss), die Familie in ihren Selbstheilungskräften gestärkt, wenn sie – durch Hilfe zur Selbsthilfe – von einer „Interessengemeinschaft" zwischen Eltern und Kindern wieder zur Solidargruppe wird, in der auch die Generation der Alten, Kranken und Gebrechlichen wieder eine „Herberge" findet.

Den dafür notwendigen langfristigen Besinnungsprozeß einzuleiten und zu verstärken und entsprechenden gesellschaftlichen und staatlichen Vorkehrungen den Boden zu bereiten, darin liegt eine vordringliche Aufgabe der Kirche heute.

5. Franz Furger

5.1. Subsidiaritätsprinzip

Gestaltungsprinzip nur für die weltliche Gesellschaft oder auch für die Kirche?

Daß der Dialog zwischen Leben und Glauben, die dynamische Relation von Theologie und Volksfrömmigkeit gelingt, dafür ist schon die Struktur der Kirche entscheidend mitverantwortlich: die Art und Weise, wie im kirchlichen Raum Leben, Vielfalt menschlicher Erfahrungen, Phantasie und Glaube ineinandergreifen können. Die kirchliche Soziallehre hat für die menschliche Gesellschaft das Subsidiaritätsprinzip zusammen mit dem Solidaritätsprinzip erarbeitet: Das Subsidiaritätsprinzip schützt die lebendige Vielfalt und den Eigenstand des Individuellen in der Gemeinschaft. Das Solidaritätsprinzip verhindert den unverbindlichen Individualismus und Egoismus, schafft Gemeinschaft, auf die sich der einzelne verpflichtet. Muß nicht auch die Kirche als „Ursakrament" der Begegnung mit Gott diese Gesetze zu ihren Bausteinen machen: Subsidiarität, die die individuelle Einzigartigkeit jedes Menschen auch in seiner Beziehung zu Gott achtet; Solidarität, die alle Menschen in eine gemeinsame Wirkungsgeschichte der Offenbarung Jesu Christi einbindet?

5.1.1. Der theologisch-anthropologische Ausgangspunkt

Körperlichkeit in Mitmenschlichkeit als Teilhabe des Menschen an der Raum/Zeit-Dimension ist die spezifisch menschliche Existenzform seiner Persönlichkeit als endliches Wesen. Raum und Zeit, aber auch der darin begegnende Mitmensch sind ihm stets zugleich Ermöglichungsgrund für seinen Existenzvollzug wie für dessen Begrenzung. Erst diese konkrete Verwirklichung von Menschsein in Mitmenschlichkeit läßt Kultur in Geschichte entstehen. Geschichte und Kultur sowie deren Träger, die konkrete Gesellschaft, sind ohne Mitmenschlichkeit und Körperlichkeit schlechterdings nicht denkbar: Engel haben als reine Geistwesen weder Kultur noch Geschichte; jeder wäre – so die Sicht der scholastischen Spekulation – seine je eigene Spezies. Gesellschaft gibt es nur unter Menschen. Eine Gesellschaft von reinen Geistwesen ist unvorstellbar, und im Tierreich werden kollektive Lebensformen höchstens in entfernter Analogie mit Ausdrücken wie „Bienenvolk" oder „Ameisenstaat" bezeichnet.

Gesellschaft, Kultur und Geschichte als theologisch-anthropologische Konstitutiva:

Körperlichkeit und Mitmenschlichkeit bedingen Gesellschaft, Kultur und Geschichte. Sie sind alles andere als eine auch wegdenkbare Eigenheit des Menschen. Schon gar nicht sind sie im Sinn der platonischen Soma-Sema-Vorstellung ein Gefängnis oder „Grab" der Seele. Ohne diese soziale Körperlichkeit ist Menschsein in all seinen Lebensvollzügen nicht denkbar. Gerade so hält die Genesis und damit das gesamte jüdisch-christliche (wie auch islamische) Menschenbild den Menschen für ein „gutes Geschöpf", ja für das geschaffene „Ebenbild Gottes". Vor allem aber bedeutet im christlichen Glaubensverständnis die Erlösung und Heil (d.h. die volle und endgültige Erfüllung von Menschsein) erst ermöglichende Inkarnation, also die Menschwerdung des Gottessohnes in Jesus dem Christus (d. h. seine Geburt in eine konkrete Familie und Gesellschaft mit ihrer ganz spezifischen Kultur und Geschichte), daß die Körperlichkeit und damit alles, was damit inhärent verbunden ist, in die Heilswirklichkeit des in Christus erschlossenen Gottesreiches einbezogen ist. Das Neue Testament ist sich dieser Tatsache durchaus bewußt: Jesus stammt aus Nazareth („Kann denn von dort etwas Gutes kommen?" fragen die Zeitgenossen), wo er als Zimmermannssohn sogar von den Verwandten angezweifelt wird.

Damit gehören aber auch alle wesentlich mit der Körperlichkeit gegebenen Verwirklichungsformen von Kultur, Geschichte und Gesellschaft zur Heilswirklichkeit als solcher. Sie sind, so gut wie die biologisch physiologischen Dimensionen mit all ihren naturwissenschaftlich erfaßbaren Gesetzmäßigkeiten, Teil der in der Inkarnation heilwirksam geprägten menschlichen Realität. Gesellschaft, Kultur und Geschichte sind damit nicht nur ein Rahmen oder eine bloße Erscheinungsform göttlicher Manifestation in der Welt, sondern deren unerläßliche Konstitutiva, und die gegenteilige Vorstellung wäre nichts anderes als eine indirekte, aber deshalb nicht weniger tragische Verkürzung der christlichen Heilswahrheit in einem „Monophysititsmus" oder „Doketismus", die beide die Menschwerdung nicht ernstnehmen und damit letztlich das Heilsmysterium der Menschwerdung aufheben. Denn (monophysitisch) zählt dann allein die göttliche Natur; das Menschliche prägt (doketisch) nur das Erscheinungsbild. Dieses ist, wie K. Rahner es sagte, nur eine „Livree", ein leeres Kleid, nicht aber Teil der Person Jesu Christi[1].

Ernstnehmen der sozialen Körperlichkeit des Menschen im vollen christlichen Verständnis in Inkarnation heißt folglich immer auch Ernstnehmen aller damit verbundenen Wirklichkeiten, also auch der in ihnen wirksamen, aus humanwissenschaftlicher Erkenntnis oder Erfahrung geschlossenen Gesetzmäßigkeiten, wie der aus Reflexion und Einsicht erzielten gesellschaftlichen Normen und der sie auf die Verwirklichung von Menschlichkeit hin ausrichtenden ethischen Prinzipien.

5.1.2. Die sozialethisch-gesellschaftliche Tragweite dieses theologischen Ansatzes

Die Folgen dieser theologischen Erkenntnis sind weittragend, insbesondere auch unter den Gesichtspunkten einer christlichen Sozialethik. Einmal bedeuten sie, daß alle menschlichen, also auch die gesellschaftlich-politischen Belange als solche Heilsbedeutung haben: Staat und Gesellschaft, Wirtschaft, Industrie und Handwerk sind ebenso wenig wie die Pflege von Umwelt oder Bildung einfach eine Art Feld, auf dem sich das Heilsgeschehen abspielt. Vielmehr sind sie als solche in dieses Heilsgeschehen einbezogen. Denn Inkarnation im christlich-biblischen Sinn hat kosmischen Charakter. Insofern ist es dann auch unmöglich, geistliche und weltliche Belange säuberlich auseinanderzuhalten, bzw. die „böse Welt" sich selber zu überlassen, um sich geistlich ganz Gott zuzuwenden. Heilsverkündigung darf sich um der Treue zum Evangelium selber willen nicht auf das Jenseits beschränken, sondern muß –

---

[1] K. Rahner, Probleme der Christologie von heute, Schriften 1, Einsiedeln 1954, 169-222; hier bes.: 176-178.

selber inkarniert – sich nicht weniger auch auf das Diesseits beziehen: Man kann nicht, um es mit dem Johannes-Brief zu sagen, Gott lieben, den man nicht sieht, ohne den Mitmenschen, den man sieht, tätig zu lieben.

Aus intensiver Gottesbeziehung weltwirksamer mitmenschlicher Einsatz

Wie das Leben aller großen heiligen Mönche und Eremiten zeigt, entsteht nämlich gerade aus der intensiven Gottesbeziehung weltwirksamer mitmenschlicher Einsatz: So wird der Wüstenheilige Antonius zum Ratgeber für seine ägyptischen Mitbürger gerade auch in deren weltlichen Anliegen, wohl nicht viel anders als es die Mönche im Wüstenkloster von Wadi Natrun für ihre koptischen Mitbürger im nahen Kairo auch heute noch vorleben. So wirkte aber auch der Einsiedler-Bruder Niklaus von Flüe, der mit seinem – sogar nur über einen Boten überbrachten – Rat die bis an den unmittelbaren Rand des Bürgerkrieges zerstrittenen Schweizer 1481 jene für alle tragbare Kompromißlösung finden ließ, ohne die es heute keine Schweiz mehr gäbe. So hat, wie die nach seinem Tod gefundenen und dann veröffentlichten Tagebücher belegen, der erste UNO-Generalsekretär, Dag Hammarskjöld, seine Aufgabe aus tiefer Gottverbundenheit zu bewältigen verucht. So haben aber auch die Benediktiner- wie die Zisterziensermönche ihre kulturelle Bedeutung für die Landwirtschaft, die Melioration von Sümpfen oder die Ziegelbrennerei zur Herstellung von billigerem Baumaterial nicht neben, sondern aus der christlichen Glaubensmotivation heraus erhalten und einen Beitrag zur Vermenschlichung der Welt geleistet, nicht anders übrigens als es der franziskanische Bettelmönch Bernardino di Feltre mit der Gründung von Pfandleihanstalten zum Schutz einfacher Menschen vor dem Wucher intendierte. Auf gleiche Weise ist ehrliche christliche Theologie angesichts schreiender sozialer Ungerechtigkeit aus innerer Notwendigkeit stets auch irgendwie Befreiungstheologie.

Die Liste solcher Beispiele läßt sich beliebig vermehren. Aber auch schon diese wenigen Hinweise zeigen eindrücklich, wie wenig angemessen der christlichen Tradition eine Aufteilung der menschlichen Weltwirklichkeit in „zwei Reiche" ist, wo das eine und erste mit Glaube, Rechtfertigung und Heil zu tun hat, also sozusagen die Seele des Menschen betrifft und in die Zuständigkeit der Kirche fällt, während das andere, weltliche, vorab mit dem Erwerb von Lebensunterhalt, also mit der Sicherung der Körperlichkeit zu tun hat und dem Fürsten als der politischen Autorität zugeordnet ist. Auch wenn kaum je - und schon gar nicht von Martin Luther, auf den diese „Zwei-Reiche-Theorie" zurückgeht – eine radikale Trennung der beiden Reiche vertreten wurde, so steht doch auch schon ihr Ansatz der gerade auch von Paulus so deutlich herausgestellten kosmischen Heilsbedeutung der Menschwerdung Gottes in Jesus dem Christus entgegen: Inkarnation bedeutet, daß beides sich durchdringt, weil Gott wirklich Mensch wird. Heil wird in Geschichte gewirkt, in konkretem Tun, wo das, was dem geringsten der Mitmenschen getan wird, letztentscheidende Bedeutung hat. Daß sich diese heilswirksame Durchdringung innerweltlich nicht problemlos vollzieht, daß sie vielmehr stets im Zeichen des Kreuzes steht, versteht sich in der Glaubensnachfolge Christi von selbst. Als sozialethische Herausforderung gilt sie nur umso deutlicher.

Politik als die Kirche genuin und direkt angehende Sache

Dies bedeutet zugleich, daß die Gestaltung des Gemeinwesens, also die Poltik im weitesten Sinne des Wortes eine die Christen und ihre Glaubensgemeinschaft, also die Kirche genuin und direkt angehende Sache darstellt. Dies gilt nicht erst sekundär, weil Barmherzigkeit dem notleitenden Mitmenschen gegenüber vor allem in den komplexen modernen Gesellschaften strukturelle und ordnungspolitische Maßnahmen erfordert. Diese Forderung ist vielmehr primär eine Folge der grundlegenden christlichen Heilswahrheit: Das in der Menschwerdung Gottes angebrochene und dynamisch auf seine eschatologische Fülle hin ausgelegte Reich Gottes hat kosmische Dimension. Weil die Körperlichkeit und die damit gegebene geschichtlich-kulturelle Gesellschaftlichkeit von Gott dem Vater geschaffen, vom fleischgewordenen Gottessohn erlöst und in dem durch ihn vom Vater gesandten Geist geheiligt ist, gehört ihre Gestaltung wesentlich zum Heilsauftrag zur Mitwirkung an Gottes Reich, zu welchem sich der Glaubende in der Nachfolge Christi gerufen weiß.

Die mit dieser materiell körperlichen Gestaltung im Sinn der Schöpfungsordnung von Gerechtigkeit und Liebe befaßte christliche Sozialethik ist damit alles andere als ein Zusatz zur Moraltheologie. Sie ist vielmehr so sehr genuiner Bestandteil davon, daß ohne sie die christliche Ethik in eine dem vollen Glauben an Jesus Christus widersprechende Karikatur verkommen würde. Was sich vor allem seit dem Erscheinen der ersten Sozialenzyklika „Rerum Novarum" von Papst Leo XIII. (1891) als sog. „katholische Soziallehre" herauskristallisiert hat und in den letzten 20 Jahren in der lateinamerikanischen Befreiungstheologie noch akzentuiert wurde, ist damit kein den Glauben an Gottes Transzendenz auflösender Horizontalismus, sondern das den Zeitumständen des 20. Jahrhunderts angemessene Ernstnehmen der Inkarnation und des darin angebrochenen kosmosweiten Gottesreiches. Die letzte Sozialenzyklika Johannes Pauls II. „Sollicitudo rei socialis" nennt sie daher (Nr. 41) zu Recht einen (unveräußerlichen) Teil der Moraltheologie, die ja stets die theologische Reflexion über die Antwort des Menschen auf Gottes heilwirkendes Gnadenangebot darstellt.

5.2. Konzept und Voraussetzungen Christlicher Sozialethik

5.2.1. Christliche Sozialethik als Moraltheologie der gesellschaftlichen Belange

Daß in dem engmaschigen Netz von Verhaltensnormen der Moraltheologie, wie sie in den kasuistischen Schulamtbüchern der nachtridentinischen Zeit vermittelt wurden, nicht nur die spirituelle Dimension der persönlichen Berufung des einzelnen, sondern auch die sozialen Belange einer Gesellschaftsethik zu kurz kamen, ist in den letzten Jahrzehnten immer deutlicher bewußt geworden. Das „Politische", welches Aristoteles noch als Sorge um das Gemeinwesen in den Mittelpunkt der ethischen Überlegungen gestellt hatte, war zurückgedrängt auf die Frage nach dem Gehorsam gegenüber der politischen Autorität, meist dem Fürsten, während die übrigen sozialen Belange in die Bereiche der Caritas und Fürsorge, also der direkten Übung christlicher Nächstenliebe verwiesen waren. Die Moraltheologie wurde so praktisch auf die Normierung im zwischenmenschlichen Bereich beschränkt. Solange die gesellschaftlichen Verhältnisse einigermaßen stabil blieben und von relativ geringer Komplexität waren, möchte diese Engführung noch wenig praktische Folgen haben. Sobald sich aber im Einhergehen mit der Industrialisierung das soziale Geflecht grundlegend zu verändern begann, mußten sich die grundsätzlichen Mängel dieser Einseitigkeit bemerkbar machen. Die Entstehung der Katholischen Soziallehre am Ende des 19. Jahrhunderts ist letztlich nichts anderes, als die gesunde, wenn auch verspätete und zunächst systematisch wenig in die christliche Ethik integrierte Reaktion eines wachen Glaubens auf diese Mängel.

Die aus verschiedenen Ansätzen wachsende und erst durch das Lehrschreiben von Papst Leo XIII. einigermaßen gebündelte Soziallehre findet jedoch nur langsam ihren festen Platz in der gesamten ethischen Theorie. Katholische Soziallehre will aber mehr sein als ein bloßer Appell zum politischen Engagement oder eine letztlich humanwissenschaftliche Überlegung über das optimale Funktionieren gesellschaftlicher Mechanismen zugunsten einzelner Menschen. Sie muß daher in die gesamte ethische Theorie eingebaut sein, und zwar als der mit den gesellschaftlich-strukturellen Belangen befaßte Teil der Ethik.[1]

Entsprechend muß auch die Soziallehre der Kirche als christliche Sozialethik methodologisch den Regeln der Vernunft, also der inneren Logik in ethisch-normativer Argumentation folgen, und zwar sowohl zur kritischen Sicherstellung der eigenen inneren Kohärenz wie vor allem um ihrer theologischen Verkündigungsfunktion willen. Diese hat sie gegenüber den selbständig denkenden, mündigen Gläubigen der eigenen kirchlichen Gemeinschaft als auch in einer weitgehend säkularisierten und pluralistischen Gesellschaft wahrzunehmen. Denn überzeugend zu Gehör gebracht werden kann nur die aus der klar deklarierten eigenen Wertgrundlage in rational durchsichtiger Argumentation begründete und ihre möglichen Folgen kritisch bedenkende Aussage. D.h., es zählt nur das, was mit größtmöglicher Exaktheit aus der Erfahrung erhoben wird, was die gesellschaftlichen Tatbestände umschreibt und im Licht der eigenen Weltanschauung als Wertgrundlage zum konkreten sittlichen

---

[1] Vgl. K. Steigleder, Probleme angwandter Ethik, in: Conc 25 (1989) 242-247.

Werturteil und damit zu einer Handlungsmaxime weitergedacht wird.[2] Dies bedeutet gleichzeitig, daß scheinbar von einer christlichen Richtschnur gedeckte, aber faktisch nur pragmatische Argumentationen ohne klaren und kritischen Rückbezug auf die Wertgrundlage eines christlichen Humanismus und seiner unbedingten Achtung der Menschenwürde nicht genügen. Solche Scheinargumentationen reichen ebensowenig wie eine in fundamentalistischer Art vorgenommene direkte Übertragung evangelischer Impulse auf die konkrete soziale Wirklichkeit, welche auf die Überprüfung der möglichen globalen und langfristigen sozialen Folgen einer vorgeschlagenen Maßnahme glaubt verzichten zu können. Aber auch eine apriorisch bzw. deontologisch feste Anwendung sekundär naturrechtlicher Forderungen oder mittlerer Prinzipien auf konkrete Verhältnisse mag trotz ihrer scheinbaren logischen Klarheit nicht zu befriedigen. Ähnlich wie eine fundamentalistisch-biblizistische Ethik müßte auch eine solche Deontologie einzelner ethischer Aussagen ohne jeden Bezug zu ihrem historisch-kulturellen Entstehungshintergrund in Ideologieverdacht fallen. Für eine auf den Grundlagen des christlichen Glaubens aufbauende, kritisch-ethische Aussage ist sie aber keinesfalls hinreichend. Anstatt richtungsweisend auf die allgemeine Gesellschaftsgestaltung einzuwirken, würde sie sich selber sogar dort, wo sie sittlich Richtiges aussagt, auf den innerkirchlichen Binnenraum beschränken und keine Verkündigungswirkung nach außen erzielen.

Damit muß sich eine Soziallehre, die sich als streng nach den Regeln der sittlichen Vernunft vorgehende, also argumentative theologische Soziallehre versteht, zunächst abheben von einer für die innerkirchliche Verkündigung durchaus angemessenen, die sozialen Belange appellativ betreffenden Paränese. Während diese nämlich die normativen sittlichen Forderungen als anerkannt und gegeben schon voraussetzt und deren konkrete Befolgung einschärfen und fördern will, ist es gerade die Aufgabe der sozialethischen Argumentation, diese Forderungen aus ihren Grundlagen einer christlichen Anthropologie zu begründen. Daß diese beiden unterschiedlichen Vorgehensweisen oder „Sprachspiele" von Ethik und Paränese in kirchenoffiziellen Dokumenten nicht immer sauber unterschieden sind, ist zwar umständehalber verständlich, darf aber eine theoretisch-wissenschaftliche christliche Sozialethik nicht davon dispensieren, sich streng an die ethische Argumentationslogik zu halten. So ist es dann durchaus angemessen, wenn sich neuere lehramtliche Aussagen zur Soziallehre der Kirche wie etwa „Sollicitudo rei socialis" eindeutig des paränetischen Sprachgebrauchs bedienen und die sozialethische Argumentation den nachfolgenden Kommentaren überlassen. Hier muß im Glauben an das in Christus schon angebrochene, in seiner Vollendung aber noch ausstehende Gottesreich die Sorge um die gesellschaftliche Glaubensverpflichtung einsichtig und die Pflege der entsprechenden politischen Tugenden, also der Aufbau einer sozialverantwortlichen Persönlichkeit, deutlich gemacht werden. Nicht weniger geht es aber auch darum, Zielvorstellungen im Sinn einer je größeren Humanisierung der Gesellschaft als sog. „Realutopien" zu entwickeln. Schließlich muß aber eine so verstandene christliche Sozialethik aus der konkreten Erfahrung wie im Blick auf diese Zielvorstellungen normative Weisungen als Entscheidungshilfen in gesellschaftlichen Fragen zu erarbeiten versuchen. Daß

---

[2] „Veritas speculativa extensione fit practica", der die Findung sittlicher Urteile zusammenfassende Satz der Hochscholastik gilt nicht weniger für die moderne Normenfindung.

sie dies in Anbetracht der Komplexität der sozialen Strukturen in modernen Gesellschaften nur im interdisziplinären Gespräch tun kann, weil nur im Gespräch mit den humanen Spezialwissenschaften deren Zusammenhänge richtig erfaßt zu werden vermögen, versteht sich dann von selbst.
Die spezifische Aufgabe Christlicher Sozialethik bei solcher Normfindung liegt dann darin, ausgehend vom christlichen Menschenbild ihre Basisüberzeugung ethisch zu operationalisieren und die geschichts- und kulturunabhängigen Prinzipien von Personwürde und Gemeinwohl bzw. von Subsidiarität und Solidarität als richtungsweisende Grundlage in den Diskurs einzubringen. Insofern diese Prinzipien in der dem Menschen unveräußerlichen, doppelseitigen Wesensstruktur der stets gleichzeitig individuellen wie sozialen Persönlichkeit gründen und unabhängig von den verschiedenen Weltanschauungen dem Menschen als gesellschaftlich Lebendem einsichtig sind, ist christlicher Sozialethik eben damit der menschheitsweite Dialog erschlossen. So verstandene christliche Sozialethik erweist sich dann zugleich als Kommunikationsbrücke christlicher Verkündigung in eine säkulare gesellschaftliche Wirklichkeit, deren Bedeutung in den letzten Jahren verkündigungstheologisch offensichtlich zunimmt und damit auch eine epochal besonders wichtige theologische Bedeutung christlicher Sozialethik zu signalisieren scheint.
Weil schließlich eine so verstandene Sozialethik, wie angedeutet, unerläßlicherweise auf den interdisziplinären Dialog angewiesen ist, hat sie sich für dieses notwendige „Teamwork" eigens zu qualifizieren. Anders, als das vielleicht in früheren, gesellschaftlich einfacher strukturierten Jahrhunderten zweckmäßig erscheinen mochte, ist sie keinesfalls der über den anderen Sozial- und Humanwissenschaften stehende sittliche Regulator, der von vornherein immer schon weiß, was im menschlichen Sinn richtig oder falsch ist und wohin die weitere Entwicklung zu gehen habe. Eben diese Haltung ist in existentiell besonders weitreichenden und völlig neuen sozialethischen Problemen, wie sie etwa von der atomaren oder der Gentechnologie aufgeworfen werden, schlechterdings unmöglich. Ihre ethische Tragweite läßt sich nicht von außen, sondern sozusagen nur von innen ermessen. Der Sozialethiker ist nicht mehr ein auch noch in anderen Humanwissenschaften, etwa in den Wirtschaftswissenschaften, der Biologie oder den Sozial- und Rechtswissenschaften, zusätzlich qualifizierter Fachmann, der in eigener Auseinandersetzung dank seiner doppelten humanwissenschaftlichen wie ethischen Qualifikation die bindende Norm zu erarbeiten vermag. In Anbetracht der raschen Fortschritte in den einzelnen Fachwissenschaften ist eine solche Doppelqualifikation ein Ding der Unmöglichkeit, selbst wenn man die mit einer solchen Doppelfunktion stets gegebene Versuchung zu einer gewissen Überheblichkeit der philosophisch-theologischen, also geisteswissenschaftlich scheinbar über den Dingen stehenden Ethikers beiseite läßt.
Vielmehr stellt er einen für die humanethischen Fragen besonders sensibilisierten Dialogpartner dar, dem zudem von seiner christlichen Motivation her die „Armen" besonders nahestehen, d. h. jene Mitmenschen, die in der Wahrnehmung ihrer eigenen personalen Würde irgendwie benachteiligt sind. Deshalb sucht er die Momente von Mitmenschlichkeit, Gerechtigkeit und Liebe je neu in den Diskurs einzubringen. „Kritisch und stimulativ" (A. Auer), in phantasievoller, origineller und vor allem ausdauernder Weise für ethische Belange einzutreten und sie immer wieder

in Erinnerung zu rufen, ist daher seine vordringliche Aufgabe. Gerade hier muß sich das spezifisch christliche Moment dieser Soziallehre vor allem als Geduld im neutestamentlichen Sinn des Ausharrens (griech. „hypomone") in einer u. U. wenig dankbaren und auch oft nicht unbedingt aussichtsreichen Aufgabe als Ausdruck schlichter Kreuzesnachfolge bewähren. Ohne Rücksicht auf bloß innerweltliche Interessenspekulationen am Schwerpunkt umfassender Mitmenschlichkeit festzuhalten, charakterisiert den je eigenen, vielleicht unscheinbaren, aber gerade so wirksamen Beitrag christlicher Sozialethik zur Gesellschaftsgestaltung im Sinne wahrer Menschlichkeit.

Gerade weil der christliche Sozialethiker damit wesentlich, d. h. um der letzten Ziele des Glaubens willen, innerweltlich engagiert bleibt, gibt seine Theorie in allen Weisungen und Lösungsvorschlägen stets nur die nach bestem Wissen und Gewissen bestmöglichen Vorschläge. Sozialethische Normaussagen sind daher als konkrete stets auch korrekturoffen, und zwar aus einem doppelten Grund. Einmal weil sie von Menschen erarbeitet wurden, die – obwohl erlöst – noch immer unter der Versuchung der Sünde, also des interessenbedingten Egoismus stehen. Dann aber auch, weil sie als endliche auch im Team niemals alle die soziale Wirklichkeit bestimmenden Faktoren voll zu erfassen vermögen und oft genug auf Ermessensurteile angewiesen bleiben. Aufmerksamkeit für sachliche Verbesserung und je neue Motivkontrolle gehören daher wesentlich zum methodologischen Rüstzeug gerade auch des christlichen Sozialethikers. Dabei darf man freilich nicht übersehen, daß sozialethische Überlegungen und mehr noch konkreter sozialethischer Einsatz Aufgabe und Glaubensverpflichtung eines jeden Christen sind. Entsprechend gelten diese Erfordernisse einer phantasievollen und korrekturoffenen Auseinandersetzung mit den gesellschaftlichen, politischen und wirtschaftlichen Belangen und Problemen zum sittlichen Auftrag jedes Christen.

Wie die Geschichte des Christentums in ihren gesellschaftsprägenden Heiligen wie Papst Gregor dem Großen, Franz von Assisi, Nikolaus von Flüe und in unseren Tagen Persönlichkeiten wie Martin Luther King, Helder Camara, Mutter Teresa usw. zeigt, haben Christen wenigstens implizit immer auch um diesen Auftrag ihres Glaubens gewußt. Wo unsere Gesellschaft trotz aller Mängel von wahrer Menschlichkeit geprägt ist, geht diese Prägung auf zahllose verantwortungsbewußte Einzelentscheidungen von Menschen zurück, die als Menschen ganz allgemein, aber in unserem Kulturkreis doch oft gerade als Christen um diese Verpflichtung gewußt haben. Der sozialethische Fachmann wird sich in dieser Hinsicht vom engagierten Christen somit nicht unterscheiden; seine Aufgabe als theologischer „Vordenker" ist es vielmehr, diese Zusammenhänge bewußtzumachen, kritisch je neu nach unterschwellig sich einschleichenden Mängeln abzusuchen und eben dadurch eine wachere Aufmerksamkeit für diese zunehmend wichtige sittliche Dimension im menschlichen Zusammenleben zu erhalten und zu fördern. Wenn sich die kirchliche Sozialverkündigung in den letzten 100 Jahren, d. h. seit der Enzyklika „Rerum novarum" von 1891, zu einer ausdrücklichen Soziallehre verdichtet hat, dann geschah dies in eben dieser Absicht, die es gemäß den je neuen Umständen, aber mit der gleichen Zielsetzung weiterzuführen und auszubauen gilt.

Sosehr kirchliche Soziallehre sich dabei den Impulsen prophetischer Gestalten wie eines Johannes Chrysosthomus, eines Bartolomé de Las Casas, aber auch eines Leo XIII. oder eines Joseph Cardijn verdankt, sosehr sie auf der Argumentation ihrer bedeutenden Vordenker wie etwas eines Gustav Grundlach, Johannes Messner oder Oswald von Nell-Breuning weiter aufbaut und sosehr sie nur im mitverantwortlich engagierten Interesse der Kirche als der gesamten Glaubensgemeinschaft überhaupt gedeihen kann, sowenig wird sie als solche je zu einem festen System geschlossener Sätze erstarren dürfen. Vielmehr geht es stets neu darum, in den sozialen Strukturen und den darin mitgegebenen, aber oft nur scheinbar unvermeidlichen Sachzwängen die für die menschliche Eigenbestimmung und Umgestaltung relevanter Knotenpunkte zu entdecken und zur Diskussion zu stellen. Dabei wird sie wohl in Zukunft weniger als bisher im Stil einer kohärenten Systematik oder Lehre zu einzelnen Problempunkten Stellung beziehen als vielmehr im Sinn stimulierender wie kritischer Impulse auf je größere Menschlichkeit ihre Ansichten und Vorschläge einbringen. Entscheidend ist dabei nicht, ob sie diese Funktion als wegweisendes „Licht der Welt" oder eher als vermenschlichender „Sauerteig" (Mt 5,14 bzw. Mt 13,33) erfüllt. Entscheidend ist allein, ob sie in der pluralistischen und säkularen Gesellschaft unserer Tage die Ideale und Zielsetzungen des Evangeliums als Denkanstoß und Ferment einzubringen vermag. Daß sie dabei weniger denn je auf die Mittel der eigenen Vernunft, also auf das weltweit kommunikationsfähige Argument verzichten kann, versteht sich von selbst. Es entspricht aber auch einer langen und trotz manchen Engführungen fruchtbaren theologischen Tradition in der Kirche.

5.2.2. Der dynamisch-naturrechtliche Ansatz: Das allgemein-ethische Argument Christlicher Sozialethik

Das theologische Motiv

Wenn ehrliche Sozialethik zum allgemein-ethischen, also philosophischen Argument greift, dann geschieht dies weder aus einer Verunsicherung im Glauben an die weltgestaltende Kraft des Evangeliums noch aus einer opportunistischen Anpassung an den Lauf einer zunehmend aufgeklärt-säkularisierten Welt. Es geschieht vielmehr aus dem der kirchlichen Glaubensgemeinschaft spezifisch eigenen Verkündigungs- und Zeugnisauftrag, der diese schon in urkirchlicher Zeit um des universalen Anspruchs der Heilsbotschaft Christi willen zwang, sich über den semitischen Kulturraum ihres Ursprungs hinaus der hellenistischen Welt zuzuwenden. Wie es vor allem die paulinische Theologie des Neuen Testaments deutlich macht, galt es, eine Kommunikationsbrücke zu finden, die theologisch verantwortet dennoch interkulturell Verständlichkeit gewährleistete, um die Botschaft als solche, vor allem aber auch deren sittliche Dimension dort verständlich zu machen. Schon im Neuen Testament finden sich so Hinweise darauf, daß sich nüchterne Philosophie der Stoiker mit ihrem feinfühligen Menschenbild und dem sich daraus ergebenden hochstehenden Ethos der Menschlichkeit für einen christlich-hellenistischen Dialog besonders eignen könnte.[3] Wenn Paulus von Forderungen des Gesetzes schreibt, die auch den

---

[3] So etwa, wenn Seneca den „Menschen als dem Menschen heilig" (lat.: „homo homini sacer") bezeichnet und so „keimhaft" (wie es die Kirchenväter ausdrücklich nannten) etwas von der dem Menschen

Heiden ins Herz geschrieben sind (Röm 2,15), so dürfte dies, wie Parallelen in der zeitgenössischen jüdischen Literatur zeigen[4], eine Anspielung auf jene stoische Ethik und ihr Verständnis von sittlichen Normen sein, die dann – wie schon mehrfach angedeutet – in der Vätertheologie und vor allem im Denken der mittelalterlichen Hochscholastik zum prägenden Denkmodell christlicher Ethik wurde.[5]

Neben der Funktion der Kommunikationsbrücke, welche dieses nüchterne, rationale, einem christlich-theologischen Verständnis von Schöpfung und Mensch aber durchaus angemessene Denkmodell erfüllt, hat es aber auch direkte theologische Bedeutung. Im Sinn von „fides quaerens intellectum" (Anselm van Canterbury) ermöglicht es, daß sich die Glaubenseinsicht ihrer eigenen Vernünftigkeit vergewissert und der Glaube bei all seiner die menschliche Einsicht übersteigenden Tiefe diese doch nicht einfach aufhebt[6], sondern bereichert und erfüllt. Im denkenden Argument (bzw. in seiner von Gott als Fähigkeit des Ebenbildes geschaffenen Vernunft) erkennt der Mensch so, wie die eigene Einsicht gerade als solche in eine zusätzliche Dynamik der Liebesoffenbarung Gottes in Jesus Christus hineingenommen ist. Dabei ist diese erfüllende Heilsdynamik nicht nur ein einmaliges punktuelles Ereignis, sondern ein die Menschheitsgeschichte als Heilsgeschichte prägender Prozeß. Das philosophisch-ethische Argument erweist sich so gerade für die mit gesellschaftlichen, also geschichtlich-kulturellen Prozessen befaßte Sozialethik als ein dem theologischen Selbstverständnis genuin zugehöriges Moment und ist somit alles andere als eine Konzession an den Zeitgeist oder an eine Selbstüberheblichkeit der Vernunft. Ausgangspunkt dieses philosophischen Arguments in theologischer Verantwortung ist – wie bei jeder Ethik – das Menschenbild bzw. die Selbsterkenntnis des Menschen in ethischer Absicht, d. h. im Hinblick auf die Selbstgestaltung seiner persönlichen Existenz in Welt und Gesellschaft.

Der historische Hintergrund

Auszugehen ist für dieses philosophisch-ethische Argument in theologischer Verantwortung vom philosophisch-anthropologischen wie theologisch-biblischen Verständnis des Menschen als einem „zoon politikon", wie es schon verschiedentlich erwähnt wurde.

---

als Ebenbild Gottes eigenen Würde ahnen läßt oder wenn der Kaiser Mark Aurel, nun schon fast im Sinn moderner Menschenrechtsforderungen bzw. der sog. „Genfer-Konventionen", fordert: „Hostisdum vulneratus frater" (= „der verwundete Feind sie wie ein Bruder").

[4] So kann etwa K.H. Scheldle, Theologie des neuen Testamentes, Bd. 3: Ethos, Düsseldorf 1970, 34, im Anschluß an Spr 3,13-26 festhalten, daß gegenüber der hellenistischen Umwelt das mosaische Gesetz durchaus als „der vollendete Ausdruck des Sittengesetzes" gegolten habe, wie denn auch eine Apokryphe aus demselben Umfeld betont: „Wir glauben dem, dessen Gesetz von Gott stammt, wir wissen aber auch, daß der Gesetzgeber der Welt das Gesetz gemäß der Natur (d. h. der einsichtigen Wesensstruktur der Schöpfung, F.F.) gibt" (4 Makk 5,25).

[5] Für eine ausführliche Darstellung dieser Zusammenhänge in ethischer Systematik vgl. F. Furger, Einführung in die Moraltheologie, Darmstadt 1988, 130-174.

[6] Christlicher Glaube verlangt – so die feste Überzeugung aller Theologen – gerade kein „Sacrificium intellectus", also keine Aufgabe der eigenen Vernunft. Eben deshalb bleibt sie auch grundsätzlich kommunikationsfähig.

Als wichtiger Aspekt sei hier noch einmal herausgestellt, daß für den Menschen, anders als bei allen anderen sozialen Wesen, seine Existenz im Gemeinwesen trotz dessen Unerläßlichkeit für sein Überleben als einzelner wie als Gattung nicht einfach bis ins letzte vorgeprägt, instinktgesteuert ist. Vielmehr kann er sie – wenigstens bis zu einem gewissen Grade – selber gestalten.

Historisch läßt sich dieses Argument auf die Erfahrung eben dieser Tatsache zurückführen. Die für Aufbau und Gestaltung der aufblühenden griechischen Stadtstaaten bedeutsamen Lehrer politischer Kultur oder „Weisheit" (griech. „sophia"), die sog. Sophisten, kannten aufgrund der Tatsache, daß sie ihre Tätigkeit nicht immer am selben Ort, sondern in verschiedenen dieser „poleis" ausübten, auch deren unterschiedliche Ordnungsmodelle mit ihren respektiven Rechtsformen. Dabei fiel ihnen auf, daß bei aller Verschiedenheit der gesetzten Ordnungen – man denke nur etwa an die Unterschiede zwischen der stark disziplinierten Militärmacht Sparta und der Kultur- und Handelsstadt Athen – doch im Grunde stets gleichbleibende, mit der Existenz des Gemeinwesens schlechthin vorgegebene sittliche Rahmenbedingungen Geltung beanspruchten. Dementsprechend galt es, diese letzteren als von der Natur, der „physis", vorgegebene abzuheben von den bloß auf Setzung (griech. „thesis") beruhenden, also „positiven"[7] Normen. Während sie nach Setzung oder bloß „nach Gesetz" (griech. „kata nomon") geltenden Regeln sich von Ort zu Ort (und damit auch von Zeit zu Zeit) ändern können und gerade so dem Gemeinwohl dienen, sind die anderen als „ungeschriebene", von Natur mit uns verwachsene „Sittengesetze" überzeitlich gültig; ihre Übertretung zeitigt an sich, „auch wenn niemand es sieht", Schaden. Denn sie beruhen nicht auf Meinung oder Ansicht, sondern auf Wahrheit[8] und werden daher vom Vater der Stoa, dem zypriotischen Staatslehrer Zenon von Kition (gest. 263 v. Chr.), auch als „göttliches Gesetz" bezeichnet.[9]

Zwar sollte dieses Verständnis einer politisch-normativen Ethik insbesondere über die Rezeption durch Aristoteles (gest. 322 v. Chr.) zukunftsweisende Bedeutung erlangen, doch war es nicht der einzige Denkansatz. Zeitweilig scheint er in der Bedeutsamkeit sogar von der unten angeführten sokratisch-platonischen Sicht verdeckt worden zu sein. Das aristotelische Verständnis erlaubt, die konkrete Erfahrung der politischen Wirklichkeit in ihren kulturell so verschiedenen Ausprägungen einzubeziehen, ohne einer relativistischen Beliebigkeit oder Willkür das Wort zu reden. Konkrete Verfassungen können so vielmehr an der übergreifenden Vernunfteinsicht bemessen und in die Zielsetzung von Gerechtigkeit und Gemeinwohl einbezogen werden. Damit verhindert dieses Verständnis aber zugleich die in einer straff durchorganisierten politischen Ordnung stets naheliegende Idee einer Generalisierung und damit Ideologisierung der jeweils gültigen Gesetze. Nach dem Zeugnis seines Schülers Plato (gest. 348 v. Chr.) scheint jedoch gerade diese Idee einer Verabsolutierung bestehender Gesetze Sokrates (gest. 399 v. Chr.) beseelt zu haben. Nicht umsonst rühmt er sich, anders als die Sophisten seine Heimatstadt Athen nie verlassen zu haben. Seiner Ansicht nach gelten die an sich ja offenbar guten Gesetze seiner politisch erfolgsgewohnten und einflußreichen Heimatstadt so unbedingt, daß sie auch dort

---

[7] Vom lateinischen „ponere" – setzen; daher auch das deutsche „Gesetz".
[8] So Hippias (gest. um 400 v. Chr.), Antiphon Fragmenta 44.
[9] Vgl. Fragmentsammlung Armin I, 42, 35.

korrekt zu beachten sind, wo sie offensichtliches Unrecht zeitigen. Für Sokrates gilt dies nicht nur theoretisch, sondern – wie im von Plato überlieferten Dialog mit Kriton nachzulesen ist – auch praktisch: Als er aufgrund dieser Gesetze zum Giftbecher verurteilt wird, weist er den Fluchtvorschlag seines Schülers Kriton entschieden mit der Entgegnung zurück, daß die Gesetze, denen er so manche Wohltat, ja eigentlich seine ganze Existenz verdankt, auch dann unbedingt zu befolgen sind, wenn sie einem ungerechterweise Schaden zufügen. Diese Konsequenz sittlicher Haltung mag man bewundern (und Generationen wurden im Verlauf der Jahrhunderte auch in der christlichen Tradition dazu erzogen).[10] Dennoch werden damit Einzelregelungen, die unter gegebenen Umständen brauchbare und vielleicht sogar die damals bestmöglichen Verwirklichungsformen von Gerechtigkeit sein möchten, zu unbedingten, zeitlos gültigen Gesetzen hochstilisiert und damit nicht nur in einem naturalistischen Trugschluß zu einer eigentlichen Herrschaftsideologie umfunktioniert, sondern auch der Dynamik geschichtlicher Veränderungen entzogen. Entgegen allem möglichen Anschein steht dies aber, wo und unter welchen Vorzeichen auch immer, im Widerspruch zur Grundwahrheit christlichen Glaubens. Innerweltliche „Gemächte" der Menschen (und dazu gehören neben materiellen Götzenbildern auf jeden Fall auch politische Institutionen und Ordnungen, die unbedingte Gefolgschaft verlangen) sind in diesem Verständnis niemals absolut, sondern endlich und somit vorläufig. Als solche sind sie dann auch in die letztlich eschatologisch finalisierte Heilsdynamik des schon angebrochenen, aber eben noch nicht vollendeten Gottesreiches einbezogen und gerade nicht überzeitlich gültige (scheinbar „göttliche") Leitideen für die Gestaltung des Gemeinwesens.

Eben diese im christlichen Glaubensverständnis wesentliche, grundsätzliche Relativierung alles Innerweltlichen, die aber dieses doch nicht einfach in bloße Beliebigkeit abgleiten läßt, bleibt dagegen im ersten, auf die Stoiker zurückgehenden Denkmodell faßbar. Hier kommt der konkreten, weltlich-politischen Ordnung als einer von Menschen aufgestellten gerade nicht absolute Geltung zu; dennoch ist sie aus ihrem Bezug zu der „natura" (hier nun eindeutig als dem von Gott geschaffenen Wesen zu verstehen) und den mit ihr gegebenen Werten (also „relativ") von sittlicher Bedeutung. Inhaltlich ist diese Bedeutung allerdings nicht eindeutig ein für allemal festzumachen, sondern ist dynamisch in die Bewegung der Menschheitsgeschichte, die immer auch Heilsgeschichte ist, eingelassen und auf die Entfaltung weiterer Menschlichkeit angelegt. Insofern diese Heilsgeschichte jedoch nicht endgültig von ihrer Verfallenheit an die Sünde schon frei ist, bleibt sie zugleich der Möglichkeit ausgesetzt, zu verderben und zu „sündigen Strukturen"[11] zu generieren.

Unter diesen Voraussetzungen erstaunt es wenig, daß die mittelalterlichen Theologen (und unter ihnen mit besonders klarer Stringenz Thomas von Aquin) von diesem Ansatz her ihre Synthese christlicher Ethik zu konzipieren begannen.

---

[10] So hat etwa noch Ende der 1970er Jahre in einem Rundfunkinterview der integralistische Bischof M. Lefébvre das einem solchen Politikverständnis im Sinn von „Law and order" bzw. einer „Seguridad nacional" verpflichtete totalitäre Staatsverständnis des argentinischen Diktators J.R. Videla öffentlich verteidigt und diesen als einen der letzten wirklich christlichen Staatsführer bezeichnet.

[11] Dieser ursprünglich in der Befreiungstheologie in diesem Sinn eingeführte Ausdruck hat mittlerweile auch in die offiziellen Verlautbarungen des kirchlichen Lehramts Eingang gefunden (vgl. „Sollicitudo rei socialis" [1987], Nr. 36 ff.).

Trotz der genannten späteren Engführungen in ein essentialistisch-rationalistisches Naturrechtsdenken[12] bleibt dieser Denkansatz weiter erwägenswert. Denn einmal stand er bei der Ausarbeitung der Völkerrechtsideen des 16. Jahrhunderts Pate, die für die Entwicklung eines kulturübergreifenden Weltethos der Menschenrechte bedeutsam wurden. Zweitens vermag er die die Menschlichkeit immer wieder neu gefährdenden Vereinseitigungen auf einer übergreifenden Grundlage kritisch zu beurteilen; diese Kritik wurde etwa wirksam, wenn eine nominalistisch-voluntaristische Begründung sozialethischer Normen unter biblischen Vorzeichen eine absolutistische Staatsautorität von Gottes Gnaden als unbedingt geltende zu legitimieren begann.[13] Sie kommt aber auch zum Tragen, wenn in der berechtigten befreiungstheologischen Sorge um die Armen die Entrechteten als „Basis des Volkes" emotional so idealisiert werden,[14] daß man in einer religiösen Übersteigerung die Gefahren der Eskalierung zu Fanatismus und Gewalt zu übersehen anfängt. So aktualitätsbezogen konkret nämlich die befreiungstheologischen Ansätze die weltweit brennenden sozialethischen Probleme ansprechen und in einen christlichen Horizont stellen, so wenig scheint es angezeigt, deshalb das differenzierte und eben darin auch dynamische, für neue Anregungen und Ergänzungen offene Naturrechtsmodell der thomasischen Tradition aufzugeben. Denn gerade das zum Schutz der Benachteiligten in der Neuzeit entwickelte, heute als allgemeiner Standard von Ethik grundsätzlich weltweit anerkannte und seit den 1960er Jahren auch von der Kirche als christlich-verpflichtend übernommene[15] Menschenrechts-Ethos kann durch einen naturrechtlichen Rekurs systematisch in den befreiungstheologischen Ansatz eingebracht werden. Christliche Sozialethik wird daher gut daran tun, differenziert-kritisch auf dieser Linie weiterzudenken.[16]

---

[12] Im essentialistischen Denken schwingen dann wiederum platonisierende Elemente mit.

[13] Man denke etwa an die aus diesem Ansatz gewachsene lutherische Zwei-Reiche-Lehre und an die nun göttlich begründete Macht, die sie im weltlichen Reich den Fürsten verlieh.

[14] Der oft wenig kritische Umgang mit marxistischen Theorien und die undifferenzierte Forderung nach sozialistischen Gesellschaftsmodellen als den allein ethisch zu verantwortenden (vgl. oben Abschnitt III.3) machen deutlich, daß hier mehr vom Erlebnis der faktischen Unrechtssituationen uns auf rasche Abhilfe getrachtet wird und die rationale Abwägung langfristiger Folgen zu wenig Berücksichtigung findet. So begreiflich dies in Anbetracht der jeweils anstehenden Probleme auch ist, so wenig mag es für eine sozialethische Überlegung genügen, zumal aller geschichtlichen Erfahrung nach auf lange Sicht die Kosten dafür doch wieder von den ärmsten Schichten zu tragen sind. Vgl. dazu H. Büchele, Christlicher Glaube und politische Vernunft, Wien – Düsseldorf 1987.

[15] So seit der Enzyklika „Pacem in terris" von Johannes XXIII. und den Konzilserlassen des II. Vatikanums von 1965 (vor allem das Dekret zur Religionsfreiheit „Dignitatis Humanae" und die Pastoralkonstitution „Gaudium et Spes").

[16] Es liegt auf der Hand, daß sich die Katholische Sozialehre mit diesem Rückgriff auf die von ihr wenigstens der Aussage nach stets bejahten Tradition leichter tut als die protestantischen, vor allem lutherischen Ansätze, die auch in der ersten Phase des sozialen Aufbruchs im sog. „Religiösen Sozialismus" noch stark situationsethisch bzw. von einem biblisch (oft fast fundamentalistisch) motivierten Veränderungspragmatismus her argumentierten. Neuere Arbeiten zeigen aber, wie sehr man sich inzwischen mancherorts, wenn nicht in der Terminologie, so doch der Sache nach angenähert hat. Vgl. dazu vor allem A. Rich, Wirtschaftsethik, Bd. I: Grundlagen in theologischer Perspektive, Gütersloh 1984, welcher die Problematik unter dem Stichwort „sachgemäß und menschengerecht" zur Sprache bringt. In ähnlichem Sinn sind aber auch zu nennen M. Honecker, Sozialethik zwischen Tradition und Vernunft, Tübingen 1977 (neben den zu verschiedenen Anlässen verfaßten Aufsätzen, die wegen ihres konkreten Realitätsbezugs von Interesse sind, ist vor allem der Beitrag zu einer sozialethischen Relektüre der Zwei-Reiche-Lehre in diesem Zusammenhang beachtenswert), sowie T.

5.2.3. Das Grundkonzept

Der Ausgangspunkt dieses Konzepts liegt – wie gesagt – erstens bei der Einsicht in die grundsätzlich soziale Wesensnatur des von Gott als sein Ebenbild geschaffenen Menschen bzw. in das diese Natur verwirklichende menschliche Gemeinwesen. Wenn auch nicht in all seinen konkreten Ausprägungen, so gehört doch auch das Gemeinwesen als solches zu Gottes Schöpfungs- und Heilsplan. Zweitens setzt dieses Konzept voraus, daß die diesem Geschöpf mitgegebene und für sein Überleben als Mängelwesen (als einzelner wie als Gattung) unerläßliche Vernunft ebenfalls zu dieser gottgewollten Ebenbildlichkeit gehört. Trotz der durch seine raumzeitliche Begrenzung bedingten Endlichkeit wie vor allem seiner interessenbedingten, egoistisch-sündigen Einseitigkeiten vermag der Mensch damit die Grundlinien der gottgewollten Schöpfungsordnung zu erfassen. Dies gilt zumindest hinsichtlich jener Parameter, deren Mißachtung die langfristige Weiterexistenz der menschlichen Gesellschaft und damit der einzelnen Menschen wie der Menschheit schlechthin gefährden würde bzw. ihre wesentlich auf Austausch auf allen Ebenen angewiesene Kommunikationsgemeinschaft in sukzessive Selbstzerstörung ausarten ließe. Es geht also um jene normativen Parameter, von welchen schon die altgriechischen Sophisten meinten, sie seien mit der „Physis", also der „Natura", dem Menschen so vorgegeben, daß ihre Mißachtung in jedem Fall gravierend sei, weil sie eben nicht „auf Meinung" als beliebig freier Setzung des Menschen, sondern in der „Wahrheit", also in der Existenz des Menschen als solchem gründeten.

Inhaltlich umschrieben finden sich diese mit der Natur des Menschen unveräußerlich verbundenen sittlichen Forderungen schon in der stoischen Tradition, klassisch gefaßt vor allem in der Tripel-Forderung des M.T.Cicero (gest. 42 v. Chr.): Ein höchstes Wesen ist zu ehren, die Eltern sind zu achten, jedem ist das Seine zuzuteilen.[17] Dieser Dreiklang ist alles andere als zufällig. Vielmehr zieht er aus den Abhängigkeiten die notwendige ethische Konsequenz, die den Menschen als endliches Sozialwesen konstituieren und damit als seinsmäßig wesentlich gelten müssen. Denn der, welcher meint, sich über diese Abhängigkeiten hinwegsetzen zu können, zerstört sich langfristig selbst. Wenn hier also aus dem Sein des Menschen auf sein Sollen geschlossen wird, so ist dies in diesem Fall kein naturalistischer Trug- oder Kurzschluß. Vielmehr steht – wenigstens implizit bejaht – zwischen der Seinsaussage der konstitutiven Abhängigkeit und der entsprechenden Sollensforderung das grundsätzliche, sinnstiftende, transzendentale Werturteil, daß es besser sei, daß der Mensch und die Menschheit als solche existiere, als daß sie sich selber zerstöre.

So führt die grundsätzliche Abhängigkeit des endlichen und sterblichen Menschen von einem letzten absoluten Grund zur Forderung nach der Ehrung eines höchsten Wesens, während seine geschichtlich-zeitliche Abhängigkeit in einer menschlichen Generationenfolge die Elternachtung bedingt. Sozialethisch besonders bedeutsam ist aber vor allem die für ein soziales Lebewesen typische gegenseitige, also soziale

---

Rendtorff, Ethik I, Stuttgart 1980 (dort vor allem der Abschnitt: „Das Gegebensein des Lebens", 32-42, auf den sich auch Rich bezieht, sowie der Abschnitt zu „Theoretische Rechtfertigung der Ethik", 122-148).

[17] Vgl. de inv. reth 2,53: „Summum numen est collendum; parentes sunt honorandi; suum cuique est tribuendum."

Abhängigkeit in ihren vielfältigen Vernetzungen, die zur Grundforderung der Gerechtigkeit führt. Schließlich muß im Gegensatz zu früheren Jahrhunderten, wo die Technik im Vergleich zu heute noch kaum entwickelt und die dadurch mögliche Umweltgefährdung durch den Menschen nicht in einem solchen Maße gegeben war, dessen von seiner Körperlichkeit her nicht weniger wesentliche Abhängigkeit von der nichtmenschlichen Natur bedacht werden. Dies ruft dann als Viertes nach der nicht weniger kategorischen Forderung des Schutzes dieser Umwelt.

Von diesen vier Forderungen kann es keine wie auch immer gearteten Ausnahmen geben. Sie gelten, wie die mittelalterlichen Ethiker schon sagten, schlechtin „universaliter" und sind daher als unbedingt (im kantschen Sinn „kategorisch") geltendes, sog. „primäres Naturrecht" zu bezeichnen, während alle weiteren Ausfaltungen als sog. „sekundäres Naturrecht" nur mehr „im allgemeinen" (lat., „ut in pluribus") gelten, also zumindest theoretisch Ausnahmen zulassen können.[18] Wie kritisch klar und damit ideologiefern die mittelalterlichen Theologen diesbezüglich dachten – und damit für alle weitere Sozialethik eigentlich den ideologiekritischen Standard gesetzt haben –, zeigt nichts deutlicher als die Tatsache, daß sie sich nicht scheuten, dieser auf den Heiden Cicero zurückgehenden Formel die Zehn Gebote Gottes von vornherein und systematisch richtig als sekundäre, weil gerade um der primären Gerechtigkeit willen u.U. Ausnahmen zulassende nachzuordnen. Als direkt in Gottes Schöpfung gründende haben diese primären Normen aus sich heraus universell Geltung. In der Sinaioffenbarung finden sie auf das alttestamentliche Bundesvolk bezogen zu einem Wohlergehen und Heil ihre gottgewollte, aber eben sekundäre Auslegung. Daß die dekalogische Auslegung nicht die einzig mögliche sein kann bzw. anderen Konkretionen, wie etwa den modernen Menschenrechten, analoge Bedeutung zukommt, versteht sich dann von selbst.

Für die Sozialethik werden von diesen genannten Forderungen vor allem diejenigen nach der Gerechtigkeit und deren konkretere Ausfaltungen im Vordergrund stehen, ohne daß freilich die anderen einfach ausgeblendet werden dürften. Wichtig ist es aber, schon hier festzuhalten, daß diesen primär-naturrechtlichen Forderungen, die von ihrer Entstehungsgeschichte her wie im Inhalt ihrer Aussagen menschheitsweite Einsichtigkeit beanspruchen können, dennoch als Ausfaltung des christlichen Glaubensverständnisses der Schöpfung Gottes zu verstehen sind. Wenn auch noch sehr formal-abstrakt, sind sie trotzdem alles andere als bloß tautologische Leerformeln. Denn aus eigenem existentiellen Erleben „weiß" jeder Mensch zunächst negativ irgendwie, was Ungerechtigkeit, Frevel an der geschaffenen Umwelt usw. ist. Damit „weiß" er aber auch, in welche Richtung seine ethische Aufmerksamkeit und Verantwortung stets unbedingt eingefordert bleibt. In dieser Anforderung sind diese primär-naturrechtlichen Normen dann auch Grundlage für jede weitere ethische, gerade auch sozialethische Entfaltung.

---

[18] Praktisch, d.h. aufgrund langer sittlicher Erfahrungen, ist es freilich möglich, daß auch solche sekundären, konkret die Menschlichkeit garantierenden Normen als ausnahmslos geltend anerkannt werden können. Ein Beispiel dafür bildet etwa nach aller heutigen Erkenntnis das Verbot der Folter, für die man sich wirklich keinen Fall vorstellen kann, wo diese mehr an Menschlichkeit bewirken als zerstören könnte. Näheres dazu vgl. F. Furger, Was Ethik begründet, Zürich 1984, Teil I.

5.2.4. Theologische Sozialethik in philosophischer Legitimation

Daß sich ein eindeutig glaubensmotivierter, in seinem Ursprung also theologisch-ethischer Ansatz in philosophischer, allgemein menschlicher Argumentation ausdrükken und vermitteln läßt, dürfen die vorstehenden Überlegungen aufgezeigt haben. Noch nicht klar beantwortet ist damit jedoch die umgekehrte Frage, ob diese Vermittlung vom theologischen Ausgangspunkt her ebenfalls als legitim gelten kann bzw. ob damit nicht das ursprüngliche Anliegen der Glaubensverkündigung als Heilszusage Gottes in Mitleidenschaft gezogen oder gar ihr eigenstes Spezifikum verraten wird. So entspricht es dem religiösen Glauben, daß er sich in Zeichen und Symbolen ausdrückt wie auch, daß er im Binnenraum des eigenen Bekenntnisses nicht die Sprache der Begründung, sondern der Aufmunterung und Ermahnung, also der Paränese braucht. Denn hier handelt es sich um gemeinsame Überzeugungen und Erfahrungen, die vorausgesetzt werden können, die allenfalls gestärkt und bestätigt werden sollen, die aber keiner weiteren Begründung mehr bedürfen. Wo immer aber die religiöse Gemeinschaft sich nicht nur als eine Erweckensbewegung versteht, die sich dementsprechend nur an letztlich irgendwie gleichgesinnte Mitmenschen werden kann, sondern wo sie glaubt, mit ihrer Weltanschauung allen Menschen etwas zu sagen zu haben, da kann sie sich nicht auf die paränetische Rede beschränken. Vielmehr muß sie, um überhaupt verstanden zu werden, eine begriffliche Sprache entwickeln. D. h., sie muß – wie oben gezeigt – eine ihrem kulturellen Umfeld angepaßte Theologie entwickeln und dabei unter bewußtem Bekenntnis ihre grundlegenden Glaubensüberzeugungen, deren inneren Zusammenhang wie deren Bedeutung für Lebensgestaltung und -vollzug offenlegen. Ansonsten bliebe ihr lediglich, auf eine Verkündigung nach außen zu verzichten – jedoch entgegen dem evangelischen Auftrag selber.

Sobald sie den Schritt nach außen macht, begegnet sie notwendigerweise philosophischen Gedankengängen. Diese kann sie zwar ohne inneren Widerspruch als dem Göttlichen grundlegend unangemessen ablehnen. Sie kann sie aber auch als von Gott geschaffene Ausdrucksformen des weltwirksamen Gottesgeistes anerkennen. Dem christlichen inkarnatorischen Glauben, nach welchem sich Gott als der menschenfreundliche wesentlich im Menschlichen offenbart und in Jesus von Nazareth selber Mensch geworden ist, steht diese zweite Sicht besonders nahe. So wie Jesus als der Christus sich in menschlichen Worten und Taten unscheinbar, aber wirksam ausdrückte, so werden sich auch die Grundabsichten seiner Botschaft und darin vor allem die Weisung von der unbedingten mitmenschlichen Liebe im mitmenschlichen Wort und Argument ausdrücken können. Wo diese Botschaft sich an eine pluralistische Weltgesellschaft richtet, kann gerade der christliche Glaube auch die kritisch-philosophische Begründung als legitimen und gegebenenfalls sogar als den angemessenen Ausdruck anerkennen. Daß dann der in der Glaubensmotivation wurzelnde, theologische Anspruch nur insofern Beachtung verdient, als er das aus seinem Anstoß überlegte philosophische Argument prägt, versteht sich. Ein Blick in die Geschichte der Katholischen Soziallehre zeigt, daß sie zwar diesem Anspruch trotz eigentlicher Absicht nicht immer voll genügte. Dies ist aber kein prinzipieller Hinderungsgrund, den theologischen Anspruch in philosophischer Begründung

unbeschadet für die innere Konsistenz beider auszudrücken. Ja, die gegenwärtigen Umstände und Anforderungen an eine christliche Sozialethik scheinen diese argumentative Denkfigur sogar dringend vorauszusetzen und zu verlangen.
Ausgehend von den anthropologischen Voraussetzungen und unter Beachtung dieser methodologisch sauberen, philosophischen Begründung und Kontrolle ihrer Argumente, muß damit eine christliche Soziailethik ihre Sicht in den weltweiten sozialethischen Diskurs einzubringen versuchen. Dabei hat sie sich ihrer eigenen kulturell-geschichtlich wenig einheitlichen Formgebungen ebenso bewußt zu sein wie der konkreten gesellschaftlichen Wirklichkeit, in ihren prägenden Eigenheiten nicht weniger als in ihren wichtigsten Aufbauelementen. Denn auf deren sich am Evangelium und seinen Leitprinzipien ausrichtende Gestaltung hin hat Sozialethik Überlegungshilfe zu leisten. Daß sie darin keine geschlossene Doktrin sein kann, sondern eine dynamische Systematik, „ein Gefüge offener Netze" (H.J. Wallraff), liegt auf der Hand. Wie sehr sie dabei von einer menschheitsweit einsichtigen Grundlage ausgeht, haben diese Überlegungen gezeigt.

5.3. Weltwirtschaft: Ökonomisch effizient und ethisch begründet

5.3.1. Zur Grammatik christlicher Weltverpflichtung

Kein apriorisches Normkonzept

Obwohl die biblische Tradition sich in keiner Weise scheut, das Verhältnis des Menschen zu Gott auch mit seinem wirtschaftlichen Verhalten in Beziehung zu bringen und es im Licht des Glaubens an den menschenfreundlichen Gott auch zu beurteilen, so ist sie doch weit davon entfernt, eine religiös fundierte Eigen-Konzeption für einen menschlich verantworteten Umgang mit den stets knappen Gütern dieser Welt oder gar eine zeitübergreifende Wirtschaftstheorie vorzulegen. So wird zwar etwa das Ausnutzen von sozialer und wirtschaftlicher Schwäche insbesondere der „Witwen und Waisen" von den Propheten immer wieder als gotteslästerliche Unmenschlichkeit angeprangert oder im deuteronomischen Rechtswerk das Pfandrecht des Gläubigers gegenüber dem Schuldner wie auch die Pflicht zur rechtzeitigen Lohnzahlung ausdrücklich stipuliert[1]. Aber es geht dabei um situativ und epochal auf bestimmte Verhältnisse bezogene Weisungen, hinter denen allerdings die vom Glauben getragene allgemeine Haltung der besonders aufmerksamen Sorge um den schwächeren Mitmenschen wie die Warnung vor der zu großen, wenn nicht sogar ausschließlichen Aufmerksamkeit für materielle Werte steht. Diesbezüglich wird ein reines Profitdenken als eine Sonderform von Götzendienst entlarvt.[2]

Aber auch aus diesen ohne Zweifel zeitübergreifend formativ motivierenden Momenten ergibt sich, wie auch alle lehramtlichen Dokumente der kirchlichen Soziallehre in den letzten 100 Jahren immer wieder deutlich machten, keine ableitbare wirtschaftsethische Theorie. Die christliche Reflexion über die innerweltlich konkrete Glaubenspraxis, also die Moraltheologie, weiß sich so zwar wesentlich zu einem gerade auch auf die wirtschaftlichen Belange bezogenen Weltgestaltungsauftrag verpflichtet und im Sinn des zwar in der Fülle noch ausstehenden, in Jesus Christus aber schon angebrochenen Gottesreiches bzw. des von ihm verkündeten Gebotes der umfassenden Nächstenliebe auch besonderen Wachsamkeit vor der Verabsolutierung des Materiellen wie der Rücksichtslosigkeit gegenüber dem Schwächeren herausgefordert. Inhaltlich aber ist damit noch in keiner Weise geklärt, wie dies konkret in sittliche Handlungsformen als hier und jetzt brauchbare Entscheidungshilfen umgesetzt werden soll. Schon gar nicht hat sie als solche Vorstellungen von gesellschaftlichen Ordnungsstrukturen, dank deren christlich sozialethisch verantwortete Entscheidungen konkret verwirklicht zu werden vermögen. Theoretisches Denken ist ihr also keinesfalls angemessen.

Zur Weltgestaltung vom Glauben her zwar motiviert, gerade auch da, wo offensichtliche Ungerechtigkeit, ja ein existenzbedrohendes wirtschaftliches Ungleichgewicht

---

[1] Vgl. etwa Jesaia 1,17, Jeremia 7,6 oder Amos 2,6-8 sowie die „wirtschaftsethischen" Kapitel Dtn 23-25.
[2] Vgl. dazu Mt 6,24.

allgemein und weltweit diagnostiziert wird, bleibt die „Erfindung" von Ordnungsstrukturen innerweltlicher Auftrag, für den keine Sondererleuchtungen erwartet werden dürfen. Aus der Menschheitserfassung und über die diese bündelnden sozialwissenschaftlichen Theorien müssen die je anderen Gegebenheiten der jeweiligen geschichtlichen Wirklichkeit im Licht der eigenen kritischen Phantasie und der vom Glauben an die Heilszusagen Gottes in Christus vorgegebenen Werte und Zielsetzungen beurteilt werden. Erst wo alle drei Komponenten, die empirische wie die geschichtliche Erfahrung und die Vorgabe des Glaubens ausgewogen berücksichtigt sind, werden sozialethische Aussagen möglich, die weder theoretische Ideologie noch weltabgehobene Utopie noch platte Festschreibung bestehender Zustände sind. Erst so werden pragmatische oder auch religiös fundamentalistisch gefärbte sog. „naturalistische" Trugschlüsse vermieden und keine (wenn vielleicht auch latente) Privilegien bevorzugter Schichten auf Kosten Schwächerer scheinbar wissenschaftlich abgesichert. Ja erst so sind im strengen Sinn des Wortes sozialethisch normative, d. h. menschheitsweit verantwortende und „ceteris pribus" universalisierbare Richtlinien, also konkrete Entscheidungshilfen bzw. Rahmenbedingungen ethisch formulierbar.

Das Menschenbild als Ziel und Rahmen

In jeder Sozialethik ergeben die weltanschaulich bedingten Koordinaten des jeweiligen Menschenbildes die Zielvorgaben, die für eine christliche Sozialethik dann vom freilich auch über den jüdisch-christlichen Horizont hinaus plausiblen, biblischen Menschenbild bestimmt sind. Für die weltweite wirtschaftliche Entwicklungsproblematik sind dabei folgende Momente besonders zu beachten:
Der Mensch ist so, wie er ist, von Gott als guter, ja als sein geschöpfliches Ebenbild geschaffen und darin mit einer unbedingt zu achtenden Würde ausgezeichnet. Diese personale Würde, die sich nicht bloß in den geistigen Fähigkeiten und in seiner Freiheit begründet, obwohl sie Folge dieser Würde sind, eignet als solche jedem Menschen und begründet damit über alle sonstigen Unterschiede von Herkunft, Rasse, Geschlecht usw. hinaus deren fundamentale Gleichheit. Eigentlich Mensch, also individuell selbständige Persönlichkeit, ist der Mensch jedoch nur mit anderen zusammen in einer mitmenschlichen Gemeinschaft. Menschliche Gemeinschaft existiert aber für den körperlich geistig verfaßten Menschen nur im Umgang mit den materiellen Gütern dieser Welt, also in geschichtlich räumlich verwirklichten gesellschaftlichen Kulturen, die allerdings stets (und in unserer Epoche zunehmend spürbar) in menschheitsweiten Verknüpfungen stehen.
Wirtschaftliche Entwicklungsfragen, gerade auch das derzeit besonders belastende Nord-Süd-Gefälle, sind sozialethisch daher nur unter diesen Parametern angemessen zu fassen. Da der Mensch als körperlicher auf den Gebrauch der materiellen Güter zu seinem Lebensvollzug wesentlich angewiesen ist, kann sich ein ganzheitliches Glaubensverständnis – obwohl dies immer wieder einmal versucht oder politisch gewünscht wird – keinesfalls „auf den Himmel" konzentrieren. Christliche Sozialethik, die sich nicht um die wirtschaftlichen Belange bzw. um die sie bestimmenden Ordnungsstrukturen kümmerte, würde sich selber aufgeben. Aufgrund der wesentlichen Gleichheit aller Menschen wird sie sich dabei zudem niemals nur auf eine

Gruppe beschränken können. Vielmehr muß sie stets weltweit, wie auch im Blick auf künftige Generationen die Folgen von wirtschaftlich-politischen Maßnahmen, also deren Aus- und Einwirkungen auf die umfassende Achtung der Würde wirklich aller Menschen aufmerksam und kritisch berücksichtigen.

Dabei spielt freilich ein weiteres, der allgemeinen Eigenerfahrung zwar nicht unbekanntes, aber im biblischen Kontext doch besonders deutlich herausgearbeitetes Moment in der menschlichen Wesensstruktur eine prägende und daher, so belastend es auch sein mag, stets ebenfalls zu beachtende Rolle: Die menschliche pesonal-sozial geprägte Existenz ist offenbar irgendwie gebrochen. Statt die ihn konstituierende Abhängigkeit von Gott als seinem letzten Seinsgrund wie die näherliegende, aber nicht weniger wesentliche Abhängigkeit von seinen Mitmenschen in seinem ganzen Verhalten zu achten, neigt er stets neu dazu, sich darüber in überheblich stolzer und egoistisch selbstsüchtiger Rücksichtslosigkeit um vermeintlicher, meist kurzfristiger Vorteile willen hinwegzusetzen. Er tut dies, obwohl er eigentlich darum weiß, daß er unter der daraus entstehenden Disharmonie leiden wird und diese in letzter Konsequenz sogar selbstzerstörerische Folgen zeitigt. Was die Bibel in ihrer Bildersprache mit den Schöpfungsberichten wie mit den Geschichten vom Sündenfall Adams und Evas bzw. vom Brudermord Kains an Abel schildert[3], ist der Eigenerfahrung des Menschen als eine Art schwarzer Fleck in seiner Existenz durchaus vertraut.

Die der Aufklärung liebe Idee von einem „von Natur aus guten Menschen" (J.J. Rousseau) müßte daher aller Erfahrung nach als Irrweg erkannt sein. Entsprechend kann dann aber zumindest eine christliche Sozialethik wirtschaftlichen Ordnungskonzepten der reinen Selbstregulierung, wie sie im Sinn der gleichen Aufklärung im Liberalismus wie im Sozialismus von einem D. Ricardo wie von einem K. Marx entwickelt wurden, nur mit Skepsis begegnen. Da diese Skepsis zudem in den unmenschlichen Folgen des sog. Manchester-Kapitalismus des 19. Jahrhunderts wie im Kommunismus des 20. Jahrhunderts ihre geschichtlich erfahrungsmäßig unbestreitbare Bestätigung gefunden hat, ist diesbezüglich sogar besondere Aufmerksamkeit gefordert.

D. h. aber zusammengenommen, daß konkrete Ordnungskonzepte für die Gestaltung der wirtschaftlichen Belange sozialethisch verantwortet nur dann realistisch in Erwägung gezogen werden können, wenn sie einerseits die stets im materiellen verwurzelte und immer zugleich individuell personal wie sozial gemeinschaftlich bedingte Existenzweise des Menschen als an sich gute und damit bewahrend und fördernd zu beachtende anerkennen und tätig wahrnehmen. Andererseits aber müssen zugleich auch stets deren Gefährdung durch den Hang zu erheblichem Egoismus kritisch wachsam einbezogen und entsprechende Kontroll- und Korrekturfaktoren in der Gesamtordnung vorgesehen werden.

Damit ist zwar noch immer kein wirtschaftliches Ordnungskonzept benannt, das den konkreten Problemen des krassen und menschheitsgefährdenden Nord-Süd-Gefälles zu begegnen und somit ein brauchbares wirtschaftliches Entwicklungskonzept zu entwickeln erlauben würde. Dennoch ist damit vom Menschenbild her ein Wert- und Zielsetzungsrahmen abgesteckt, außerhalb dessen gedeihliche Konzepte trotz

---

[3] Vgl. Gen 1-4.

evtl. gegenteiliger Absicht und hochgestecker idealer Ziele sowohl aufgrund der weltanschaulich christlichen Grundlage wie angesichts der von der geschichtlichen Erfahrung bestätigten Einsicht nicht erwartet werden können. Idealistischen Träumen, verbunden mit philanthropisch gutem Willen, hat gerade christliche Sozialethik daher mit nüchternem Realismus zu begegnen. Weil es sich kaum zudem je lohnt, alles neu selber erfinden zu wollen, muß sie zugleich unter wirtschaftlich real funktionierenden, also an der Praxis bewährten Theorien nach den auch den ethischen Vorgaben genügenden Modellen suchen. Dies ist nicht zuletzt deshalb unerläßlich, weil die Kosten für praxisferne Träumereien letztlich bei den Schwächsten, ohnehin schon Benachteiligten anfallen.

Der Input wirtschaftswissenschaftlicher Theorien

Wegen ihres realitätsfernen Menschheitsoptimismus muß also von sich selbst regulierenden Systemen Abschied genommen werden. Der liberale Kapitalismus, der dem freien Spiel der Kräfte der sich gegenseitig ergänzenden Eigeninteressen gemäß der „Fabel von den Bienen" von B. de Mandeville[4] vertraut, genügt der Wirklichkeit so wenig wie die revolutionären Ideen einer kommunistisch kollektivistischen Ordnung, die allein auf die Abschaffung des Privateigentums setzt und dann erwartet, daß die Menschen so zu ihrer mitmenschlichen Güte befreit würden, daß sich alle nach ihren Fähigkeiten einsetzen und nun auch nach ihren Bedürfnissen empfangen könnten. Damit sind jedoch die in dieser Ideologie involvierten Konzepte der Regulierung des wirtschaftlichen Geschehens über den offenen Wettbewerb so wenig schon vom Tisch wie dasjenige einer umfassenden Planung. Denn auch der in der Soziallehre der Kirche immer wieder erhobene Einwand der ungenügenden Berücksichtigung der individuell personalen Momente in kollektivistisch gesamtplanerischen Konzepten wie derjenige der Unterschlagung der sozialgemeinschaftlichen Rücksichten im rein auf die individuelle Profitmaximierung ausgerichteten Konkurrenzmodell reichen trotz all ihrer Berechtigung nicht aus, um von vornherein eine feste Option für oder gegen eine plan- bzw. marktorientierte Ausrichtung fällen zu können. Was bislang ausgeschlossen ist, sind nur Extremformen in Reinkultur.
Eine wirkliche Klärung für diese ordnungspolitischen Probleme kann offensichtlich nur eine umsichtige Auseinandersetzung mit den konkreten Ansätze in ihrem jeweiligen geschichtlichen Kontext wie in ihren absehbaren künftigen Folgen hinsichtlich der wirtschaftlichen Effizienz sowie ihrer gesamtgesellschaftlichen Auswirkungen bringen. Wenn eine vorschnelle, meist zumindest latent interessengeleitete und damit ideologische Festlegung auf bestimmte Modelle vermieden werden soll, bleibt also nur ein solches im Licht der genannten humanistischen Wertvorgaben induktives Vorgehen. Dieses erlaubt freilich nie, ein eindeutig und für immer gültiges Ordnungsmodell festzulegen, sondern nur das nach gegenwärtigem Erkenntnisstand, also „nach bestem Wissen und Gewissen" brauchbarste, den ethischen Zielen angemessenste zu eruieren, um es damit zugleich auch für die weiteren Optimierungen wie für die allenfalls nötigen Korrekturen offenzuhalten. Gerade diese Flexibilität

---

[4] Vgl.: B. de Mandeville, The Fable of the Bees or Private Vices made Public Benefits, London 1714.

verbietet es aber auch, sich je auf eines der beiden Modelle in Reinkultur festzulegen, weder auf den reinen Wettbewerb noch auf den umfassenden Plan.

Wenn man unter diesen Voraussetzungen planwirtschaftliche Ansätze genauer analysiert, so zeigt sich an ihnen zunächst als vorteilhaft, daß sie der Versorgung der Bevölkerung, der beliebigen Produktion wie dem spontanen Tausch von Waren und Dienstleistungen eine rationelle Ordnung zu geben versuchen, um damit Reibungsverluste, Konflikte und Ungleichgewichte tunlichst zu vermeiden. Dem weltgestaltenden Auftrag des Menschen und seiner ordnenden Vernunft kommen gerade auch im Blick auf einen sozialen Ausgleich diese Planungsmodelle damit sehr entgegen, und zwar so sehr, daß sie seit der griechischen Antike trotz aller Mißerfolge immer neu versucht werden in der Hoffnung, daß man nur an jeweils konkreten Widrigkeiten, nicht aber am Konzept an sich gescheitert sei. Bei all ihrer Ablehnung für die weltliche Gesellschaftsordnung seitens der Katholischen Soziallehre, behält sie zudem sogar für die geistlich hierarchische Organisation der Kirche auch theologisch noch Anhänger.[5]

Obwohl das immer neue Scheitern eines Modells auch ethisch zu denken geben muß, ist es dennoch nicht nur die ungemein lange Mißerfolgserfahrung mit solchen gesamtplanerischen Konzeptionen, welche die Skepsis nährt. Vielmehr läßt die Einsicht, daß planerisch rationale Modelle als solche, und zwar sogar aus den zwei oben schon angeführten Gründen, dem Wesen des Menschen nicht zu entsprechen vermögen, diesen Denkansätzen den Abschied geben. Denn einmal bedarf eine prospektive Planung und Organisation wirtschaftlicher Zusammenhänge einer derartigen Fülle von Daten und Parametern, daß deren Menge niemals und schon gar nicht rechtzeitig bewältigt werden kann, zumal sich unter den ausschlaggebenden Faktoren stets auch psychologisch irrationale Momente als bestimmend erweisen. Eine unbedingt erforderliche Voraussetzung für eine rationale Planung ist so auch mit den Mitteln modernster EDV offensichtlich nicht zu bewältigen. Einmal eingeleitete Maßnahmen sind zudem nur sehr schwerfällig korrigierbar, Fehlplanungen großen Ausmaßes also praktisch vorprogrammiert. Dazu kommt, was die geschichtliche Erfahrung nicht weniger bestätigt, daß sich bei einer Planungsbehörde, die heute Weltdimensionen einzubeziehen hätte, ein derart immenses und kaum kontrollierbares Machtpotential konzentrieren müßte, dessen Versuchungen der Mensch in seinem Hang zu überheblichem Egoismus aller Regel nach zu widerstehen unfähig ist. Die Exzesse der UdSSR-Nomenklatura sind dafür nur ein besonders abstoßendes Beispiel.

Wo aber theoretische Einsicht wie geschichtliche Erfahrung sich so eindeutig negativ bestätigen, ist es ethisch unverantwortlich, eine Spur weiterzuverfolgen. Wo scheinbar rationale Konstrukte immer neu zerstörerische Folgen zeitigen, können dafür nicht einzelne Umstände als Ursache angerufen werden. Hier muß es am Konzept selber liegen. Es weiter zu propagieren bedeutet entsprechend, auf Ideologie zu setzen. Dennoch heißt dies nicht, daß jede einzelne planerische Maßnahme, vor allem wo damit soziale Vorgaben zum Schutz von Schwächeren angestrebt werden, damit auch schon hinfällig würde. Wohl aber muß die Idee als solche, nämlich die

---

[5] Vgl. dazu auch die Hinweise zur sozialen Marktwirtschaft in Teil I, 2.

Verwaltung der materiellen Weltgüter, also die Wirtschaft über einen Gesamtplan organisieren und steuern zu können, fallengelassen werden. In Anbetracht der offensichtlichen ökonomischen Erfolge der auf dem freien Wettbewerb bei Gewinnung, Produktion und Verteilung (bis hin zu der Entsorgung) von wirtschaftlichen Gütern aufbauenden, sog. marktwirtschaftlichen Ordnung empfiehlt es sich dann, und zwar erneut unter geschichtlich erfahrungsbezogener wie unter reflektierend theoretischer Überlegung, dieses Modell genauer zu untersuchen. Dies legt sich zudem umso eher nahe, als kein grundsätzlich anderes drittes Modell sich als realistische Alternative anböte.

Damit wird aber zugleich auch deutlich, daß sich mit dieser Option in keiner Weise eine ideologische Festlegung bis in konkrete Einzelheiten hinein verbindet, wie dies etwa im klassichen Liberalismus trotzdem versucht wurde. Die dort gemachte Voraussetzung, daß nämlich der an sich gute Mensch, wenn man ihn frei machen lasse, in diesem freien Spiel der Kräfte ganz von selbst (bzw. über die aktive Wahrung seiner dann ja ebenfalls guten, d. h. von keinem sündigen Hang zur Bosheit getrübten Eigeninteressen), also „wie von unsichtbarer Hand" gelenkt der bestmöglichen Ordnung zum Durchbruch verhelfen würde, wird hier in keiner Weise vertreten. Es geht vielmehr wirklich und nur darum, nach in der Praxis bewährten Ordnungsvorstellungen zu suchen, die den vom christlichen Menschenbild getragenen Zielvorstellungen als Rahmenbedingungen für jede gesellschaftliche Ordnung grundsätzlich zu genügen vermögen und zugleich für Verbesserungen und Korrekturen bestmöglich offen bleiben. Dies heißt dann zugleich, daß eine konkret normative Ordnung zwar als ethisch verantwortete und daher auch nach dem gegenwärtigen Wissensstand als optimale vorgeschlagen werden kann. Als eine schlechthin gute kann sie dagegen niemals bezeichnet werden.

Der sozial-marktwirtschaftliche Ansatz

Unter dieser Vorgabe (und nur unter ihr) können daher marktwirtschaftliche Ordnungsvorstellungen im Sinn einer christlichen Sozialethik weiterdiskutiert werden. Dabei fällt auf, daß diese sich an ihrem Ursprung beim schottischen Moralphilosophen A. Smith nicht als abstrakte Wirtschaftstheorie präsentieren, sondern als auf die Wirtschaftsordnung bezogener Teil seiner Ethik, die hier zudem im größeren Zusammenhang der menschlichen Freiheitsansprüche der Aufklärung stand bzw. konkret den freien Zugang aller zu Wettbewerb und Markt forderte, um so die damals die Schotten besonders belastenden Privilegien des englischen Adels zugunsten der „Wealth of Nations", also der Wohlfahrt der Nationen, abzubauen. Daß das Verfolgen der eigenen wirtschaftlichen Interessen, das sich zum Wohl aller auswirken soll, nicht in eine freie Beliebigkeit gestellt ist, sondern als in den „moral sentiments" (also in den Anforderungen einer allgemeinen Menschlichkeit) eingebunden sein muß, war für Smith bei all seinem aufklärerischen Optimismus über die menschlichen Fähigkeiten dennoch selbstverständlich.[6]

---

[6] Für diese lange zu wenig beachtete genuine Interpretation des Werks von A. Smith vgl.: H.C. Recktenwald, Würdigung des Werks in: Ders. (Hrsg.), A. Smith, Der Wohlstand der Nationen, a.a.O. – es handelt sich um die Einleitung zur Neuausgabe des Werks von Smith.

Erst die weitere Entwicklung dieses Ansatzes durch D. Ricardo und deren neuerliche Zuspitzung bei einigen Vertretern der sog. Neoklassik in der Ökonomik des 20. Jahrhunderts glaubte in einer Art der reinen Ökonomik des Wettbewerbs am Markt von dessen Einbindung in die ethische Dimension abstrahieren zu können, fast als ob die wirtschaftlichen Abläufe als solche keiner ethischen Begleitung bedürften. Nach allen sozialen Folgen, welche dies in Vergangenheit wie Gegenwart gerade auch im Blick auf die weltwirtschaftlichen Probleme des Nord-Süd-Gefälles zeitigte, erstaunt eine solche Tatsache, zumal schon die Konzeption, daß aller Erfahrung nach jeder Wettbewerb als solcher dazu tendiert, sich selbst über eine mehr oder weniger offene Kartellierung (wenn nicht gar Monopolisierung) aufzuheben, klar machen müßte, daß ein rein liberalistisches Konzept in die Ideologie abgleiten muß. Der „Humo oeconomicus" hat nämlich in der Realität und entgegen der Theorie stets die Tendenz, den immer unbequemen anderen Wettbewerber am Mitspielen zu hindern, um sich die einmal erworbenen Vorteile bestmöglich zu erhalten. Denn die für die Gesamtwirtschaft gerade durch den „Newcomer" bewirkten Verbesserungen und Innovationen, interessieren den Arrivierten in keiner Weise mehr, obwohl dies der Theorie eigentlich widerspricht; sie sind im Gegenteil sehr lästig. Das heißt aber nichts anderes, als daß eine wettbewerbsgeprägte Marktwirtschaft ohne eine von außen zugesprochene und durchgesetzte ethische Stütze sich selber aufzuheben tendiert, weil letztlich die Bequemlichkeit der Starken bzw. Starkgewordenen, also erneut der Egoismus die innere Konsequenz der marktwirtschaftlichen Option ausschließen will.

Mit der Einbindung in ein sozialethisches, also von einer umfassenden personalen Achtung jedes Menschen in Gesellschaft bestimmtes Referenzsystem vermag eine marktwirtschaftlich wettbewerbsbestimmte Ordnung den mit den menschlichen Begrenztheiten gegebenen Gefahren der Perversion von Wirtschaft (d. h. mit der Verdrehung von deren Ziel vom Dienst am Gemeinwohl zur einseitig egoistischen Privilegiensicherung) besser zu begegnen als jedes andere Modell. Was diesbezüglich schon die Erfahrung aus der Geschichte deutlich lehrt, bestätigt sich auch hier in der theoretischen Reflexion. Denn einerseits kompensiert ein allgemeiner Wettbewerb mit seinen selbst bei großen Konzernen eher kurzfristigen Einzelentscheidungen die aufgrund von Informationsmängeln entstandenen Fehleinschätzungen sehr viel rascher, als dies in einem Plansystem je möglich wäre. Er reduziert dadurch aber zugleich auch die aus Fehlentscheidungen entstehenden volkwirtschaftlichen Schäden. Andererseits aber ermöglicht der Wettbewerb zugleich auch die gegenseitige Kontrolle der „Mitspieler" und verhindert so zwar nicht einfach die negativen Auswirkungen des Egoismus (hier verstanden als Übersteigerung und exklusive Wahrnehmung von Eigeninteressen). Wohl aber vermag er sie trotz aller auch da noch möglichen Korruption in sehr viel engeren Grenzen zu halten als dies in merkantilistisch feudalen, aber auch in sozialistisch geschlossenen Systemen je möglich ist.

Zusammengenommen bedeutet dies, daß sowohl von ihren Ursprüngen wie von ihren Konsequenzen her die marktwirtschaftlichen Ordnungsmodelle nicht als beliebig, sondern als gesellschaftlich geordnet freie zu verstehen sind und nur unter dieser Voraussetzung, also als sog. soziale Marktwirtschaften bzw. im Sinn eines Ordo-

oder Institutionenliberalismus ethisch vertretbar sind. Diese vor allem in der zweiten Hälfte des 20. Jahrhunderts differenziert entwickelte und in Ländern bzw. Regionen, wo sie mit manchen kulturell unterschiedlichen Ausprägungen angewendet wird, ökonomisch ungemein erfolgreiche, soziale Ordnungskonzeption ist daher nicht eine dem Wettbewerb und Markt nachträglich übergestülpte Korrektur, sondern eine ihrem eigentlichen Wesen entsprechende und zum Erhalt einer für alle prosperierende Wirtschaft unerläßlich „innere" Eigenschaft, die freilich in einer wirtschaftlich weltweit immer mehr vernetzten Gesellschaft die regionalen Begrenzungen zunehmend übersteigen und sich zu einer sozialen Welt-Markt-Wirtschaft weiter entwickeln muß, wenn sie ihrem eigenen Wesen treu bleiben will. Entsprechend kann denn auch die Problematik der wirtschaftlichen Entwicklungspolitik nur in diesen globalen Zusammenhängen gedacht werden. Deshalb muß die ethisch verantwortete Brauchbarkeit des sozialmarktwirtschaftlichen Modells auch auf Weltebene überprüft werden, um entscheiden zu können, ob und unter welchen Bedingungen es zur Bewältigung dieser epochal drängenden Entwicklungsproblematik wenigstens tendenziell zu genügen vermag.

5.3.2. Verifikation des marktwirtschaftlichen Konzepts in globalen Zusammenhängen

In fortschrittlichen einzelstaatlichen Volkswirtschaften haben sich die sozialmarktwirtschaftlichen Ordnungen nationalökonomisch bewährt, sozialen Frieden gesichert und – anders als in rein neoliberal-kapitalistischen Ökonomien, welche eine deutliche und letztlich auch wirtschaftsschädliche Zunahme von Armut zu verzeichnen hatten[7] – die sozialen Unterschiede zumindest in erträglichen Grenzen zu halten vermocht. Obwohl mancherorts noch weit davon entfernt Gerechtigkeit in befriedigender, geschweige denn vollkommener Weise sicherzustellen, erwies sich dieses Ordnungsmodell doch als praktisch brauchbar, für Korrekturenverbesserung offen und der Achtung der menschlichen Würde – man denke etwa an Mitbestimmung, Sozialgesetzgebung, Gewinnbeteiligung usw. – zuträglicher als jedes andere praktisch einsetzbare Ordnungsmodell. Obwohl der dependenztheoretische Einwand, eben dies sei nur möglich geworden dank der Ausbeutungsstrategie der sog. Dritten Welt, die mit dem Kolonialismus vor 500 Jahren einsetzte und wirtschaftlich noch weiter anhalte, nicht ohne jede Berechtigung ist, ist damit die hohe Prosperität der marktwirtschaftlichen, sozial organisierten Wirtschaftsregionen doch keinesfalls erklärt.[8] So stellt sich fast von selbst die Frage, ob dem Gerechtigkeitsdefizit im Nord-Süd-Gefälle nicht mit diesen nun freilich nicht mehr national-, sondern

---

[7] Die entsprechenden Angaben der Entwicklungen, die sich in England bzw. den USA unter den Regierungen von Margaret Thatcher bzw. Ronald Reagan für die unteren Schichten der Bevölkerung abzeichneten, mögen dabei gesamtstatistisch nicht sehr auffällig sein. Sie sind aber schichtenspezifisch deutlich bemerkbar und wurden so vor allem auch von kirchlicher Seite (vgl. dazu den US-amerikanischen Hirtenbrief von 1986) auch entsprechend deutlich angemahnt.

[8] Vgl. dazu als selbstkritische Weiterführung der ersten Ansätze: F.H. Cardoso/E. Faletto, Abhängigkeit und Entwicklung in Lateinamerika, in: D. Senghaas (Hrsg.), Peripherer Kapitalismus, Frankfurt 1974, 201-220, sowie F. Furger/J. Wiemeyer, Die Dependenztheorie als Ansatz zur Erklärung von Armut und Unterentwicklung, Bonn 1994.

global-ökonomisch gefaßten, also auf Weltdimensionen extrapolierten sozialmarktwirtschaftlichen Ordnungsmodell zu begegnen wäre.

Verzögerte Globalisierung partikulärer Einsichten

In diesem Zusammenhang ist zunächst negativ die Tatsache festzuhalten, daß die offiziell sich zur Marktwirtschaft bekennenden, „alten" Industrieländeer sich gegenüber jedem neu auf den Markt drängenden Wettbewerber abzuschotten versuchen. D. h., daß man zwar dort, wo man eigene Stärken vermutet, durchaus den freien Zugang zum Markt für sich beansprucht, aber dort, wo andere sich als besser erweisen könnten, über Protektionismen aller Art (Quotenregelungen, Zölle, Zulassungs- und Betriebsregelungen usw.) die Konkurrenz auszuschließen sucht. Obwohl das GATT (General agreement on tarifs and trade) eben dies zum Nutzen aller zu unterbinden versucht, drohen bei jeder Novellierung dieses Abkommens (man denke nur an die mühsame sog. Uruguay-Runde der 1990er Jahre) die von industriellen Lobbies abhängigen nationalen Politiker, ihre partikularen Interessen auf Kosten der Newcomer zu schützen. Die Tatsache, daß die Verluste, welche den Drittweltländern durch solche Protektionismen erwachsen die gesamte Entwicklungshilfe um ein Mehrfaches übersteigen, zeigt, welchen Schaden diese rein egoistische, also unfaire Inkonsequenz gegenüber der sonst so deutlich bejahten Wirtschaftsordnung des freien Wettbewerbs anrichtet. So muß denn eine erste weltwirtschaftlich ethische Forderung auf globale Konsequenz zu den eigenen Ordnungsprinzipien lauten: Wer seine Stärke dazu mißbraucht, um die eigenen Vorteile eines Systems zu nutzen und zugleich dessen Lasten auf Kosten anderer zu vermeiden sucht, handelt spezifisch unethisch, und zwar selbst dann, wenn solche Inkonsequenz innerstaatlich gewisse Belastungen nach sich ziehen müßte, wie das in den meisten Staaten der Europäischen Union derzeit für die landwirtschaftliche Nahrungsmittelproduktion, aber auch in vielen Teilen für Textil, Stahl usw. zutrifft. Was u. U. als Schutz für eine sich entwickelnde Wirtschaft als Starthilfe noch hingenommen oder – wie es seinerzeit der deutsche Wirtschaftswissenschaftler und Politiker F. List mit sog. „Erziehungszöllen" für Deutschland gegenüber dem schon industrialisierten England tat – in Anspruch genommen werden kann, wird zum unsittlichen Opportunismus, wo es, wie es heute meist der Fall ist, von den Starken zur Sicherung ihres Reichtums angewandt wird. Sozialethik, die eine Marktordnung bejaht, verlangt also als erstes deren die eigenen Grenzen übersteigende globale Konsequenz zu den eigenen Optionen, oder umgekehrt: Eine marktwirtschaftliche Ordnung, die keine globale Geltung des offenen Wettbewerbs anstrebt, sichert einzelnen stärkeren Nationen Vorteile auf Kosten anderer bislang Schwächerer. Ihre Globalisierung ist dennoch integrierender Teil und damit Bedingung ihrer ethischen Akzeptierbarkeit.
Darüber hinaus bringt aber die Globalisierung auch weitere Momente zum Tragen, die gerade für eine christlich sozialethisch orientierte Entwicklungspolitik bedeutsam sind. So erlaubt die zunehmend weltweite Vernetzung multinationaler Firmen nach den Gesetzes des Wettbewerbs, daß diese sich die für die Produktion jeweils günstigsten Standorte aussuchen. Dies ist zunächst im Sinn der Kostenminimierung, also der bestmöglichen Nutzung der gegebenen, aber stets knappen Ressourcen durchaus be-

grüßenswert. Zugleich ermöglicht diese internationale Öffnung aber auch, die in den weit entwickelten sozialen Marktwirtschaften zugunsten der Schwächeren aufgebauten und über Interessenvertreter, die nun als Tarifpartner sich gegenseitig vertraglich binden, wie über die staatliche Gesetzgebung abgesicherten Regelungen zu Arbeitszeit, Entlohnung, Gesundheitsschutz, Versicherung gegen Krankheit, Unfall und Arbeitsplatzverlust usw. zu umgehen. Das sog. „Ausweichen in Billiglohnländer" ist nämlich häufig nicht eine geschickte Nutzung von fairen Chancen, wie sie etwa durch größere Sorgfalt, höhere Arbeitsmoral, flexiblere Verwaltung, neueren Bedürfnissen angepaßte Bildungspolitik usw. möglich werden. Nicht diese Momente, die in „satten" Gesellschaften als letztlich das Gemeinwohl belastende Faktoren, ähnlich der Verkalkung eines untrainierten Organismus, sollen damit überwunden werden. Vielmehr geschehen solche Verlagerungen oft auch mit dem Ziel, die zuhause durchaus anerkannten und sogar als Errungenschaften der Marktwirtschaft gepriesenen Standards bzw. deren Kosten zu vermeiden, sei es, weil in den Entwicklungsländern noch keine entsprechenden Gesetze vorhanden sind, sei es, weil diese sich über bestechliche Verwaltungen umgehen lassen oder nicht weniger korrupte totalitäre Regime die gewerkschaftlichen Interessenvertretungen unterbinden.

Daß solchen Mißständen nur über eine Internationalisierung der in fortgeschrittenen Industriegesellschaften geltenden Absprachen und Regeln begegnet werden kann, liegt auf der Hand. Denn wenn der Wettbewerb als solcher (ethisch durchaus erfreulicherweise) zur Internationalisierung tendiert, also – um es im Bild des Sports auszudrücken – das Spielfeld die Welt wird, auf das jeder, der die Spielregeln einzuhalten bereit ist, als Mitspieler eingeladen ist, dann müssen auch die sozialen Parameter und die sie kontrollierenden „Schiedsrichter" international anerkannt bzw. die entsprechenden Regelungen kontrolliert und durchgesetzt werden. Daß man davon bis heute trotz mancher Lippenbekenntnisse zu internationaler Solidarität noch weit entfernt ist, Gerechtigkeit als sozialethisches Grundkriterium diesbezüglich also „notleidend" ist, bedarf kaum der Erwähnung. Sozialethik verlangt dagegen, nach Ursachen und damit nach Ansätzen für Abhilfe zu suchen.

Eine erste Initiative müßte dabei ohne Zweifel von gewerkschaftlicher Seite ausgehen. Während nämlich die Unternehmerseite wie eben gezeigt, längst international tätig und vernetzt ist, ihre Chancen nutzt (und dabei auch in vielen Fällen ihren sozialen Verpflichtungen nachkommt), so fehlt doch die wie in allen übrigen gesellschaftlichen Belangen auch hier unerläßliche Kontrolle noch weitgehend. Zwar müßte der Gewerkschaftsbewegung von ihrer eigenen Tradition her die Idee der Internationalität sogar besonders nahestehen. In Tat und Wahrheit aber sind die Gewerkschaften faktisch fast ausschließlich auf die Belange der nationalen Arbeiterschaften konzentriert. Aus ihnen rekrutieren sich die Mitglieder, die damit auch die Gewerkschaftsfunktionäre wählen und finanzieren. Entsprechend ist dann auch deren internationales Interesse häufig nur zweitrangig.

Da internationale Solidarität der Arbeiterschaft aber nicht nur die unfaßbare Konkurrenz aus den sog. Billiglohnländern auszuschalten verlangt, sondern natürlich auch die faire Konkurrenz zuzulassen fordert, ist sie für die reichen Länder, welche sich über den Protektionismus davor zu schützen suchen, mit Belastungen verbunden, welche Solidaritätsopfer beileibe nicht nur von den Unternehmern, sondern gerade auch seitens der betroffenen Arbeiterschaft fordert.[9]

Diese Zusammenhänge ins Bewußtsein der öffentlichen Meinung zu heben und die Konsequenzen wenigstens zur Diskussion zu stellen, wird damit zu einer vordringlichen, wenn auch unpopulären Aufgabe zunächst für die moralischen Instanzen in der Gesellschaft (wie etwa die Kirchen), aber gerade auch für die Gewerkschaftszentralen bzw. für deren Funktionäre, die sich bislang offensichtlich noch viel zu wenig systematisch mit diesen transnationalen Vernetzungen auseinandergesetzt haben.

Punktuelle Ansätze – Veränderung durch Bewußtseins-Bildung

Auf der politischen Ebene bedeutet diese internationale Vernetzung, in welche die Drittweltländer notwendigerweise eingebunden und – oft ohne hinreichend in die Entscheidungen angemessen einbezogen zu sein – auch davon betroffen werden, daß analog zu den staatlichen Verpflichtungen der Schaffung einer griffigen Sozialgesetzgebung, Regulierungen auch auf der internationalen Ebene angestrebt werden müßten. Da aber international überstaatliche Institutionen mit gesetzgeberischer Kompetenz und dem entsprechenden Durchsetzungspotential trotz einiger Fortschritte in neuester Zeit noch weitgehend fehlen, die internationale Vernetzung der Wirtschaft aber Tatsache bleiben wird, müssen die für eine ethisch verantwortete Marktwirtschaft unerläßlichen Rahmenbedingungen auf internationaler Ebene wenigstens behelfsmäßig so gut als möglich anderweitig zu sichern versucht werden. Folgende Ansätze wären diesbezüglich namhaft zu machen:

Besonders hohe Bedeutung kommt – wie in allen analogen akuten gesellschaftlichen Fragen – der Information (hier im buchstäblichen Wortsinn von in-formare) der öffentlichen Meinung zu, die gerade für diese weltwirtschaftlichen Belange – anders als etwa für das vor ca. 20 Jahren allerdings ebenfalls erst rudimentäre Umweltbewußtsein – noch kaum ein Problembewußtsein zu entwickeln vermocht hat. Konkrete Maßnahmen, die vor allem auch von christlich-kirchlich motivierten Kreisen in letzter Zeit unternommen wurden, deuten in die entsprechende Richtung: Drittweltläden mit „fairen Preisen", d. h. wo die Entlohnung der Fabrik- oder Plantagenarbeiter für die Herstellung der angebotenen Produkte zumindest den in den betreffenden Ländern geltenden Minimallöhnen entsprechen oder – besser – Abkommen mit Handelsketten abgeschlossen werden, die verlangen, daß die dort angebotenen Artikel mit einem „Label" versehen werden, wenn sie, wiederum durch neutrale Stellen kontrolliert, wenigstens die arbeitsgesetzlichen Vorgaben einhalten[10]. Solche Initiativen haben zunächst in den Verbraucherländern eine bewußtseinsbildene Funktion für

---

[9] Wenn derzeit etwa die Bundesrepublik Deutschland weniger wegen der Lohnhöhe als wegen der festen Sozialbeiträge die weltweit höchsten Arbeitsplatzkosten aufweist, dann würden offene Märkte entweder die Abwanderung der Unternehmen oder aber eine Senkung des globalen Lohn-Sozialbeitrags-Niveaus nach sich ziehen, was in jedem Fall auch die Arbeiterschaft erheblich belasten müßte.

[10] So gelang es den Schweizerischen Hilfswerken „Fastenopfer" und „Brot für die Welt", über den Lebensmittelverteiler Migros den amerikanisch kontrollierten Konzern Del Monte dazu zu bringen, auf den Philippinen diese Standards für die Ananas-Produktion (Frischfrüchte wie Konserven) einzuhalten und von der östlichen Justitia et Pax-Kommission auch kontrollieren zu lassen.

wirtschaftliche Zusammenhänge, aber auch für das letztlich beim Konsumenten liegende wirtschaftliche Mitbestimmungspotential zur Folge. Daß die damit verbundene politische Macht hier wenigstens in einem kleinen Sektor Veränderungen einzuleiten vermag und sich so als erfolgversprechend erweist, verstärkt dann erneut die Bewußtseinsbildung und die Einsatzbereitschaft bei breiteren Bevölkerungsschichten in den entwickelten Ländern.

Als analog wirksam sind aber auch Initiativen zu werten, die von engagierten Unternehmern zur Stützung der Eigeninitiative von Kleinstunternehmern in den Entwicklungsländern durch Bildungsmaßnahmen (dies vor allem bezüglich der Buchhaltung), aber auch durch günstige und vor allem ohne große Verwaltungsaufwand erreichbare, wenn auch durchaus rückzahlbare Kredite eingeleitet wurden.[11] Neben der direkten Wirkung des Aufbaus von Ansätzen zu einem selbständigen und initiativen Mittelstand entlarven solche Maßnahmen aber zugleich die informellen, in Verwaltung und Bankwesen verankerten Verhinderungsstrukturen seitens der reichen Eliten dieser Länder gegen jede Regung von Selbständigkeit und möglicher Konkurrenz. Daß diese Wirkung umso stärker ist, je mehr sie international und von direkt im Unternehmensbereich tätigen Christen gefördert und getragen wird, versteht sich dann von selbst.

Natürlich sind dies alles noch keine weltbewegenden Maßnahmen. Sie vermögen weder, den Preisverfall bei der Überproduktion von Nahrungsmitteln oder bei Substitution von Rohstoffen (wie etwa Verbundwerkstoffe statt Stahl, Glaskabel statt Kupfer usw.) in sog. unelastischen, also nicht ausdehnbaren Märkten zu beheben, noch, etablierte politische Machtstrukturen und die darin auch über brutale Korruption abgesicherten Privilegien einfach aufzuheben. Dennoch dürften sie wirksamer sein als die aller Erfahrung nach wirkungslosen und meist auch Privilegien stabilisierenden Markteingriffe wie sie über sog. Bufferstocks (so für Kakao und Kaffee mehrfach eingeleitet), über Quotenregelungen gegen die günstigeren Angebote aus (vor allem fernöstlichen) Schwellenländern besonders bei Textilien und Kraftfahrzeugen oder über Anbieter- und Kartellierungen wie bei der OPEC, dem immer neu zerbröselnden Kartell der Erdöl exportierenden Länder versucht wurden.

Anders als diese Eingriffe in den freien Markt, die meist und entgegen allen gegenteiligen Beteuerungen zugunsten der Reichen und Mächtigen ausschlagen, setzen die genannten Stiftungen auf die freie Initiative gerade der wirtschaftlich Schwächeren. Sie versuchen also, von unten die Rahmenbedingungen in Gesetzgebung und Gesetzesanwendung, d.h. in Verwaltung, Kreditwesen usw. zu verbessern und personwie strukturbezogen im eigentlichen Sinn Entwicklungshilfe zu leisten. Was seinerzeit A. Smith für seine unterdrückten schottischen Landsleute durch die Forderung nach freiem Wettbewerb wollte und wovon für Peru heute A. de Soto Zeugnis gibt, zeigt, wie aus einem hier vor allem christlich motivierten normativen Konzept einer

---

[11] Vgl. für die Bedeutung dieser oft im informellen Sektor tätigen Kleinstunternehmer in Entwicklungsländern, hier bezogen auf Peru: A. de Soto, Marktwirtschaft von unten – die unsichtbare Revolution in Entwicklungsländern, Zürich 1992. Die Veröffentlichung dieses Buches wurde von der in der Schweiz domizilierten Stiftung zur Förderung von Kleinunternehmen in Lateinamerika, FUNDES unterstützt, weil sie Grundlage und Auswirkung von deren Initiativen wissenschaftlich exakt aufarbeitet. Daß auch christliche Unternehmerorganisationen in dieser Stiftung aktiv mitwirken, zeigt, welches Potential seitens einer christlichen Sozialethik hier einzubringen wäre.

sozialen Marktwirtschaft, das auf die Weltdimensionen extrapoliert wird, Entwicklungsimpulse im Sinn größerer Gerechtigkeit ausgehen können.
Natürlich steckt dies alles – wie die Beispiele deutlich machen – noch sehr in den Anfängen. Einen für die ethische Verantwortbarkeit von Markt- und Wettbewerbsordnung unerläßlichen sozialen Rahmen für garantierte soziale Gerechtigkeit vermöchte freilich nur eine politische Weltbehörde stabil zu sichern. Eine solche gibt es aber höchstens in allerersten Ansätzen. Internationalen Abkommen wie etwa diejenigen der Umweltkonferenz von Rio de Janeiro von 1992, aber auch den Abkommen von UNO-Organisationen wie dem internationalen Arbeitsamt in Genf (ILO/BIT) oder der Entwicklungsbehörde UNCTAD fehlt über die gute Absichtserklärung in schönen Worten hinaus oft genug der reale Gehalt, und die privaten Initiativen bleiben trotz allererster Erfolge noch sehr punktuell. Dennoch scheinen sich – so sehr bei transnationalen Konzernen wie bei den Gewerkschaften partielle Eigeninteressen noch immer dominieren – in den Köpfen Veränderungen anzubahnen, und wäre es auch nur, weil eine weitere Zuspitzung des Nord-Süd-Gefälles vor allem über den dadurch ausgelösten Migrationsdruck als friedens-, ja existenzgefährdend empfunden zu werden beginnt.

Wenn der internationale Währungsfond (IWF) es nicht mehr einfach zuläßt, daß die von ihm für weitere Kreditierungen wirtschaftlich zurecht verlangten Sanierungsmaßnahmen einfach den sozial Schwächsten, also den Wehrlosen angelastet werden und diese Politik von dem allerdings der christlich katholischen Soziallehre-Tradition nahestehenden Präsidenten, M. Camdessus, öffentlich vertreten wird[12], dann ist dies aber doch ein Zeichen dafür, daß das hier vertretene normative Konzept der sozialethischen Verpflichtung im Sinn einer sozial marktwirtschaftlichen Ordnung bzw. deren Anwendung auf die Entwicklungsproblematik im Bereich des untolerierbaren wirtschaftlichen Nord-Süd-Gefälles doch Perspektiven für eine entsprechende effektive und christlich verantwortete Politik zu erschließen vermag.

Perspektiven handlungsleitender Relevanz

Wenn eine marktwirtschaftliche Wettbewerbsordnung sich aller Erfahrung nach und offensichtlich über ihren abendländischen Entstehungsbereich hinaus als die einzig wirklich effektive Organisationsform für eine fortschrittliche Produktion und Verteilung von Gütern erweist und damit zumindest derzeit nach bestem Wissen nur über dieses Modell auch die bedrohlichen weltwirtschaftlichen Ungleichgewichte zu beheben sind, so zeigt dieselbe Erfahrung nicht weniger deutlich, daß Menschlichkeit und Gerechtigkeit in dieser Ordnung, ja sogar diese selber als Markt mit Konkurrenz nur erhalten werden können, wenn eine übergeordnete politische Instanz deren soziale Rahmenbedingungen gewährleistet. Da aber diese mit einer solchen Gewährleistungsaufgabe notwendigerweise verbundene Macht nur allzu leicht sich mit den im Wettbewerb finanziell wie bildungsmäßig stark gewordenen Eliten verbindet und dadurch deren Vorrechte stabilisieren hilft, ist auch diese politische Instanz offen-

---

[12] So in Vorträgen vor christlichen Unternehmern in der Weltvereinigung UNIPAC 1992 in Wien und 1993 in Brüssel (intern veröffentlicht von UNIPAC Brüssel).

sichtlich kontrollbedürftig. Dabei bleibt diese Kontrolle – wiederum aller Erfahrung nach, weil auch noch so sittlich edle Alleinherrscher entgegen allen aristokratischen Illusionen seit Plato der Versuchung zu selbstsüchtigem Machtmißbrauch ebenso ausgesetzt bleiben wie alle anderen Menschen – noch am ehesten über demokratisch rechtsstaatliche Strukturen mit Gewaltenteilung und freier Meinungsäußerung gesichert.

Dem scheint allerdings zu widersprechen, daß sich in den letzten Jahren gerade totalitär regierte Staaten vor allem in Fernost (wie etwa Korea, Singapur, Taiwan), aber in etwa auch in Indonesien und teilweise in Lateinamerika (z.B. in Chile), eine erhebliche Stellung im Weltmarkt zu erorbern und zu sichern vermochten und dies teilweise sogar unter Einbezug von sozialökonomisch planerischen Maßnahmen. Die im Westen gern als allgemein gültig betrachtete Ansicht, daß Marktwirtschaft und Demokratie sozusagen Zwillige seien, wo das eine ohne das andere zumindest auf weitere Sicht nicht zu bestehen vermöge, muß daher genauer überprüft werden. Ein näheres Zusehen scheint allerdings zu zeigen, daß die Formel: „Erfolgreicher Markt unter politisch zentralplanerischen Ordnungsvorgaben", sogar abgesehen von der darin meist nur sehr fragwürdig gegebenen Menschenrechtsgarantie, dennoch nicht haltbar ist.

Denn was offenbar zu Beginn eines technologisch-industriellen Innovationsschubs an zentraldirigistischen wie totalitär disziplinierenden Maßnahmen eine gewisse Wirkung zu zeitigen vermag (Chile wie Südkorea, aber z.T. auch Indonesien dürften dafür besonders eindrückliche Beispiele abgeben), weckt gerade dort, wo der Erfolg sich einstellt und der weitere Fortschritt noch höhere Differenzierungen und neuerliche Innovationen erheischt, auch das Bedürfnis nach gestalterischen Freiräumen. Diese werden so zu Bedingung für den weiteren Fortschritt. Solche Bedürfnisse sind aber nur über Schritte zu einem Mehr an rechtsstattlicher Demokratie zu befriedigen, wofür erneut Chile und Südkorea, aber auch Taiwan und – da freilich erst rudimentär – Indonesien und Kontinental-China den Beleg liefern. Der eben genannte Einwand verlangt damit zwar eine gewisse situative Relativierung der prinzipiellen Affinität von freier und sozialer Marktwirtschaft und rechtsstaatlicher Demokratie, hebt sie aber in keiner Weise und schon gar nicht langfristig als Leitmaxime für eine Perspektive zu einer gerechten Weltwirtschaftsordnung auf. Christliche Sozialethik wird daher die Frage nach einer ökonomisch effizienten, theoretisch wissenschaftlich begründeten und ethisch verantworteten weltwirtschaftlichen Entwicklung nur unter dieser Perspektiven-Vorgabe verantwortet ins Auge fassen dürfen. Dies vorausgesetzt, wäre dann wohl folgenden Punkten prioritär Beachtung zu schenken:

Wirtschaftliche Zusammenarbeit in Handel und Wettbewerb ist gerade auch im Kontakt mit Entwicklungsländern nie nur ein ethisch neutraler Austausch unter verschiedenen „homines oeconomici". Er steht immer stabilisierend oder dynamisierend, ethisch gerechtigkeitsfördernd oder reine Privelegien stützend in einem größeren gesellschaftspolitischen Zusammenhang. Das gilt sogar dort, wo man aufgrund komplexer Verhältnisse sich über die konkrete Tragweite eines Verhaltens unterschiedliche, gelegentlich sogar gegenläufige Meinungen bilden kann[13]. Die mit diesen Tatsachen

---

[13] So war etwa in Südafrika beim Kampf gegen die unmenschliche Apartheid nie völlig klar, ob

verbundenen Unsicherheiten machen allerdings die sozialethische Rückfrage nicht etwa absolet, sondern sie lassen sie situativ angepaßt erst recht immer neu stellen. Konkreter bedeutet dies dann, daß Handel mit korrupten oder diktatorischen Regimes bzw. mit deren wirtschaftlichen Exponenten wie Staatsfirmen u.ä. oder (wohl häufiger) mit rechtlich indirekt kontrollierten Organisationen, sorgfältig darauf zu prüfen sind, inwieweit dadurch menschenrechtswidrige Strukturen unterstützt werden oder allenfalls gelockert werden können. Aber auch da, wo das Letztere vermutet werden kann, müssen die einzelnen Praktiken auf ihre sittliche Verantwortbarkeit (etwa hinsichtlich tolerierbarer, weil meist üblicher Schmiergelder wie vor allem hinsichtlich der involvierten Produkte) einzeln und je neu geprüft werden. Daß dabei gewisse Bereiche wie etwa Drogen- oder Waffenhandel, aber auch Müllexport als sensibel betrachtet werden sollen und aller Regel nach apriori außer Betracht fallen müssen, versteht sich von selbst.

Daß protektionistische Handelshemmnisse, wie oben gezeigt, als formelle (Zölle, Quotenregelungen usw.) oder informelle Beschränkungen auch gesellschaftspolitisch fatale Folgen haben, die Eigeninitiative reduzieren und so Wettbewerbs- und Entwicklungsverhinderungen einleiten, versteht sich nicht weniger und bedarf theoretisch keiner weiteren Erklärung. Dagegen bedarf in Anbetracht der damit verbundenen Strukturveränderungs-Lasten für gewisse Schichten in den entwickelten Ländern eine solche Öffnung stets neuer Initiativen zur Bewußtseinsbildung wie für soziale Abfederungsmaßnahmen, bei welchen den moralischen Instanzen, also vor allem auch den Kirchen sogar besondere Bedeutung zukommt, Daß dabei eine Entwicklungshilfe, die faktisch eine bloße Exportförderung für die Industriestaaten darstellt, eigentlich allein schon wegen der damit verbundenen wirtschaftlichen Verzerrungen ausgeschlossen sein müßte, dürfte eigentlich trotz aller noch immer üblichen Gegenbeispiele[14] ebenfalls klar sein.

Eng mit diesen strukturpolitisch unerläßlichen Vorkehrungen müßte unter solchen „Perspektiven" aber auch darauf hingewiesen werden, daß auf internationaler Ebene alle Initiativen für einen fairen und freien Handel, also vor allem auch die GATT-Verhandlungen, der dringenden Unterstützung aller moralischen Instanzen bedürfen, wobei der Hinweis darauf, daß alle diese sozialethisch geforderten Maßnahmen in keiner Weise bloß den Stärkeren belastende Opfer bedeuten, sondern wie jede gute Ethik wenigstens langfristig letztlich allen zugute kommen, als Argument durchaus nicht unterschlagen werden sollte. Gerade christliche Sozialethik hätte auf diese optimistische Dimension ethisch richtigen Verhaltens hinzuweisen, nicht zuletzt, um den Mut dazu auch unter gewissen Belastungen bei den direkt Betroffenen wie bei den Politikern zu fördern. Es würde dabei nämlich nichts anderes als der Anfang

---

ein Handelsboykott oder gerade umgekehrt die Steigerung von Handel und Investitionen in diesem Land mehr zur Abschaffung der Rassentrennung beitragen könnten. Faktisch haben sich dann wohl, entgegen aller Erwartung, beide Haltungen gegenseitig in nützlicher Weise ergänzt, ohne daß dieser Mechanismus irgendwelchen Anlaß gäbe, daraus eine verallgemeinerbare Gesetzmäßigkeit ablesen zu können.

[14] So etwa der Export von Milchpulver oder verbilligtem Fleisch als sog. internationales Dumping, aber auch über Exportrisikogarantien wie die über Hermes-Bürgschaften ermöglichten Investitionen (man denke etwa an den von deutschen Firmen erstellten verkehrspolitisch weitgehend nutzlosen internationalen Flughafen von Yaoundé in Kamerun).

christlicher Hoffnung auf die schon im Diesseits ansetzende Erfüllung der endzeitlichen Erfüllung des vollen Menschseins tat-kräftig verkündigt. Gerade dies aber gehört ebenfalls zur genuinen Aufgabe einer sich theologisch christlich verstehenden Sozialethik.

Quellenverzeichnis

Franz Furger: Die Geschichte des ersten Lehrstuhls zur „Soziallehre der Kirche" (in: Nacke, Bernhard, Hg., Visionen und Realitäten, Münster 1993, 25–44)

Franz Hitze: Wesen und Bedeutung der sozialen Frage (in: ders., Die soziale Frage und die Bestrebungen zu ihrer Lösung, Paderborn 1877, 5–10, 34–49)

Franz Hitze: Das Recht der Arbeit (in: Hitze, Franz, Kapital und Arbeit und die Reorganisation der Gesellschaft, Paderborn 1880, 145–164)

Heinrich Weber: Die Herrschaft christlicher Grundsätze im Wirtschaftsleben (in: 65. Generalversammlung der Katholiken Deutschlands zu Breslau, Würzburg 1926, 91–97)

Josef Höffner: Sozialethik und Wirtschaftsordung (in: Schreiber, Wilfrid, Dreier, Wilhelm, Hg., Gesellschaftspolitik aus christlicher Verantwortung, Münster 1966, 25–36)

Josef Höffner: Kolonialismus und christliche Ethik (in: Schreiber, Dreier, Gesellschaftspolitik, S. 122–138)

Wilhelm Weber: Selbstverständnis der katholischen Soziallehre (in: ders., Person in Gesellschaft, München u. a. 1978, 129–134)

Wilhelm Weber: Kirche und Industriegesellschaft (in: ders., Person, 201–216)

Franz Furger: Subsidiaritätsprinzip (in: Theologie der Gegenwart 33 [1990] 4, 327–330)

Franz Furger: Konzept und Voraussetzungen Christlicher Sozialethik (in: ders., Christliche Sozialethik. Grundlagen und Zielsetzungen, Stuttgart u. a. 1991, 114–127)

Franz Furger: Weltwirtschaft – ökonomisch effizient und ethisch begründet (in: ders., Sozialethik und Ökonomik, Münster 1994, 23–40)